Des Satans alte Kleider
Gott ist die Wahrheit - der Satan die Lüge
Die Prophetin Gottes sagt aus

Des Satans alte Kleider

Gott ist die Wahrheit – der Satan die Lüge
Die Prophetin Gottes sagt aus

Matthias Holzbauer
Dr. Gert-Joachim Hetzel

Verlag DAS WORT GmbH

1. Auflage August 2009

© Verlag DAS WORT GmbH

Max-Braun-Str. 2, 97828 Marktheidenfeld
Tel. 09391/504-135, Fax 09391/504-133
Internet: http://www.das-wort.com

Alle Rechte vorbehalten.

Bildnachweis

Umschlagbild: © Santec Media
S. 60, 85, 86, 87, 88, 115, 122, 123, 131, 136,
150, 184, 188, 194, 201, 221, 241: Archiv.
S. 99, 101: © Lebe Gesund Steinmühlenbrot GmbH
S. 104: © Einkaufsland Alles für Alle. S. 105: © Schule „LERN MIT MIR"
S. 106: © HG Naturklinik Michelrieth
S. 307, 308, 310, 311: © Gabriele-Stiftung, Marktheidenfeld
S. 354/355: © 2008 by Santec Media

Druck: Santec Druckerei GmbH, Marktheidenfeld

ISBN 978-3-89201-295-5

Inhalt

Vorwort 9

Zur Einführung 13

Kapitel 1: „Gott spricht wieder" – ein kosmisches Ereignis 15

Kapitel 2: Ein uralter geistiger Kampf: Priester gegen Gottespropheten 20
    Wer sind die Hintermänner? 22
    Ein Kampf mit ungleichen Waffen 24
    Sie kommen immer wieder 26

Kapitel 3: Der Funke springt über – die Anfänge einer weltweiten Bewegung 29
    Erste Schritte in die Öffentlichkeit 31
    Der Weg nach Innen 33
    Der Schritt in die Gemeinschaft 34
    Interne Diskussionen 36
    Die Finsternis schläft nicht 38
    Mahnende Worte an Kirchen 41
    Gesprächsangebote werden ausgeschlagen 44

Kapitel 4: Die Verleumdungen setzen ein 51
    „... der sei verflucht!" 53
    „... grausam und unbarmherzig" 54
    Beauftragte der Bischöfe als Familienzerstörer 57
    Jagd auf „Ketzer" und anderes „Großwild" 59
    Wer getroffen ist, bäumt sich auf 62

Kapitel 5: Universelles Leben: Schätze aus dem Füllhorn der göttlichen Weisheit – für alle Lebensbereiche 67
    Weshalb gründen Nachfolger des Nazareners Betriebe? 68
    Die uralte Sehnsucht nach dem Reich Gottes 71
    Das Universelle Leben entsteht 72
    „Wie im Himmel, so auf Erden" 74
    Das Tun ist gefragt 76
    Der Friedfertige Landbau 78

Weitere Betriebszweige 79
Das Füllhorn der göttlichen Weisheit 81
Die Botschafterin Gottes in Aktion 84
Arbeiten und Wirtschaften nach der Bergpredigt 89
Jeder Betrieb ist ein Organismus 91
Schulungen für Betriebsangehörige... 94
Wertvolle Anregungen für verschiedenste Bereiche................... 95
Die sanfte „Revolution" des Keimlings.. 98
Die Antwort auf die Schere zwischen Arm und Reich 100
Unerschöpfliche Kreativität... 103

Kapitel 6: Lasst hier bloß keine „Ketzer" rein! 108
Eine „Breitseite" gegen die „Ketzer" 109
Die Feinde der Gottesprophetie in Aktion 111
Keine „Christusklinik" in Dettelbach! 114
Wüzburg: Kesseltreiben gegen religiöse Minderheit 116
Katholiken und Lutheraner – vereint gegen die „Ketzer" 118
Das Trommelfeuer setzt ein 121
Die Volksverführer kommen in Fahrt 122
„Wir sind ein Teil des Volkes!" 126
Die Vertreibung der Christusfreunde aus Hettstadt.................. 128
Papst Silvester und der vermutlich größte Betrug der Weltgeschichte.. 131
In Hettstadt ist „der Teufel los" 132
Der Feldzug des Waldemar Zorn 135
Der Meister der Schmutzkampagne 139
Die Wiederherstellung der Hölle... 143
Der „innere Stacheldraht" wird ausgerollt 145
Die Verteidigung der Hettstädter „Heimaterde" 150
Eine Brücke in die Zukunft 152

Kapitel 7: Anspruch und Wirklichkeit der Bundgemeinde 155
„Eine schleichende Christenverfolgung ist im Gange" 156
Ein weiterer Schritt hin zum Reich Gottes 157
Das Universelle Leben hat keine Betriebe 160
Die große Familie 163
Der Engel der Gemeinde 164
Der Bund mit Gott 165
Der „alte Adam" leistet Widerstand 167
Die fünf Prinzipien 171

Eine „geistige Revolution" ist angesagt 173
Phasen der Selbstreinigung 175
Gabrieles Leidensweg 177
Erklärung 180

Kapitel 8: „Ketzerjagd" auf allen Kanälen 183
Kirchturmpolitik in Unterfranken 184
Katholische Gruselgeschichten und ein getürktes „Gutachten" 186
Wie werden wir die „Ketzer" wieder los? 187
Verfassungsfeindliche Parolen 189
Moderne Inquisition braucht moderne Technik 191
Ein neuer „Stern" am Inquisitorenhimmel 193
Wer hat Angst vor der selbstlosen Liebe? 195
Die Kirche beschreibt sich selbst 198
„Todesorakel", eine neue Dimension der Rufschädigung 200
„Endzeitapostel"? 203
Rufschädigung mit Zitatenmontage 204
Paulus: Was der Mensch sät, wird er ernten 209
„Haben sie Mich verfolgt, so werden sie auch euch verfolgen" 214
Treibjagd gegen eine Privatschule 217
Pfarrer treibt Firma in den Ruin 219
Marktstände der „Ketzer" – beliebte „Zielscheiben" für Pfarrer 221
Das Klima der Ausgrenzung und seine Aufheizer 225

Kapitel 9: Die „Aussteiger": Viel Lärm um nichts 229
An der Gottesprophetie scheiden sich die Geister 230
Hörer oder Täter des Wortes? 232
Wahrheit hängt nicht von Meinungen ab 235
Der „Aussteiger des Jahres" 237
Wie die Mücke zum Elefanten wird 239
Ein Spinnennetz zum Denunzianten-Fangen 240
„Eurem Geist haue ich auf die Schnauzen!" 243
„Aussteiger" bleiben Mangelware 244
Schuld sind immer die anderen 246
Wer beutet wen aus? 247
Und wenn es nichts gibt, dann erfinden wir was! 252
Stimmungsmache mit Verstorbenen 254
Ein „Ketzer" hat immer Unrecht 256
Die Macht des Tratsches 257

Ein Journalist als Sprachrohr der aufgehetzten Masse 260
Erpresser in Aktion 263
Was hätte alles entstehen können? 265
Geiselnahme durch Androhung einer Schmutzkampagne 268
Besonders schwer hat's ein Millionär 273
Wie einem „Aussteiger" zu einem Buch verholfen wird 275
Angst vor dem „Weltuntergang" 280
Ein Opfer der „unbarmherzigen Schwestern" 281
Ein verbaler „Amoklauf" 284
So funktioniert Verleumdung 287
Silberlinge sind vergänglich 288

Kapitel 10: Trotz alledem: Das Friedensreich entsteht! 292
Der Bund Gottes mit Natur und Tieren 294
Die Spreu trennt sich vom Weizen 297
„So mancher hat das Ziel aus den Augen verloren" 299
Das Friedensreich steht vor der Tür 302
Der große Bogen ist gespannt 304
Ein Paradies im Kleinen 307
Ein Zeichen der Wiedergutmachung 309
Manche finden immer was zu meckern 313
Schießzwang im Friedensreich? 315
„Das Maß ist voll" 317
Die Großen füllen ihre Säckel, der kleine Mann muss zahlen 321
Der Feldzug der schwarzen Kolonne 322
Universelles Leben – das charismatische Wertzeichen 323
Richter unter kirchlicher Beeinflussung? 326
Wahrheit oder „Meinungsäußerung"? 329
Wer trägt die Verantwortung? 331
Die Kampagne geht weiter 333
Der Deutsche Presserat wird eingeschaltet 336
Der Gottesgeist gab und gibt den Takt vor 340
Trotz allem: Vieles ist entstanden 343

Nachwort 349

Anhang 353

Fußnoten 379

Register 385

Vorwort

Es mag Sie vielleicht überraschen – doch trotz der vielfältigen Turbulenzen und Bedrängnisse sind heute immer mehr Menschen überzeugt: Wir leben in einer außergewöhnlichen Zeit. Gott, der Ewige, reicht uns noch einmal in einzigartiger Weise Seine Hand. Denn durch Gabriele, Seine Prophetin und Botschafterin, schenkt Er uns seit 34 Jahren Sein Wort. Unermüdlich zeigt uns Christus durch sie in allen Details den Weg auf, der Schritt für Schritt zurück führt in die ewige Heimat, zu Gott, unserem Vater.

Nun muss das niemand glauben. Doch was auffällt, sind die Parallelen: Die Priester, die auch die Lehre des Jesus von Nazareth verteufelten, tun es heute wieder – mit aller Verbissenheit und mit jenen Mitteln der Vernichtung, die ihnen heute noch zur Verfügung stehen.

Im Brennpunkt ihrer „Arbeit" steht die Diffamierung der Person Gabrieles. Sie scheuen vor Verdrehungen, Verunglimpfungen und Unwahrhaftigkeiten nicht zurück und ziehen alle Register der Infamie.

Von diesem hinterhältigen Kleinkrieg, der darauf abzielt, die öffentliche Meinung gegen eine Frau aus dem Volk, Gabriele, aufzubringen, berichtet das vorliegende Buch. Was Matthias Holzbauer, Journalist und Buchautor, und Dr. Gert-Joachim Hetzel, Anwalt und ehemliger Vorsitzender Richter am Landgericht, aus den Archiven zutage gefördert haben und hier in packender Weise schildern, lässt jedem vernünftig und freiheitlich denkenden Menschen unwillkürlich die Haare zu Berge stehen. Gleichwohl ist es den Autoren gelungen, sich einer polemischen Überzeichnung zu enthalten. So kann sich aufgrund der sachlichen Darlegungen der aufmerksame Leser ein wahrheitsgetreues Bild des Geschehens machen. Auch der Zeitzeuge und erfahrene Rechtsanwalt, Dr. Christian Sailer, der als Pressesprecher des Universellen Lebens immer wieder mit diesen Geschehnissen unmittelbar befasst war, hat die Entstehung dieses Buches fachkundig begleitet.

An dieser Stelle sei mir noch ein persönliches Wort zur Person Gabrieles erlaubt, eine Stellungnahme aus eigenem Erleben: Gabriele ist, seit ich sie kenne (30 Jahre), immer die, die sie ist – in Wort und Tat und mit ihrem ganzen Wesen: jedem ihrer Brüder und Schwestern von Herzen zugetan; stets bereit zu helfen, zu unterstützen, zu fördern, wo dies gewünscht wird. All ihr Denken, Reden und Tun zielt darauf ab, dem Christus Gottes die Wege zu bereiten.

Gabriele steht dem ewigen Geist nicht nur jederzeit für Seine direkte Offenbarung zur Verfügung, sondern sie schöpft auch in unzähligen geistigen Lehr-Gesprächen aus dem Strom des Lebens. In unvergleichlicher Weise bringt Gabriele uns z.B. die ewige Heimat nahe und macht uns vertraut mit den Gegebenheiten des reinen göttlichen Seins. Ebenso klar schlüsselt sie uns aber auch die Zusammenhänge und Hintergründe in allen Lebensbereichen des vielschichtigen irdischen Daseins auf.

Durch behutsame Fragen lässt sie den Einzelnen zu eigener Klarheit, zu Einsicht und Erkenntnis finden – denn in jeder Frage findet sich schon die Antwort, in jeder Schwierigkeit die Lösung. Gabriele lässt dem Nächsten die Freiheit, selbst Stellung zu beziehen und sich zu entscheiden.

Die vielen, vielen Bücher und Schriften aus ihrer Feder – das kann jeder gerne selbst nachprüfen – sind ein kaum zu ermessender Schatz für alle Menschen der jetzigen Zeit und aller kommender Zeiten. Wer dasselbe Buch ein wenig später nochmals liest, wird immer Neues, neue Botschaften für sich, darin entdecken – und somit die Chance, sein Leben mit neuem Sinn und weiteren hohen Werten zu bereichern. Und dieser Mensch, diese Frau aus dem Volk, wird nun mit so unglaublicher Gemeinheit behandelt, wie Sie es in diesem Buch nachlesen können. Doch ich möchte nicht vorgreifen.

Was Sie, lieber Leser, im Folgenden erwartet, ist eine äußerst spannende und über weite Strecken geradezu erschütternde Lektüre. Es ist eben die unverblümte Wahrheit. – Machen Sie sich selbst Ihr Bild!

Altfeld, im August 2009
Ingrid Kinzel

Zur Einführung

Worum geht es?

An ihr scheiden sich buchstäblich die Geister. Für die einen – die Autoren eingeschlossen – ist sie eine überaus mutige Frau, die in bewundernswerter Weise gegen alle Widerstände ein Stück des Himmels auf die Erde gebracht hat. Für die anderen ist sie eine „Ketzerin", die Menschen zum Abfall vom „rechten" Glauben verführt und daher mit allen Mitteln bekämpft werden muss.

Eine Frau aus dem Volk bietet den mächtigen, traditionsreichen Kirchen die Stirn: so kompromisslos und direkt, wie es der Gottesgeist, der nach Überzeugung vieler Zeitgenossen weltweit durch sie spricht, von ihr verlangt. Die Reaktion erfolgt prompt: Angriff auf Angriff prasselt auf sie hernieder, nicht nur von Kirchenvertretern, sondern auch von Politikern und Journalisten. Nach einiger Zeit mischten sich auch, gezielt gefördert von altbekannten Drahtziehern, die Stimmen sogenannter „Aussteiger" in den aufgeregten Chor.

Was wurde und wird da nicht alles über sie geschrieben und gesendet, was ihr in die Schuhe geschoben, was allein auf sie gemünzt und zugespitzt, über die groben Zinken kirchlicher Kämme geschoren und mit aberwitzigen Schlussfolgerungen abgeurteilt! Dieses Buch kann und wird davon lediglich einen kleinen Ausschnitt zeigen – und doch mehr als genug, um Kleingeisterei, Niedertracht und Heimtücke ausgiebig studieren zu können.

Wenn auch der Leser auf diese Weise manches über die Hintergründe eines „Glaubenskampfes" erfährt, der über Jahrzehnte hinweg die Gemüter weit über Unterfranken hinaus erhitzt hat – das Buch hat noch einen weiteren Sinn, nämlich: Unter einem ganzen Berg von Behauptungen, Verdrehungen und Vorurteilen das wieder hervorzuziehen, was Gabriele wirklich auf diese Erde gebracht hat, was ihr Ziel war und bis heute ist. Und davon zu trennen, was mit und aus dieser Lehre gemacht wird.

Gabriele hat eine reine Lehre gebracht. Für die Umsetzung dieser Lehre ist jeder, der sie für sein Leben annimmt, selbst verantwortlich.

Marktheidenfeld, im August 2009

Matthias Holzbauer
Gert-Joachim Hetzel

Kapitel 1

„Gott spricht wieder" – ein kosmisches Ereignis

Sie alle sind hierhergekommen, um die Botschaft des heiligen Vaters UR zu vernehmen. Es wurde sinngemäß angekündigt: Gott, unser Vater, offenbart sich seit nahezu 2000 Jahren das erste Mal wieder in der Öffentlichkeit.

Es ist Karfreitag, der 17. April 1981. Die Kürnachtalhalle im Würzburger Außenbezirk Lengfeld, eine schmucklose große Mehrzweckhalle, ist fast bis auf den letzten Platz gefüllt. Vorne am Mikrophon steht eine Frau in mittleren Jahren in einem schlichten blauen Kostüm, die von einem Blatt mit eher zurückhaltender Stimme einen offenbar vorbereiteten Text liest.

Manche von Ihnen werden vielleicht sagen: „Ist das nicht vermessen von einer Frau, zu behaupten, durch sie würden sich Gott Vater und Christus offenbaren?" Einige sagen auch: „Sie möchte sich nur selbst darstellen!" ... Dies liegt mir fern! Wie gerne würde ich als Zuhörer unter Ihnen sitzen! ... Ich betone: Ich bin nichts. Ich trachte weder nach Anerkennung noch nach Ansehen. Ich bezeichne mich auch nicht als Prophetin. So nennt der Herr Sein Instrument.

Die Besucher, die zum ersten Mal eine solche Veranstaltung erleben, sind sichtlich beeindruckt: Hier steht eine Frau vor ihnen, die kein großes Tamtam um ihre Person macht und der es sichtlich schwer fällt, vor einer Menschenmenge zu sprechen. Sie verzichtet auf jeglichen Sensationseffekt, lässt sich nicht geheimnisvoll ankündigen, sondern stellt sich mit schlichten Worten einfach selbst vor.

Ich bin Ihre Schwester und jedem von Ihnen gleichgestellt. Der Geist Gottes ist in jedem von uns! ... Ebenso wie Ihnen ist auch mir bis zur Stunde nur bekannt, dass Gott, unser Vater, durch mich Sein ES WERDE ankündigen möchte ... Ich kenne den Inhalt der jetzt folgenden Offenbarung des Herrn nicht. ... Aus meiner Person heraus wäre es mir nicht möglich, eine Offenbarung zu geben ...

Diese entwaffnende Direktheit hat so manchen Zuhörer nachdenklich gestimmt: Was ist das, eine „Offenbarung"? Was bedeutet das, ein „Instrument Gottes" zu sein? Ruhige Musik begleitet das Nachdenken. Das Mikrophon ist inzwischen beiseite gestellt worden, das Blatt beiseite gelegt. Gabriele steht nun vor über tausend Menschen und schließt die Augen. Sie hebt die Arme auf Schulterhöhe ... und dann geschieht es:

UR! Das ewig alldurchdringende, allmächtig-geistige Licht durchschallt diesen Raum und durchdringt alle Astralbereiche!

Die Stimme Gabrieles, die eben noch so schüchtern klang, ist nun auch ohne Mikrophon bis in die letzte Reihe klar und deutlich zu vernehmen; vielen der Zuhörer geht sie durch und durch.

Was wollt ihr Geschöpfe aus Mir? Einen intellektuellen Vortrag? – Nein! Gott offenbart sich in Seinem Stil! Gott ist die Macht und Größe! Mein Offenbarungswort ist schlicht, so einfach, wie alle Meine reinen Kinder sind. So offenbare Ich Mich durch die Propheten und Prophetinnen des Alten Bundes, so offenbarte Ich Mich durch Meinen Sohn Jesus Christus, so offenbare Ich Mich auch in dieser Stunde durch ein weibliches Instrument.

Wohlgemerkt: Gabriele hat kein Blatt mehr vor sich. Ihre Augen bleiben geschlossen, doch sie ist nicht in Trance. Ohne Stocken und mit unwiderstehlicher Sprachkraft entströmen die Worte machtvoll ihrem Mund.

Viele von euch sind mit der Bibel unter dem Arm gekommen und glauben, die Kraft des heiligen Geistes an der Bibel messen zu können. Wer Ohren hat, der höre! Wer jedoch ein Herz hat, der tue es auf! ... Jesus von Nazareth sprach: „Ich Bin gekommen, das Gesetz Meines Vaters, das Er durch die Propheten gab, zu erfüllen." Er sprach nicht: „Ich kam, um die Meinungen und Vorstellungen der Schriftgelehrten zu erfüllen." ...

Weit über eine Stunde lang spricht sie, ohne sich zu versprechen, auch ohne die Arme sinken zu lassen. An diesem Karfreitag wird der anwesenden Christenheit, oder was sich dafür hält, ausgiebig der Spiegel vorgehalten:

Die Christen haben versagt! Ihre Kirchen haben versagt! Ihre Kirchenmänner sind nicht vom Geist Christi beflügelt, sondern von Machtstreben, Besitztum, Reichtum und Kapitalansammlung.

... Die kirchlichen Obrigkeiten sind bestrebt, die unwissenden, an die Eltern gebundenen Kinder, die Säuglinge, zu taufen, damit sie in die Dogmamühle kommen. Was kommt heraus? Schrot, der wiederum gegen jene eingesetzt wird, die wahrlich den Inneren Weg gehen. So war es auch zur Zeit der Inquisition! Jene, die das wahre Christentum lebten, wurden brutal niedergemetzelt, gefoltert, verhöhnt und verspien. Wahrlich, wahrlich, Ich sage euch: Zu allen Zeiten krähte der Hahn, und er kräht auch noch in dieser Stunde!

Wir befinden uns in Würzburg, einer Hochburg des Katholizismus und der historischen Hexenverfolgung. Wann wurden solch deutliche Worte hier jemals gehört? Nicht wenige Zuhörer im Saal haben schon des öfteren Veranstaltungen des *Heimholungswerks Jesu Christi* besucht und sind überzeugt, dass hier tatsächlich Gott-Vater zu den Menschen spricht. Sie haben bereits Offenbarungen von Christus und anderen Wesen aus den Himmeln erlebt. Doch andere haben Zweifel oder sind mit großen Vorbehalten gekommen. Und nun vernehmen sie, dass Gott „nicht hinter den Waffen der christlichen Länder" steht, dass Er auch die „Tieropfer" der heutigen Zeit ablehnt, das „Hinschlachten" Tausender und Abertausender von Tieren für den Verzehr, für die „Gaumenlust" des Menschen, gerade an sogenannten „Feiertagen" wie Ostern. Sie hören, dass Er sie hinweist auf das Gesetz von Ursache und Wirkung:

Wisset ihr nicht: Was ihr aussät, werdet ihr ernten! – Was war die Saat der Christen? Zwietracht, Hass, Feindschaft, Neid, Mord, Zerstörung, ja sogar Raubmord!

Doch der Vater spricht nicht nur ernst. Er zeigt sich als liebender Vater, der noch niemals einen Menschen verdammt hat. Er weist auch auf das „ewig-lichte Reich" der Himmel hin, in das Sein Sohn jede Seele und jeden Menschen führen möchte:

Seid bestrebt, wahre Christuslichter zu werden! Bemüht euch, zuerst den Balken im eigenen Auge zu erkennen und ihn zu entfernen, auf dass ihr liebevoll jenen beistehen könnt, die in sich Splitter der Eigenliebe tragen.

Gabriele hat Jahre später berichtet, dass ihr Vertrauen in Gott an diesem denkwürdigen Tag auf eine Probe gestellt wurde. Normalerweise erfährt sie vor einer Offenbarung in der Innenschau in **einem** Moment, worum es gehen wird. Doch bei dieser Kundgabe des Ewigen – der ersten, gemäß der Ankündigung, seit nahezu 2000 Jahren durch einen Menschen – war es anders. Gabriele bat den Vater inniglich, ihr einen Impuls zu schenken. Doch es kam nichts. Schließlich blieb ihr nichts übrig, als aufzustehen – und in diesem Moment brachen die mächtigen Worte durch sie hindurch. Sie erfuhr auf diese Weise einmal mehr, dass der Vater sie nie verlässt.

Kapitel 2

Ein uralter geistiger Kampf:
Priester gegen Gottespropheten

Für den Bischof von Würzburg, den untersetzten Westfalen Paul-Werner Scheele, war das *Heimholungswerk Jesu Christi* im Jahr 1981 kein unbeschriebenes Blatt mehr. Schon längst hatte er seine Spitzel in die Veranstaltungen der neuen Bewegung geschickt. Seit März 1977 mieteten die „Christusfreunde", wie sie sich auch nannten, regelmäßig einen Saal in der Würzburger Semmelstraße – der Straße, in der traditionell im August die urkatholische Wallfahrt zum Kreuzberg endet. Und wo kamen sie da unter? Bei der SPD! Wenn das nicht ins Bild passte: Die politischen „Ketzer", die „Roten", gewährten den religiösen „Ketzern" im tiefschwarzen Würzburg Versammlungs-Asyl!

Eine größere „Gefahr" schien von diesem Zirkel aus katholischer Sicht zunächst nicht auszugehen. Regelmäßig versammelten sich dort nicht mehr als etwa 20 Personen. Nicht nur durch Gabriele, sondern auch durch weitere *Wortträger* offenbarten sich während dieser Versammlungen Jesus Christus sowie verschiedene *Engelwesen* wie *der Träger des göttlichen Willens* oder *der Träger des göttlichen Ernstes*. Sie taten sich über viele verschiedene Themen kund, etwa über den Aufbau der Seele, über das Leben nach dem Tod, über die Kraft des Gebets; vor allem aber informierten sie über den Weg nach Innen, den jede Seele und jeder Mensch gehen kann, der sein Herz für Gott öffnet.

Die Kirche denkt in langen, sehr langen Zeiträumen. Sie hat schon viele neue Glaubensbewegungen kommen und gehen sehen. Erst mal abwarten, heißt die Devise. Nur nicht zu rasch angreifen, vor allem in der heutigen Zeit, in der man bei „Abweichungen" vom „rechten Glauben" nicht wie früher einfach nach dem Scheiterhaufen rufen kann. Wer zu früh angreift, wertet den Gegner unter Umständen auf und verschafft ihm dadurch weiteren Zulauf. Vielleicht läuft es sich ja von selber tot ...

Womit die Kirche aber nicht rechnete: Auch die geistige Welt, die hinter dieser noch unscheinbaren kleinen, äußerlich noch sehr jungen Bewegung stand und steht, denkt in langen, in sehr langen Zeiträumen. Bereits vor Tausenden von Jahren hatten die großen Gottespropheten wie Jesaja, Jeremia oder Hosea im Namen Gottes gegen die Priesterkaste ihrer Zeit Stellung bezogen, hatten sich gegen die blutigen Tieropfer ausgesprochen, die bis heute im Alten Testament als angeblicher Wille Gottes dargestellt werden[1], und hatten bereits das Friedensreich Jesu Christi angekündigt, in dem der Mensch im Einklang mit seinen Mitmenschen und mit der Natur leben wird. Jesus von Nazareth, der größte Gottesprophet aller Zeiten, rief die Bewegung des Urchristentums ins Leben, die sich wiederum auf das Prophetische Wort als bedeutungsvolle Geistesgabe stützte.

Die Geschichte sowohl des Judentums bis zur Zeitenwende wie auch diejenige des Christentums seither lässt sich lesen als die Geschichte des Kampfes der jeweiligen Priesterkaste gegen die

Offenbarung des Gottesgeistes. Die Widersacher Gottes fanden immer wieder Mittel und Wege, zu verwässern und zu zerstören, was aufgebaut worden war. Nicht umsonst fragte Stephanus die Hohenpriester kurz vor seiner Steinigung: „Welchen Propheten haben eure Väter nicht verfolgt?" Die meisten der großen Gottespropheten wurden auf Betreiben der Priester angefeindet und verleumdet, etliche misshandelt, einige sogar bestialisch umgebracht.[2]

Wer sind die „Hintermänner"?

Jesus von Nazareth erging es nicht besser. Die Schriftgelehrten verbreiteten über Ihn, Er lehre einen „falschen Gott", Er sei ein „Sohn des Teufels", ein „Sektierer", „von einem Dämon besessen". Könnte man hier nicht sagen: Mit diesen hasserfüllten Worten charakterisierten sie sich selbst und ihre „Hintermänner"? Ist es nicht der Teufel, der „Durcheinanderwerfer", der seit Urzeiten Gottes Pläne zu vereiteln versucht? Sind es nicht diejenigen, die insgeheim dem „Satan", dem ersten der gefallenen Engel, anhangen, die mit List und Heimtücke, aber auch mit Gewalt und Brutalität immer wieder gegen die Gottespropheten und deren Getreue vorgehen? Sind es nicht immer auch dieselben alten Kleider, in die sie dabei schlüpfen: Als Verteidiger der „Tradition" gegen das unberechenbare Neue? Als Hüter des „normalen menschlichen Lebens" gegen eine „bedrohliche" höhere Ethik und Moral, die es den Hochgestellten nicht mehr erlauben würde, ihre Privilegien beizubehalten? Sind es nicht auch immer dieselben Redefiguren, dieselben

Wortgeschosse, die gegen die „Abweichler" geschleudert werden? Etwa: Sie sind „verrückt" („Der Prophet ist ein Narr" – so wird bereits Hosea verleumdet), „gemeingefährlich", „verbrecherisch" und vieles mehr?

Das frühe Christentum, als Urchristentum bekannt, geriet schon im zweiten und dritten Jahrhundert in Bedrängnis durch Angriffe der heidnischen Priesterkaste von außen, aber auch von innen, durch Übernahme heidnischer Vorstellungen und Strukturen. Eine freie Bewegung wurde umfunktioniert zu einer hierarchischen Amtskirche, die die Anliegen des Frühchristentums – Gewaltlosigkeit, Naturverbundenheit, innere Freiheit, Verzicht auf Macht und Reichtum – Schritt für Schritt außer Kraft setzte und in ihr Gegenteil verkehrte.[3]

Der preisgekrönte Schriftsteller und Kirchenkritiker Karlheinz Deschner sah diese Entwicklung in seinem Buch „Kirche des Unheils" (1974, Seite 57) wie folgt:

„Wo sonst noch gibt es diese atemverschlagende Mischung von Wolfsgeheul und Friedensschalmei, Weihnachtsbotschaft und Scheiterhaufen, von Heiligenlegende und Henkersgeschichte! ... Mit einem Wort: Das Christentum wurde der Antichrist. Jener Teufel, den es an die Wand malte: er war es selber! Jenes Böse, das es zu bekämpfen vorgab: es war es selber! Jene Hölle, mit der es drohte: sie war es selber! ... sie fühlten sich gut und im Recht, sie fühlen sich noch immer so. Und schlugen doch die ganze Menschheit ans Kreuz ... Seit Konstantin wurden Heuchelei und Gewalt zum Kennzeichen der Kirchengeschichte ..."

Kaiser Konstantin verbündete sich im 4. Jahrhundert mit einer Kirche, die mit dem frühen Christentum bereits kaum noch etwas zu tun hatte. Doch der geistige Kampf war damit keineswegs zu Ende; er ging unvermindert weiter. Die Finsternis darf sich am Licht messen. Sie darf es, weil Gott nicht einfach dem Treiben ein Ende setzt – Er würde damit ja in den freien Willen eingreifen, den Er jedem Seiner Kinder geschenkt hat. Und auch Seine größten Widersacher, sogar die verbissensten Dämonen, sind nun einmal, im Innersten ihrer Seelen, Gotteskinder.

Ein Kampf mit ungleichen Waffen

„Und weshalb siegt Gott nicht rascher?", so könnte man fragen. „Er ist doch die höchste Energie im Universum!" Doch gerade **weil** Er das ist, setzt Er nur Mittel ein, die Seinen Gesetzen entsprechen. Die Widersacher Gottes lügen, betrügen, verleumden, verführen, intrigieren nach Herzenslust; sie machen Angst und schüchtern ein, sie zwingen und erpressen – und wo all das nicht hilft, wenden sie schlicht Gewalt an. Die Gesandten Gottes hingegen sind gehalten, durch das ehrliche Beispiel zu überzeugen, die Herzen anzusprechen, sich nicht zu verstellen, sondern stets nur das auszusprechen, was sie auch fühlen und denken. Schmeicheleien, Berechnung und Hintergedanken haben im Denken und Leben der Gottesboten keinen Platz, wohl aber das klare und unmissverständliche Wort, das schon Jesus von Nazareth gegenüber den Schriftgelehrten Seiner Zeit aussprach, ob es gelegen kam oder nicht.

Dem Gottesgeist geht es nicht um äußere Zustimmung einer möglichst großen Schar von Mitläufern oder Nachahmern, sondern um die Einsicht des Einzelnen und um die innere Wandlung jeder Seele. Gewalt und Zwang sind daher nicht die Waffen Gottes, denn sie würden das Erreichen dieses Ziels nur behindern, das Negative, das der Mensch noch in sich trägt, nur weiter fördern – denn Gewalt erzeugt bekanntlich Gegengewalt, Druck Gegendruck.

Und doch verfügt die Seite des Lichts über einen entscheidenden Vorteil, der ihr dereinst zum Sieg verhelfen wird: Sie hat den wesentlich besseren Überblick. Das kosmische Bewusstsein steht buchstäblich himmelhoch über den Machenschaften von Institutionen, die sich, allein schon durch das Gesetz von Ursache und Wirkung, tiefer und tiefer in den eigenen Fallstricken verfangen. Die schöpferische Intelligenz und Weisheit Gottes ist dem Intellekt der Theologen stets überlegen. Sie hat immer neue Einfälle, weiß für jede Schwierigkeit eine Lösung, kennt einen Plan B, C oder D, für den Fall, dass Plan A nicht funktionieren sollte. Und das kommt oft genug vor, denn Gott hat hier auf der Erde nun mal keine anderen Hände als die Seiner Getreuen, die täglich darum ringen, Seinen Willen zu erfassen und in die Tat umzusetzen. (Wir werden auf diesen wesentlichen Punkt noch zu sprechen kommen.)

Die Weisheit Gottes sieht Angriffe frühzeitig kommen und leitet rechtzeitig Gegenmaßnahmen ein. Sie kennt die Gedanken und Gefühle der Menschen und versteht es, auf unterschiedliche Regungen des „Zeitgeistes" mit immer neuen Facetten aus dem

Schatz der göttlichen Weisheit einzugehen. Sie agiert, legt vor, provoziert (im positiven Sinne) durchaus auch einmal, um etwas im Untergrund Verborgenes hervorzulocken und aufzudecken. Die Gegenseite reagiert meist nur, verteidigt verbissen ihre „Traditionen", schlägt um sich und verstrickt sich in immer neue Widersprüche.

Sie kommen immer wieder

Nun könnte eine weitere Frage auftauchen: Wenn es so etwas wie die Finsternis gibt und wenn diese gegen Gott gerichteten Kräfte im Gegensatz zu ihren Gegnern blanke Gewalt einsetzen dürfen – weshalb ist der Kampf dann nicht, die geistige Überlegenheit Gottes hin oder her, nach kurzer Zeit zu Ende? Es würde doch – von der Warte des Widersachers aus gesehen – genügen, die pazifistischen Anhänger des Jesus von Nazareth kurzerhand mit Gewalt auszuschalten?

Genau das hat man in den vergangenen 2000 Jahren auch versucht, und beileibe nicht nur einmal. Doch trotz aller Scheiterhaufen, Kreuzzüge und Inquisitionskerker (unter den damaligen Verhältnissen auch eine Hinrichtungsmethode) kamen die „Ketzer" immer wieder. Als Manichäer, Bogumilen, Katharer, Gottesfreunde tauchten sie stets von neuem auf: gewaltlos gegen Mensch und Tier, von ihrer Hände Arbeit lebend, äußeren Ritualen abhold. Sie alle wurden von der Kirche bekämpft und ausgerottet. Immer wieder traten auch innerhalb der Kirche geisterfüllte Menschen auf, die im Namen Gottes ihre Stimmen erhoben: Meister Eckhart, Hildegard von Bingen, Katharina von Siena, Theresa von Ávila, Savonarola, um nur einige zu nennen. Soweit sie nicht verbrannt wurden (wie Savonarola in Florenz) oder diesem Schicksal nur durch frühzeitigen Tod entgingen (wie Meister Eckhart), wurden sie von der Inquisition zumindest misstrauisch beäugt – und wirklich umgesetzt hat die Kirche deren Lehren trotz nachträglicher „Verklärung" bis heute nicht.

Wie ist dieser beständige Strom des Urchristentums durch die Geschichte [4] zu erklären? Hier kommt eine Gesetzmäßigkeit ins Spiel, die die Kirche seit eineinhalb Jahrtausenden kategorisch ablehnt, obwohl sie rund um den Globus in zahlreichen Weltreligionen ihren festen Platz hat und auch im frühen Christentum zuhause war: die Lehre der Reinkarnation.[5] Menschliche Körper kann man quälen und töten, das Netzwerk von Gott ergebenen Menschen zerschlagen, die letzten Anhänger, etwa der Katharer im Mittelalter, in den hintersten Winkeln der Berge aufspüren und zur Strecke bringen. Doch die Seelen dieser Menschen kann man nicht töten. Sie werden ihren göttlichen Auftrag, den sie in ihrer Seele tragen, in der nächsten Einverleibung umgehend wieder aufgreifen. Wären, um bei diesem Beispiel zu bleiben, die Katharer aus der Burg Montségur 1244 so erstaunlich gefasst – wie es überliefert ist – in den Feuertod gegangen, wenn sie davon nicht zutiefst überzeugt gewesen wären?

So müssen die Theologen, die mit fanatischem Eifer die scheinbare Rechtgläubigkeit ihrer Traditionskirche mit allen Mitteln der Machtkirche durchzusetzen versuchen, dennoch ein ums andere Mal ohnmächtig erfahren, dass der mit soviel Anstrengung unterdrückte Strom nach gewisser Zeit an anderer Stelle wieder munter zu sprudeln beginnt.

Kapitel 3

Der Funke springt über – die Anfänge einer weltweiten Bewegung

Zwei Menschen saßen im Wohnraum. Plötzlich hörte ich in meinem Herzen eine Stimme.

So beschreibt Gabriele selbst, wie das Innere Wort in ihr durchbrach, die Einsprache des Gottesgeistes in ihre Seele und über die Seele in den Menschen.[6]

So weit, wie ich's erfassen konnte, stellte sich etwas in mir vor – ich sah nichts, ich hörte es nur. Und es sprach, so sinngemäß: „Ich komme aus dem Reich Gottes. Ich bin ein göttliches Wesen. Ich stelle mich dir als Bruder Emanuel vor, aus dem ewigen Sein, aus den Himmeln."

Man schrieb den 6. Januar 1975. Wer konnte zu diesem Zeitpunkt schon ahnen, dass dieser Tag ein bedeutungsvoller Tag sein würde, bei weitem nicht nur für Gabriele selbst?

Einige Zeit später stellte sich dieses himmlische Wesen wieder vor, und es grüßte mich aus dem Reich Gottes, und es erklärte mir ..., dass Jesus, der Christus, der einst als Jesus über die Erde ging, den Menschen noch einmal die Botschaft der Wahrheit, die Botschaft des Lebens, verkünden möchte. „Da das Reich Gottes nicht die Sprache der Menschen hat, deshalb braucht das Reich Gottes ein Sprachrohr. Und dieses Sprachrohr sollst du sein."[7]

Schon damals sprach Bruder Emanuel, der Cherub der göttlichen Weisheit und Geistige Lehrer Gabrieles, in einem Würzburger Wohnzimmer von einem „weltweiten Werk", das aufgebaut werden sollte. Und er sagte voraus:

„Viele Menschen werden dich ablehnen. Die Priesterkaste wird dich verfolgen und lächerlich machen. Hörige Journalisten werden dich in den Medien so lächerlich machen, wie es die Kirchen wollen. Sie werden Dinge behaupten, die nicht stimmen."

Heute, mehr als 30 Jahre später, wissen wir: Es ist alles eingetreten. Durch das Prophetische Wort Gottes hat sich ein inzwischen tatsächlich weltweites Werk entwickelt. Aber auch die Verleumdungen durch die Medien, die Gabriele zu erdulden haben würde, sind haargenau eingetroffen – bis auf den heutigen Tag, wie wir noch sehen werden. Damals jedoch konnte Gabriele, fast allein in ihrem Wohnzimmer, diese Dimension noch nicht erfassen:

Und ich sagte ganz schüchtern in mein Inneres hinein: „Wie soll das geschehen? Wir kennen niemanden. Wir sind nicht vermögend. Ein weltweites Werk – wie soll das geschehen?" [8]

Doch es geschah. – Gabriele erhielt damals durch das Innere Wort eine umfassende geistige Ausbildung. Es wurden ihr dabei nicht nur viele Zusammenhänge erklärt, die ihr als Katholikin bis dahin fremd gewesen waren – etwa, dass Gott **in** uns lebt, dass Er uns unendlich liebt und dass Er keines Seiner Kinder auf ewig verdammt. Sie wurde auch darin geschult, sich selbst zu erkennen, wenn ihr Denken und Verhalten nicht den Gesetzen Gottes entsprach, die insbesondere in den Zehn Geboten des Mose und in der Bergpredigt des Nazareners zu finden sind.

Erste Schritte in die Öffentlichkeit

Es kamen nun tatsächlich mehr und mehr Menschen auf Gabriele zu, die sich vom Prophetischen Wort Gottes angesprochen fühlten und die sich in zwei Städten, in Würzburg und Nürnberg, regelmäßig trafen. Dort nahm Gabriele immer wieder das Innere Wort auf. Neben ihr wurden noch weitere Sprechwerkzeuge aufgerufen, durch die sich verschiedene Engelwesen offenbarten.

Nach zwei Jahren erfolgte der Schritt in die Öffentlichkeit. Ende Januar 1977 wurde die erste öffentliche Veranstaltung in Nürnberg abgehalten, im Nebenraum eines vegetarischen Restaurants, im März dann in der Würzburger Semmelstraße. Zu diesem Zeitpunkt hatte das Werk des Herrn bereits einen Namen erhalten: *Heimholungswerk Jesu Christi*. Der Name beinhaltet eine klare Botschaft: Alle Menschen und Seelen sollen die Möglichkeit haben, wieder nach Hause zu Gott zu finden, durch die Kraft des Inneren Christus. Bis heute ist das *Heimholungswerk Jesu Christi* aufgrund der umfassenden geistigen Lehre, die schon damals durch das göttlich-prophetische Wort gegeben wurde, die geistige Basis für das weltweite Werk, das später unter dem Namen *Universelles Leben* entstanden ist.

Doch die Anfänge waren noch bescheiden. Neben Nürnberg und Würzburg bildeten sich in der Folgezeit weitere „Christuszellen" – denn so wurden die Treffpunkte der „Christusfreunde" wenig später genannt – in München, Bad Reichenhall, Burghausen, dann in Heidelberg und Augsburg. Ganz allmählich baute sich ein Netzwerk von Aktiven auf, das sich, ausgehend von Süddeutschland, zunächst nach Österreich und der Schweiz, dann auch nach West- und Norddeutschland ausbreitete.

Würzburg blieb dabei lange Zeit ein schwieriges Pflaster. Zwei Jahre lang war der Besuch so spärlich, dass Gabriele ernsthafte Zweifel kamen, ob es sinnvoll war, dort weiter zu Veranstaltungen einzuladen. Doch Bruder Emanuel bat sie, durchzuhalten; die Aura der Stadt müsse erst aufbereitet werden. Und tatsächlich: Wenig später löste sich die unsichtbare Blockade, und die Zahl der Besucher stieg merklich an.

Schritt für Schritt erweiterten sich die Aktivitäten. Im Jahr 1978 wurden einzelne Aktive dazu aufgerufen, als Glaubensheiler tätig zu sein – nicht um Diagnosen zu stellen oder gar Heilversprechen abzugeben, sondern um im Gebet die Selbstheilungskräfte, die in jedem Menschen schlummern, zu verstärken. Wie das Prophetische Wort, so hatte auch die „Geistesgabe" der Heilung im frühen Christentum ihren festen Platz gehabt. In einer hierarchischen Kirche, in der angeblich alles Heil von geweihten Priestern ausgeht, war sie rasch unter den Tisch gefallen.

Der Weg nach Innen

Ein entscheidender Schritt erfolgte 1979/80: Christus rief durch Gabriele die „Christliche Mysterienschule" ins Leben, die jedem Menschen offensteht. Der Weg nach Innen zum Herzen Gottes, den Jesus von Nazareth bereits zu lehren begonnen hatte, wurde nun im Laufe der folgenden Jahre in allen Details offenbart.[9] Es begann zunächst mit zwei vorbereitenden Meditationskursen: Durch hochschwingende Texte lernt der Schüler auf dem Inneren Weg, stiller zu werden, die positiven Kräfte in seinem Inneren gezielt anzusprechen und sein Denken und Fühlen mehr und mehr auf Gott auszurichten. Auf dem Inneren Weg selbst lernt der Schüler dann, sich durch gezielte Übungen täglich selbst zu erkennen: inwieweit sein Denken und Fühlen, ja sein ganzes Verhalten, der Bergpredigt und den Zehn Geboten Gottes entspricht und wo nicht. Was er bei sich an Ungutem erkannt hat, sollte der Mensch auf dem Weg zu Gott bereuen; er sollte für sein Fehlverhalten um Vergebung bitten, seinen Mitmenschen vergeben, den angerichteten Schaden, soweit möglich, wiedergutmachen und das als falsch Erkannte nicht wieder tun. Bei diesem *Kreislauf der Bereinigung* steht ihm die innere Christus-Gottes-Kraft bei, die in jedem Menschen zuhause ist. Auf diese Weise befreit der Mensch seine unsterbliche Seele allmählich mehr und mehr von den Belastungen, die diese sich im Laufe meist zahlreicher Inkarnationen selbst auferlegt hat.

Dabei reinigt und erschließt der Mensch Schritt für Schritt die *sieben Bewusstseinsbereiche* seiner Seele, die er aus den Himmeln mitgebracht hat. Denn auch die Himmel bestehen aus sieben

Bereichen – was der Volksmund noch ahnt, wenn er z.B. sagt: „Er befindet sich im siebten Himmel". Diese sieben Bereiche spiegeln sich auch in den sieben *Bewusstseinszentren* wider (im Osten „Chakren" genannt), durch die die Kraft Gottes in den menschlichen Körper einströmt und diesen am Leben erhält. Diese sieben Bereiche werden mit folgenden Begriffen benannt: Ordnung, Wille, Weisheit, Ernst, Geduld gleich Güte, Liebe und Barmherzigkeit gleich Sanftmut.

Der Schritt in die Gemeinschaft

Im Grunde seines Herzens sehnt sich jeder Mensch nach Gemeinsamkeit ohne Zwang, nach Harmonie und innerem Erfülltsein. Von den Kirchen aus Stein wenden sich immer mehr Menschen ab, weil sie sich von Ritualen, von einer erstarrten Tradition und ewigen Wiederholungen im Inneren nicht mehr angesprochen fühlen. Das Urchristentum war anders: spontan, lebendig, vielfältig. Es war keine äußere Religion mit Vorschriften, die man einzuhalten, mit Zeremonien, die man durchzuführen und mit Dogmen, die man zu glauben hatte, wenn man das Heil erlangen wollte. Dazu wurde diese Bewegung erst später durch die neu entstehende Priesterhierarchie gemacht. Das frühe Christentum war eine Innere Religion, die jeden Menschen frei ließ und zu einer inneren Wandlung zum Positiven anregte, die auf Selbsterkenntnis beruhte.

Dieser Sehnsucht vieler Menschen nach einem Ort des Gemeinsinns, des freien Mit- und Füreinanders kam die geistige Welt entgegen, als sie im Jahr 1980 die „Innere Geist=Christus-Kirche" ins Leben rief, die nun die Stelle der bisherigen „Christuszellen" einnahm.[10] Der Name wurde bewusst gewählt, um einen Gegensatz zu den veräußerlichten Kirchen auszudrücken. Bruder Emanuel brachte es am 7. März 1980 in Würzburg in der ersten *Inneren Geist=Christus-Kirche* auf den Punkt:

Was bedeutet Innere Geist=Christus-Kirche? Der Mensch soll in dieser Gemeinschaft frei von Dogma, Anschauung und Glaubensrichtung werden. Der Mensch soll in das Seelenhaus eintreten, das heißt in die Innere Kirche, und dort mit dem Geist des Lebens, mit dem Christus-Gottes-Geist eins werden. Durch diese Einswerdung erleben Mensch und Seele die wahre Befreiung. Durch diese Befreiung erkennt sodann der erleuchtete Mensch: Wahrlich, ich bin tatsächlich der Tempel des Heiligen Geistes.

Diese Veranstaltungen standen, wie im *Heimholungswerk Jesu Christi* üblich, jedermann offen. Das Programm entwickelte sich in den darauffolgenden Jahren sehr vielfältig: Neben Offenbarungen des Gottesgeistes, die nach wie vor den Schwerpunkt bildeten, gab es auch Gespräche, meditative Betrachtungen, oft mit Bildern unterlegt, frei formulierte Gebete; es wurden Lieder gesungen und sogar Filme gezeigt, in denen spirituelle Aspekte wie z.B. das Leben nach Tod oder das Gesetz von Saat und Ernte zum Ausdruck kamen.

Interne Diskussionen

Der Einrichtung dieser „Sammelbecken für suchende Menschen" waren jedoch interne Diskussionen vorausgegangen. Einige der damaligen aktiven Mitarbeiter störten sich daran, dass in dem von Bruder Emanuel vorgeschlagenen Namen der Begriff „Kirche" enthalten war. Gabriele versuchte zu erklären, dass es sich hier ja gerade um einen gezielten Gegenentwurf zu den herkömmlichen Kirchen handelte, dass Christus eine andere Kirche wollte, nämlich eine Kirche des Herzens, eine Kirche, in der es weder Höhergestellte noch Untergebene gibt; eine Kirche, die aus Brüdern und Schwestern besteht; eine Kirche, in der keine vorgesprochenen Gebete nachgesprochen werden; eine Kirche, in der Menschen frei beten; eine Kirche, in der Menschen Christus in sich suchen; eine Kirche, wo der Einzelne hören kann, was es bedeutet, der Tempel Gottes zu sein – man könnte auch sagen: eine Volkskirche, in der sich das Volk trifft, das sich auf Christus im Inneren ausrichten möchte.

Doch einige hielten zunächst an ihren eigenen Vorstellungen fest. Gabriele wusste, dass die geistige Welt immer den Überblick hat und mit solchen Wortschöpfungen, die gelegentlich in genialer Weise provozierend wirken können, immer auch eine langfristige Strategie verfolgt. Was half das aber, wenn Einzelne solche Vorschläge mit ihrem intellektuellen Verstand zu zerpflücken suchten?

Das Beispiel zeigt andeutungsweise, mit welchen Schwierigkeiten und Mühen der Aufbau eines weltweiten Werkes über

Jahre, ja Jahrzehnte für Gabriele verbunden war. Immer wieder musste sie mit ihren Geschwistern darum ringen, wie die Anregungen aus der geistigen Welt gemeint waren und wie sie umgesetzt werden sollten, damit ihr ursprünglicher Sinn erhalten blieb.

Hinzu kamen die unzähligen persönlichen Schwierigkeiten, die aus dem Mitarbeiterkreis an sie herangetragen wurden: Konkurrenzdenken, Rechthaberei, Erwartungen, vor allem aber Probleme in der Partnerschaft. Sie musste immer wieder miterleben, wie Menschen, die zu einer Verantwortung Ja gesagt hatten, aufgrund solcher Schwierigkeiten das Werk des Herrn wieder verließen. Von Anfang an gab es unter den Menschen, die sich der neuen Bewegung anschlossen – sei es als bloße Besucher, sei es als aktive Mitarbeiter –, eine so hohe Fluktuation, dass diese jegliche Behauptung, hier würden Menschen „eingefangen" oder „abhängig gemacht", bis heute Lügen straft.

Unter denen, die das Werk des Herrn wieder verließen, waren – besonders schmerzlich für Gabriele – auch die ersten Wortträger, kurz und einfach „Jungpropheten" genannt, mit denen sie in der Anfangszeit zusammengearbeitet hatte. Dem einen wurde es zu beschwerlich, die vielen Fahrten in verschiedene Städte zu unternehmen, die andere zog sich zurück, weil der Ehemann es nicht haben wollte ... Später haben verschiedene „Sektenbeauftragte" der Kirchen dann frech behauptet, Gabriele habe die „Konkurrenten" schlichtweg „verdrängt", um alleine übrigzubleiben. Wer Gabriele kennt, der weiß, dass die Kirchenvertreter mit solchen Anwürfen nur ihren eigenen brutalen Charakter schildern. In Wirklichkeit war und ist die Prophetin des Herrn froh um jeden, der die Anliegen des Gottesgeistes unterstützt und die Verantwortung, die er übernommen hat, auch tatsächlich trägt.

Wer erfassen will, was Gabriele in die Welt gebracht hat, der sollte nicht nur auf über Hundert Bücher und Broschüren, auf Tausende von göttlichen Offenbarungen und geistigen Schulungen blicken, die ohne sie nicht unter die Menschen gekommen wären. Er sollte auch bedenken, dass all das auch eine große körperliche Anstrengung bedeutete – und dass sie sich bis heute nicht schont und in ihrer Dynamik, mit ihrem Einsatz auch in hohem Alter noch vielen jüngeren Geschwistern ein beschämendes Vorbild ist. Oftmals machte sie sich, gerade in der Anfangszeit des Werkes, in ihrer Hilfsbereitschaft die Probleme ihrer Geschwister so sehr zu eigen, dass sie selbst massiv darunter litt. Andererseits interessierte sich aber über Jahre hinweg kaum jemand dafür, wie es *ihr* erging. Wenn *sie* als Mensch einmal Gesprächspartner gebraucht hätte, um all das, was auf sie einstürmte, zu verarbeiten, stand sie meist alleine da.

Die Finsternis schläft nicht

Immer wieder erklärte Gabriele ihren Mitstreitern, dass es kein Zuckerschlecken ist, ein geistiges Werk auf die Erde zu bringen. Wenn auch Christus, als Jesus von Nazareth auf Erden einverleibt, eine Wende eingeleitet hat, indem Er auf Golgatha allen

Menschen und Seelen einen Teil Seiner Erlöserkraft übertrug; wenn auch nun jede Seele und jeder Mensch mit Hilfe dieser inneren Stütze den Weg zum Vater wieder finden kann und damit die Auflösung der Schöpfung – das letzte Ziel der Dämonen [11] – abgewendet war: Die Widersacher Gottes denken noch immer nicht daran, aufzugeben. Sie betrachten den Planeten Erde nach wie vor als ihren Hauptstützpunkt, den es mit Zähnen und Klauen zu verteidigen gilt.

Solange ein Mensch in der Masse mitläuft, wird er meist nur wenig behelligt. Doch wer sich anschickt, den Kopf aus dem Sand zu strecken und ehrlichen Herzens mutig für eine bessere Welt einzutreten, der kann sicher sein, dass er angegriffen wird – und zwar nicht nur von außen, sondern auch von innen.

Die Finsternis, das betonte der Gottesgeist durch Gabriele immer wieder, darf sich am Licht messen. Wer „Ja" sagt und Verantwortung übernimmt in einer Bewegung, die das Urchristentum wiederherstellen will, gegen den wird – nein, nicht „Himmel und Hölle" in Bewegung gesetzt, wohl aber die Hölle. Eine „Hölle" im Sinne ewiger Verdammnis, wie sie von Theologen gerne gelehrt wird und auch dem Kirchendogma entspricht [12], gibt es zwar nicht. Doch zwischen Himmel und Erde tummeln sich unter den Seelen Verstorbener genügend Kräfte, die verhindern wollen, dass sich auf Erden etwas zum Guten wendet. Denn das Negative, das Menschen denken, fühlen und tun, ist für besonders erdverhaftete Seelen geradezu eine Art Energiequelle.[13] Sie versuchen, die Schwächen, die jeder Mensch hat – der eine mehr, der andere weniger –, zu verstärken und die Menschen gegeneinander aufzubringen. Die Kirchenhierarchie, die sich auch in den niederen jenseitigen Bereichen fortsetzt, tut ein Übriges, um jegliche Veränderung althergebrachter Strukturen zu verhindern.

In dem großen Gottes-Offenbarungswerk „Das ist Mein Wort" ist dieser innere Kampf angedeutet: „Die Pioniere Christi (mussten) an mehreren Fronten gleichzeitig gegen das Satanische kämpfen", nämlich einerseits gegen das Allzumenschliche in sich selbst, andererseits gegen Angriffe von außen.[14)]

Wollen wir ein realistisches Bild gewinnen von der heftigen geistigen Auseinandersetzung, die in der Öffentlichkeit durch das Prophetische Wort Gottes in der heutigen Zeit entbrannte, so dürfen wir nicht nur im Blick behalten, was Gabriele brachte und wie ihre Widersacher in den Kirchen, in den Medien, in der Politik darauf reagierten. Ein dritter Punkt ist mit zu bedenken: Inwieweit gelang und gelingt es denjenigen, die durch das Prophetische Wort Gottes berührt wurden, die Gesetzmäßigkeiten und Anregungen, die sie aus der geistigen Welt erhielten und erhalten, auch umgehend in die Tat umzusetzen?

Gabriele tut alles dafür, dass dies geschehen kann. Daher ist es für sie besonders schmerzlich, wenn vieles von dem, was möglich wäre, auf der Strecke bleibt, weil ihre Mitstreiter zu sehr mit sich selbst und mit persönlichen Problemen beschäftigt sind. Sie sieht vor ihrem geistigen Auge die nächsten Schritte, die anstünden – und muss dann immer wieder miterleben, wie einzelne Geschwister ihre Schwächen trotz ihrer Hilfestellungen nicht in den Griff bekommen; wie sie z.B. dem Nächsten die Schuld geben, statt ihren eigenen Anteil an Dingen, die schiefgelaufen sind, zu erkennen und zu beheben. Niemand ist perfekt; jeder macht noch Fehler. Doch wer nicht bereit ist, seine eigenen Fehler im Licht des inneren Christus zu betrachten und entschlossen anzugehen, den treibt es früher oder später aus der Gemeinschaft hinaus, weil er glaubt, im Recht zu sein. Christus ist mit Seiner Kraft zwar stärker als alles Negative – doch Er kann uns nur helfen, wenn wir Ihn wirken lassen und unsere Schwierigkeiten und Probleme auch tatsächlich loslassen.

Diese Zusammenhänge mussten kurz angedeutet werden, um die späteren Ereignisse besser verstehen und richtig einordnen zu können.

Mahnende Worte an Kirchen

Zurück in die frühen 80er Jahre. Weil die Christuszellen, nicht zuletzt aufgrund persönlicher Probleme der Verantwortlichen, zum Teil stagnierten, wurden jetzt verschiedentlich mehrere Orte zusammengefasst und dort größere Säle angemietet. Es begann die Zeit der sogenannten *Großoffenbarungen* – zunächst im deutschsprachigen Raum, später dann auch im Ausland. Die etablierten Kirchen wurden langsam hellhörig, denn immer wieder wurden in den Botschaften des Christus-Gottes-Geistes auch Missstände in den Kirchen angesprochen. Gabriele als Mensch war das jedoch gar nicht recht. In ihrer „Kurzen Autobiographie – Der Prophet, das Instrument Gottes" [15] erinnert sie sich:

> *Immer dann, wenn der Gottesgeist sehr ernst die Übelstände und die Gesetzwidrigkeiten im Bereich der Kirche im Licht der Wahrheit beleuchtete, wurde es mir sehr schwer, das Wort Gottes auszusprechen. Dann war auch mein Herz schwer. Denn wenn Gott z.B. gegen das Prunkwerk der katholischen Kirche sprach, gegen den übermäßigen Reichtum, gegen all diese Machenschaften, konnte ich vieles nicht verstehen; es war damals für mich unfassbar. – Heute ist das anders. Heute zeigen die katholische und lutherische Kirche selbst auf, wer sie wirklich sind. Damals hingegen musste ich etwas aussprechen, das ich nicht verstand. Ich **musste** es tun; es lag ja der Zwang der Prophetie auf mir.*

Gabriele spricht hier zwei Gesichtspunkte an, die Kennzeichen echter Gottesprophetie sind. Zum einen haben sich alle Gottespropheten mehr oder weniger gegen ihr Prophetenamt gesträubt. Bei Gabriele betraf dies nicht nur die Aufklärung über die Kirche. Anfangs weigerte sie sich auch, sich „Prophetin" nennen zu lassen. (Bis heute nennt sie selbst sich nicht so.) Ja, sie bat sogar inständig darum, das Prophetenamt nicht ausführen zu müssen. Doch hier kommt der zweite Gesichtspunkt ins Spiel: Echte Gottespropheten haben Gott bereits im ewigen Sein das Jawort gegeben. Die Seele kann nicht anders, als es zu erfüllen. Der freie Wille, der sonst im Werk des Herrn gilt, kommt in diesem Fall nicht zum Tragen.

Der Schweizer Theologe Walter Nigg (1903-1988) hat dies sehr klarsichtig erfasst. In seinem Buch „Prophetische Denker" (1957) schreibt er: „Der Prophet wird von Gott zu seinem Amt bestellt; es gehört eine nicht erklärbare Berufung von oben dazu, ohne die es keine seherische Funktion gibt. ... Der Berufung wohnt ein erschreckendes Moment inne, das gewöhnlich übersehen wird: Es liegt nicht im freien Willen des Gotteskünders, dem Anruf zu gehorchen oder ihn abzulehnen. Die Auserwählung kommt als höheres Geschick über ihn; es ist ihm verwehrt, sich der Nötigung zu entziehen, denn er wird nicht gefragt, ob es ihm angenehm sei, die Warnung auszusprechen oder nicht. ... Das Sich-Wehren aus dem Vorgefühl des bevorstehenden Schrecklichen ist beinahe ein Kriterium für die Echtheit eines göttlichen Auftrags."[16]

Nun könnte man fragen: Musste es wirklich sein, dass die Kirche so angegriffen wurde? Kann man nicht jede Glaubensrichtung das Ihre tun lassen und zugleich selbst das Seine vertreten?

Das wäre möglich gewesen, wenn die Kirchen nicht den Namen „Christus" und den Begriff „christlich" für sich reklamieren, wenn sie sich also mit der Bezeichnung „katholisch" bzw. „lutherisch" begnügen würden.

Es wurde bereits erwähnt, dass die Kirche das frühe Christentum in vieler Hinsicht in das glatte Gegenteil dessen verkehrt hat, was Jesus von Nazareth gebracht hatte. Spätestens nach der konstantinischen Wende zu Beginn des vierten Jahrhunderts, als die Kirche de facto zu einer Art Staatskirche wurde, trat an die

Stelle des jesuanischen Pazifismus die Rechtfertigung von Kriegen; an die Stelle der Toleranz trat die Verfolgung von „Ketzern"; an die Stelle der Ausrichtung auf das Reich Gottes die Anhäufung von Reichtum und Macht. Die Menschen wurden an Rituale und Zeremonien gebunden, die fast alle aus den damaligen heidnischen Kulten übernommen worden waren.

Wenn sich nun in unseren Tagen Christus wieder durch das Prophetische Wort offenbart – kann Er dann über all das einfach hinwegsehen? Und können diejenigen, die sich aufgemacht haben, die ursprüngliche Lehre des Nazareners wieder zum Leben zu erwecken und in die Tat umzusetzen, dazu schweigen? Wie wäre es, wenn ein berühmter, angesehener Erfinder stirbt, und viele Jahre nach seinem Tod wird ein völlig anderes, ein minderwertiges Produkt unter seinem Namen verkauft? Was würden seine Erben, seine Familienangehörigen dazu sagen? Etikettenschwindel? Produktpiraterie?

Gesprächsangebote werden ausgeschlagen

Gott ist gerecht. Er spielt – im Gegensatz zu Seinem Widersacher – mit offenen Karten. Im November 1980 unterbreitete Bruder Emanuel durch Gabriele dem Papst in Rom, später auch den deutschen Bischöfen und Landesbischöfen beider Konfessionen ein schriftliches Gesprächsangebot.[17] Sie sollten die Möglichkeit erhalten, mit Christus zu sprechen, dessen Namen sie so selbstverständlich im Munde führten und führen – ein „Zwiegespräch" also, vermittelt durch das Prophetische Wort

Gottes, gegeben durch Gabriele. Erst als eine Antwort über viele Monate ausblieb, gingen die Christusfreunde einen Schritt weiter. Einige von ihnen begannen damit, aufklärende Vorträge über nachgewiesene Fakten aus der Kirchengeschichte zu halten. Und rund ein Jahr nach dem Gesprächsangebot, im Dezember 1981, wandte sich Geistlehrer Bruder Emanuel mit einer Botschaft an die Öffentlichkeit, die diesmal allerdings weder an den Papst noch an die Bischöfe gerichtet war, sondern *an die freie Christenheit und an alle, die sich aus einengenden Gemeinschaften von Christen befreien wollen, die nur Dogmen, Statuten, Satzungen, Zeremonien und Kirchenmauern kennen. – Der Geist Jesu Christi weht erneut außerhalb der Institution Kirche.*[18]

Die Kirchenführer hatten also die Chance verpasst, die Wende selbst einzuleiten und freiwillig „von ihren Rössern herabzusteigen", wie Bruder Emanuel sich ausdrückte. Die Botschaft aus dem Himmel, übermittelt durch Emanuel, den Träger der göttlichen Weisheit, kam nun einer Aufforderung zum Kirchenaustritt gleich. Eine zahlenmäßig noch verschwindend kleine Bewegung von Menschen, die dem Prophetischen Wort Gottes vertrauten, jedoch weder über großen Einfluss noch nennenswerte Mittel verfügten, bot den Großkirchen die Stirn. Nach außen hin nahmen diese zwar noch immer kaum Notiz davon – doch manch einer der Kirchenoberen mag erfasst haben, dass hier jemand „mit Vollmacht sprach und nicht wie ihre Schriftgelehrten", wie über Jesus von Nazareth in der Bergpredigt berichtet wird.

Und immer mehr Menschen durften diese Erfahrung machen. Gerade in den Jahren 1982 bis 1984 erreichte die Strahlkraft des *Heimholungswerkes Jesu Christi*, das zwischen 1975 und 1984 den Grundstein für das spätere *Universelle Leben* legte, einen Höhepunkt. Getragen von Idealismus und unerschütterlicher Begeisterung für Christus und Seinen großen Plan organisierten die Christusfreunde zahlreiche Großoffenbarungen weit über den deutschsprachigen Bereich hinaus. Denn in zahlreiche Länder waren bereits Kontakte geknüpft worden.

Allein in einem Jahr (1983) bereiste Gabriele – sie war natürlich die Einzige, die bei keiner Reise fehlen durfte – die Vereinigten Staaten (unter anderem New York, Chicago, Denver), Italien (Rom, Mailand, Florenz, Turin), Frankreich, Spanien (Madrid, Barcelona, Sevilla, Málaga) und sogar Finnland. 1984 folgten dann noch einmal die USA sowie Frankreich (Paris, Lyon, Marseille) – siehe Karte im Anhang, Seite 354/355.

Für Gabriele waren diese Reisen unglaublich strapaziös, zumal sie sich, um den engen Zeitplan einzuhalten und um sich voll auf das Aufnehmen des göttlich-prophetischen Wortes konzentrieren zu können, keinerlei entspannendes „Rahmenprogramm" gestattete. Und doch wurden durch diese Reisen, wie Gabriele später erklärte, in all diesen Ländern „Lichtpunkte" gesetzt, eine „geistige Landkarte" gestaltet, die in späteren Jahren vielen Menschen den Zugang zu den göttlichen Botschaften aus dem All erleichterte und erleichtert, wie bis heute den zahlreichen Zuschriften aus diesen Regionen zu entnehmen ist.

Ein Höhepunkt, auch zeitlich in der Mitte dieser Reisetätigkeit gelegen, war ohne Zweifel ein Besuch in der „Höhle des Löwen".

Am 1. April 1983, einem Karfreitag, fand in Rom eine Großoffenbarung statt, zu der Hunderte von freiwilligen Helfern eine ganze Woche lang eingeladen hatten. Christus offenbarte sich durch Gabriele und erwähnte gleich zu Beginn, dass Er dem Vatikan ein Gesprächsangebot gemacht hatte, die Reaktion aber nur aus Hohn und Spott bestanden habe.

(Kein Wunder: Wie Päpste im Verlauf der Geschichte wirklich über Toleranz dachten, ist beispielhaft dem Anhang IV zu entnehmen.)

Christus erinnerte durch Sein Prophetisches Wort daran, dass Er bereits als Jesus von Nazareth sinngemäß sprach: Ihr sollt auf Erden niemanden „Vater" nennen – und das bedeutet auch: erst recht nicht „heiliger Vater". Denn: Nur Einer ist euer Vater, der im Himmel. Er fragte, wo in der „Heiligen Schrift" stehe, dass man die „Heiligen" verehren, Prozessionen durchführen, Schätze sammeln oder sich anders kleiden solle als das Volk?

So frage Ich all jene, die zu dieser äußeren Religion stehen: Was brachte euch der Vatikan? Brachte er euch den Frieden, die Einheit der Völker? Schwach sind jene, die das Christentum vertreten wollen, doch ihre Mauern sind stark. Wahrlich, Ich sage euch: Die das Christentum leben, benötigen keine Mauern. Nur die Scheinchristen ummauern sich. So stelle Ich an die Meinen die Frage: Welcher Religion gehört ihr an? Der wahren christlichen Religion? Der paulinischen Religion? Dem Heidentum? Oder ist die Religion, die sich „christlich" nennt, satanisch? – Die Antwort möget ihr euch selbst geben.

Christus stellte die Frage, womit der Vatikan in der Vergangenheit gekämpft habe – mit der Kraft der göttlichen Liebe, also mit der Feindesliebe? Er erinnerte an das überlieferte Jesuswort: „Wer mit dem Schwert kämpft, wird durch das Schwert umkommen." Die Zeit sei nahe, in der die Mauern des Vatikan schwanken und sinken.

Doch nicht nur die Anhänger der Vatikankirche bekamen ernste Worte zu hören. Auch denjenigen, die „die Bibel unter dem Arm tragen" und deren wortwörtliche Auslegung bereits für das wahre Christentum halten, sprach Christus durch Gabriele ins Gewissen – am deutlichsten im Februar 1984 in Marseille. Er fragte die anwesenden Bibelgläubigen, ob ihre Bibel als solche in der Lage sei, z.B. die geschändete Erde zu reinigen, Krankheiten zu heilen oder Hungernden das Brot zu bringen.

Blicket hinaus in eure Welt, ihr Bibelkundigen und Bibelfanatiker: Was brachte euch die Bibel? Wahrlich, wahrlich: Wer die Essenz dieses Buches – die noch vorhandene Wahrheit – nicht erfüllt, der kann auch dieser Welt nicht den Frieden und das Heil bringen. Die Essenz des Buches wird nur wirksam, wenn die, die auf das Buch schwören, in die Stille gehen und das innere Reich Gottes erschließen, das Reich, das keine Fanatiker birgt, sondern Liebe, Wahrheit und Weisheit.

So mancher Zuhörer wird während solcher Großoffenbarungen des Christus-Gottes-Geistes wohl überrascht gewesen sein, wie präzise Christus jedes Mal genau auf *seine* Gedanken und Fragen einging.

Besonders eindrücklich geschah dies im Dezember 1983 in Essen, wo Christus durch Sein Prophetisches Wort den offenbar zahlreich erschienenen und emotional ziemlich „aufgeladenen" Theologen von Anfang an den Wind aus den Segeln nahm. Gleich zu Beginn Seiner Offenbarung kündigte Er den anwesenden Theologen und Schriftgelehrten an, Er werde in Seiner göttlichen Offenbarung alle ihre Fragen beantworten. Sie sollten deshalb Störungen und Zwischenrufe unterlassen – denn Er rufe auch nicht dazwischen, wenn sie täglich mehr sündigten und Seinen Namen, Christus, in den Schmutz zögen. Während Seiner Offenbarung legte Christus sodann an mehreren Stellen kurze Pausen ein, um denjenigen, denen es „zu heiß" wurde, die Möglichkeit zu geben, den Saal zu verlassen:

Wer sich beleidigt fühlt, der ist getroffen. Ich rede zu allen, Ich rede keinen Einzelnen an, so kann sich keiner beleidigt fühlen – außer er ist getroffen. Ich mache eine Pause Meiner Offenbarung. Wem es zu heiß wird, der kann diesen Raum verlassen. Doch Ich bitte um Stille!

Tatsächlich verließen einige Theologen mit mühsam unterdrücktem Schnauben den Saal. Nach drei solcher „Entlastungspausen" hatte das Gros der anwesenden Schriftgelehrten den Saal verlassen und sich vor der Halle versammelt, um dort ihrem angestauten Ärger Luft zu machen; die Veranstaltung konnte in Ruhe zu Ende gehen. Hat man je einen Vortragsredner erlebt, der so souverän und elegant – und gleichzeitig mit einer Prise feinen himmlischen Humors gewürzt – eine Rotte heißgelaufener Gegner hinauskomplimentierte?

Ob hier nicht doch so manchem der angesprochenen Theologen gedämmert ist, mit Wem sie es hier zu tun hatten – und wer der Mensch ist, durch den der mächtige Gottesgeist solche Worte zu sprechen in der Lage ist? Wer mehr darüber erfahren möchte, wer Gabriele im Inneren ist und welch bedeutsame Rolle sie im göttlichen Heilsplan der Rückführung aller Menschen und Seelen zu Gott spielt, dem sei das Buch „Das Wirken des Christus Gottes und der göttlichen Weisheit" empfohlen, das fast zeitgleich mit dem vorliegenden Buch im Verlag DAS WORT erschienen ist.

Die Reaktion der Großkirchen auf die Aktivitäten des *Heimholungswerks Jesu Christi* ließ jedenfalls erkennen, dass ihre Vertreter in aller Regel keinerlei Spaß verstehen, wenn es angesichts steigender Austrittszahlen um das Eingemachte geht – wenn Macht, Einfluss, Privilegien, angestammte Pfründe und nicht zuletzt die Milliardensubventionen des Staates an die Kirchen[19] auf dem Spiel stehen. Wenn sie solche „Gefahren" heraufziehen sehen, dann fackeln sie nicht lange.

Kapitel 4

Die Verleumdungen setzen ein

Solange die Nachfolger des Jesus von Nazareth, die sich um das Prophetische Wort des Christus-Gottes-Geistes scharen, sich in relativ kleinen Sälen trafen, blieb die Reaktion der Großkirchen die altbewährte „Stufe eins": totschweigen. Doch zu Beginn der 80er Jahre mieteten die Christusfreunde auch in Würzburg größere Säle an. Über tausend Zuhörer am Karfreitag 1981 (s.o., Kap. 1) – das erregte Aufsehen. Und nachdem der Vatikan und die deutschsprachigen Bischöfe Ende 1980 alle Gesprächsangebote unbeantwortet gelassen hatten, sahen die „Ketzer" die Zeit gekommen, Tatsachen aus der Kirchengeschichte zu verbreiten. Im Dezember 1981 schließlich veröffentlichten sie eine Offenbarung von Bruder Emanuel in hektografierter Form. Darin hieß es unter anderem:

Das Sein-, Besitzen- und Habenwollen hat die kirchlichen Obrigkeiten in all den Jahrhunderten überheblich gemacht. Der Ewige befürwortet nicht diese Einstellung. Auch wenn sie den Herrn mit dem Munde loben und preisen, sind ihnen doch ihre Reichtümer und Bankeinlagen der Halt. An diesem Äußeren und Vergänglichen messen sie ihre Macht.[20]

Die Mittel, die diese noch kleine Glaubensbewegung zur Verfügung hatte, waren äußerst bescheiden: ein paar hektografierte Blätter und eine Handvoll Engagierte, die alle Aktivitäten in ihrer Freizeit ausführten und aus eigener Tasche finanzierten. Und doch bekam die Würzburger Bistumsleitung offenbar langsam kalte Füße.

Jesus Christus, der Sohn der Himmel, hat jedoch mit diesen weltlichen Gepflogenheiten nichts gemeinsam, deshalb auch nicht mit beiden Konfessionen. Beide Konfessionen sind nur nach dem Schein eine Christuskirche, jedoch nicht nach ihrem Sein. Das heißt, sie leben nicht, was der Nazarener vorlebte.

Wohlgemerkt: Hätten diese Aussagen nicht gestimmt, dann hätten die Kirchenoberen ganz ruhig bleiben können. Denn jeder Kirchenchrist kann doch selbst beurteilen, ob es so ist oder nicht.

Die Bibel und die Evangelien sind zu einer nichtssagenden, ausgetrockneten Materie geworden. Sowohl der Bibel als auch den von ihnen im immer wiederkehrenden Zyklus vorgelesenen Evangelien fehlt die wahre Dynamik,, weil diese Anweisungen des Herrn von den Kirchen nicht befolgt werden.

Später erhoben Kirchenvertreter des öfteren den Vorwurf, das *Universelle Leben* würde sich gegen andere Glaubensrichtungen abschotten und sich nicht „ökumenisch" verhalten. Die Gesprächsangebote der Anfangszeit, die sie allesamt ausgeschlagen hatten, erwähnten sie dabei wohlweislich nicht.

Jesus Christus machte nun erneut den Versuch, gemeinsam mit den kirchlichen Obrigkeiten das Christentum, den Weg nach

Innen zu lehren. Diese göttlichen Handreichung wurde jedoch aufs neue ausgeschlagen. Hinter ihren Mauern jedoch ertönte erneut das Hohngelächter wie vor nahezu zweitausend Jahren, als Jesus von Nazareth durch die Bergpredigt den Weg nach Innen lehrte und klar und deutlich der Menschheit sagte: Ich Bin der Sohn Gottes.

Wie würde der Würzburger Bischof, Paul-Werner Scheele, dastehen, wenn er in seinem superkatholischen Bistum nicht mit den paar neu aufgetauchten „Ketzern" fertig werden würde? Was würde er dem Papst bei seinen regelmäßigen „Pilgerfahrten" nach Rom mitteilen können?

„... der sei verflucht!"

Sei es, wie es sei: Jedenfalls begann das Jahr 1982 zunächst mit einer Phase nervenaufreibenden Telefonterrors gegen die Prophetin des Herrn. In ihrem Haus klingelte immer wieder mitten in der Nacht das Telefon, und es wurden wüste Verwünschungen und Verfluchungen ausgesprochen. Wurde der Hörer aufgelegt, so rief man meist noch ein zweites und drittes Mal an, um die Fluchbotschaft vollständig loszuwerden.

Wer auch immer der Urheber dieser Anrufe war: Er bewegte sich in gut katholischer Tradition. Denn die Verfluchung von „Ketzern" und „Hexen" gehört seit Jahrhunderten zum festen Repertoire der Vatikankirche. In der Dogmensammlung der katholischen Kirche[21], die bis heute gültig ist, heißt es dutzende

Male am Ende eines Lehrsatzes: „:...der sei ausgeschlossen" – nämlich derjenige, der dies oder jenes nicht für wahr hält, was die Kirche lehrt. Dieses Wort „ausgeschlossen" klingt auf Deutsch vergleichsweise harmlos, doch hinter dieser „weichgespülten" Übersetzung verbirgt sich in den lateinischen Originaltexten die knallharte Bedeutung: „... der sei verflucht!" [22] Und „verflucht" bedeutet nun mal: Der wird, sofern er seine Meinung nicht beizeiten ändert, in der ewigen Hölle schmoren! Ist eine Verwünschung z.B. im Voodoo-Kult vom Ergebnis her etwas anderes?

„ ... grausam und unbarmherzig"

Hinter den Mauern der bischöflichen Amtsgebäude wurden derweil Maßnahmen anderer Art ausgeheckt. Auch das Verbreiten von Boshaftigkeiten – und gerade das! – will sorgfältig vorbereitet sein. Am 20. Juni 1982 erscheint schließlich im *Würzburger Katholischen Sonntagsblatt* ein ganzseitiger Artikel unter der Überschrift „Für Schäden keine Haftung!" Verantwortlich für den Artikel zeichnet zwar eine „Hausfrau" (in Wirklichkeit ist sie Journalistin) namens Jutta Falke. Doch ein beigefügter Kasten („Klärungshilfen für Katholiken") wies den Weg zum eigentlichen Drahtzieher: „Das große Zeichen – die Frau aller Völker" steht da zu lesen – und der Würzburger Filiale dieser spiritistisch angehauchten katholischen Mariensekte [23] stand Franz Graf von Magnis vor. Der Würzburger Bischof Scheele hatte ihn bzw. seine Organisation in der Diözese Würzburg mit der „Aufklärung" über „Sekten" betraut.

Der Artikel zeigt, wohin die Reise gehen wird, auch in den darauffolgenden Jahren: Die Kirche denkt nicht im Traum daran, sich inhaltlich oder theologisch mit den göttlichen Offenbarungen des Christus-Gottes-Geistes wirklich auseinanderzusetzen. Statt dessen werden dem Leser von Anfang an glatte Unwahrheiten aufgetischt. So wird etwa behauptet, bei den im *Heimholungswerk Jesu Christi* angebotenen Heilungen durch Gebet und Glauben werde Heilung „versprochen". Oder es wird dort behauptet, man sei „die einzig wahre Kirche Jesu Christi". Beides ist unwahr. Sogleich geht der Angriff aber auch in Richtung der Person der Prophetin Gottes – notdürftig verbrämt mit einigen herablassenden, in ihrer Scheinheiligkeit geradezu peinlich wirkenden Worten: „Ein lieber, guter, harmloser Mensch, Hausfrau und Mutter wie du und ich, gründet eine ‚Kirche'..." (Das dürfen in der katholischen Kirche schließlich nicht mal Männer! Aber nichts liegt Gabriele ferner, als eine Kirche gründen zu wollen.) Sie lasse sich zu einer „willenlosen Marionette degradieren", verbreite „Lügen" (welche, wird allerdings nicht gesagt) und säe „Hass". Letzteres sollte sich wohl auf die aufklärenden Vorträge über Tatsachen aus der Kirchengeschichte beziehen.

Im September 1982 tritt Magnis dann selber an die Öffentlichkeit, indem er nämlich unter dem Namen seiner „Arbeitsgemeinschaft Das große Zeichen" eine „Kritische Stellungnahme" zum „'Heimholungswerk Jesu Christi' oder auch ‚Innere Geist-Jesu-Kirche'" herausgibt. „Bereits im Titel offenbart sich der gräflich-sträfliche Umgang mit der Wahrheit: Nicht einmal den Begriff *Innere Geist=Christus-Kirche* vermag er richtig abzuschreiben." [24)] Was der Graf über Gabriele schreibt, trieft nur so von Hohn, Falschheit und Herablassung: Sie sei eine „bedauernswerte, unserem Gebet anvertraute Frau", und deshalb erscheine „eine öffentliche Auseinandersetzung mit ihr uns grausam und unbarmherzig ..."

Tut Magnis hier nicht unfreiwillig etwas kund, was sich in seiner Gefühlswelt abspielen mag? So in etwa: „Sei froh, dass du heute lebst. In einer anderen Zeit wären wir grausam und unbarmherzig mit dir verfahren"?

Man könnte auch sagen: „Sei froh, dass wir dich heute nur schmähen und Unwahrheiten über dich verbreiten." Denn von Verdrehungen und dreisten Unwahrheiten wimmelt es auch in dieser Schrift. So wird Gabriele unterstellt, sie bezeichne sich selbst als „spiritistisches Medium Jesu". Oder es wird indirekt behauptet, in der Lehre des *Universellen Lebens* gäbe es keinen persönlichen Gott.[25)]

Die Kampagne gegen Gabriele und das *Heimholungswerk Jesu Christi* wird nun über Monate fortgesetzt. Im Oktober 1982 ist im *Sonntagsblatt* zu lesen: Wo man sich ohne die „Amtsautorität" der Kirche mit dem Phänomen des Inneren Wortes befasse, dort lauere das „Dämonische" auf den Menschen. (Wie sich die Aussagen gleichen! Schon die damaligen Schriftgelehrten warfen Jesus von Nazareth vor, Er stünde mit dem „Obersten der Dämonen" im Bunde.) Der Katholik habe das Recht, sich von „Menschen mit einer fixen Idee ...fernzuhalten", wenn die „Gefahr der Ansteckung besteht".

Auch hier blitzt es wieder durch, das Mittelalter: Damals hatte man als Katholik nicht nur das „Recht", sondern man hatte bei Todesandrohung die „verdammte Pflicht und Schuldigkeit" („verdammt" im wörtlichen Sinne), sich von „Ketzern" fernzuhalten – denn diese konnten schließlich jedermann „anstecken".

Beauftragte der Bischöfe als Familienzerstörer

Im November endlich wird behauptet, im *Heimholungswerk* würden „Familien zerbrechen"; die Anhänger handelten „der eigenen Familie gegenüber herzlos ..." In dem Buch „Der Steinadler und sein Schwefelgeruch"[26)] wird ausführlich dargestellt, dass das genaue Gegenteil wahr ist: Die Hetze der **Vatikankirche und der Lutherkirche** zerstörte nicht wenige Familien, allen voran diejenige der Prophetin, Gabriele. Denn die Kirche hat einen langen Arm. Der Betrieb, in dem der Ehemann Gabrieles arbeitete, übte auf diesen Druck aus. Gabriele selbst schreibt später in einem Brief an den lutherischen Verfolgungsexperten Wolfgang Behnk über diese Zeit:

Mein Mann traute sich nicht mehr, sich mit mir sehen zu lassen, weil er seiner Firma das von ihr geforderte Versprechen gegeben hatte, sich von meinem Wirken zu distanzieren. ... Durch dieses von meinem Mann geforderte Verhalten trat nach einer geraumen Zeit eine andere Frau in sein Leben. Das bedeutete für mich, das Haus, das Heim und die Familie zu verlassen.

Das hatte tatsächlich konkret zur Folge, dass Gabriele von einem Tag auf den anderen das gemeinsame Haus verlassen musste, ohne zu wissen, wohin. Sie verließ ihr bisheriges Leben mit nichts als einem alten Volkswagen und wenigen hundert Mark – „doch mit einem vollen Herzen für Gott, unseren Vater", wie sie später in der Rückschau einmal sagte. So befolgte sie auf diesem Gang ins Ungewisse auf besonders schmerzhafte Weise das Gebot des Herrn: „Lass alles stehn, und folge Mir nach!"

Und wem folgen die Kirchen nach? Man braucht nur ihre Macht und ihren Reichtum näher zu betrachten, um sich diese Frage selbst beantworten zu können.

Gabrieles Eltern waren beide gestorben, noch ehe sie das vierzigste Lebensjahr erreicht hatte; nun hatte sie auch noch ihre Familie verloren. Doch die „Sektenbeauftragten" der Kirche (die man aufgrund ihrer Arbeitsweise und Zielsetzung eher als „Beauftragte zur Verfolgung Andersgläubiger" bezeichnen müsste) ließen nicht locker. Sie verstreuten das Gift ihrer Verunglimpfungen auch im Kreis von Gabrieles Verwandten an ihrem Herkunftsort im bayerischen Schwaben – mit dem „Erfolg", dass auch diese sich von ihr distanzierten. Gabriele schrieb später an Pfarrer Behnk, der sich diesbezüglich besonders hervortat:

Meine Familie trifft sich nicht einmal mehr ... Ich bin eine Ausgestoßene geworden – durch die Hetzjagd der modernen Menschenjäger.

Jagd auf „Ketzer" und anderes „Großwild"

„Menschenjäger" – das ist ein gutes Stichwort, um auf die Person Graf Magnis zurückzukommen. Wer war dieser Mann, der im Auftrag seines Bischofs gegen religiöse Minderheiten zu Felde zog? Im *Katholischen Sonntagsblatt* ließ er zwar der „Hausfrau" Jutta Falke den Vortritt – doch dies war ohne Zweifel bereits Teil der Inszenierung („Hausfrau gegen Hausfrau") eines modernen „Ketzerprozesses". Dieser kann heutzutage – bei modernen Inquisitoren glaubt man an dieser Stelle meist nostalgisches Bedauern zu spüren – nicht mehr mit Daumenschrauben, Streckbänken und Scheiterhaufen geführt werden, wohl aber mit geballter kirchlicher Medienmacht und mit Schmähungen hart am Rand der gerade noch erlaubten „Meinungsäußerung".

Kein Zweifel: Franz Graf von Magnis zog die Fäden. Er stammt aus einem alten Adelsgeschlecht, das ursprünglich in Norditalien zuhause ist und während des Dreißigjährigen Krieges in den Reichsgrafenstand erhoben wurde. Die von Magnis waren immer stark mit den katholischen Habsburgern verbunden; aus ihren Reihen stammten kaiserliche Militärs, ein Leibarzt, ein Kapuzinerprovinzia9l und jede Menge Gutsherren. Franz Graf von Magnis (1927-2004) kommt aus der schlesischen Linie (Grafschaft Glatz, heute Klodzko), deren Angehörige nach dem Zweiten Weltkrieg ihre Ländereien verlassen mussten. Obwohl Franz beruflich nicht sonderlich erfolgreich gewesen zu sein scheint – er arbeitete als „freier katholischer Journalist" und charakterisierte sein eigenes Leben an seinem 76. Geburtstag mit den Worten: „Persönlich war es ein ständiges Scheitern" –, war ihm in der persönlichen Begegnung der „Herrenmensch" jederzeit deutlich anzumerken. Hinter äußerlich jovialen Umgangsformen waren eine dumpfe Schläue und eine versteckte Aggressivität zu spüren. Kein Wunder. Wer dieser Mann im Inneren wirklich war, erschließt sich am ehesten, wenn man ein Buch liest, das er als knapp 40-Jähriger veröffentlichte: „An den Lagerfeuern dreier Kontinente".[27)] Hier läuft der Grafenspross zu großer Form auf, denn hier beschreibt

*Januar 1987: Die Zeitung „Der Christusstaat"
deckt Magnis' Vergangenheit auf.*

er die nach eigener Aussage „Höhepunkte seines Lebens": nämlich seine Abenteuer als Großwildjäger.

„Obo, das stärkste wilde Tier" – so hatten ihn afrikanische Einheimische genannt, und er war sichtlich stolz darauf. Zu seinem ersten Bock hätte er „am liebsten ... alle Mädchen der Welt ... geführt". Ob er ihnen dann auch noch die Kadaver der patagonischen Hasen gezeigt hätte, die man nach Abbalgen am besten auf den Drahtzaun spießt, oder die Gürteltiere, denen man, damit sie noch etwas fetter werden, die Stummelschwänze abschneidet und sie dann noch ein Weilchen liegen lässt, hat er der Nachwelt nicht überliefert. Wohl aber, dass ihm „das tägliche Waidwerk ... zur Quelle der Kraft geworden" war.

Und was tut ein Großwildjäger, wenn er in etwas gesetztere Jahre kommt und außerdem das freie Herumballern auf anderen Kontinenten nicht mehr so unbürokratisch möglich ist wie noch vor Jahrzehnten? Da trifft es sich doch gut, wenn gerade eine Stelle als „Ketzerjäger" frei ist – und man auch gleich noch eine leibhaftige „Ketzerbewegung", ein „deutsches Eigengewächs", wie die Presse gerne betonte, vor die Flinte bekommt.

Ob ein Mensch, der sein Selbstwertgefühl aus dem Abschießen wehrloser Geschöpfe beziehen muss, wirklich moralisch befähigt ist, über andere zu urteilen, inwieweit sie religiös auf dem „richtigen Weg" seien, diese Frage stellte in der Kirche niemand. Dort ist ja auch die Ausführung eines Amtes, etwa eines Priesters oder Bischofs, nicht an irgendwelche Charaktereigenschaften gebunden: Der Priester kann der größte Sünder sein, seine

Amtshandlungen sind dennoch gültig. Weshalb soll es sich bei einem „Sektenexperten" anders verhalten? Etwas unruhig wurde die Würzburger Öffentlichkeit erst später, als der Graf im Oktober 1986 eine Liste von Büchern veröffentlichte, die er aus der Stadtbibliothek entfernt haben wollte, weil sie „jugendgefährdend" seien. Sein eigenes Jagdbuch, in der Jugendabteilung derselben Bücherei geführt, war, wie man schon ahnt, nicht darunter – wohl aber z.B. ein Buch des Jesuiten Graf Spee gegen den Hexenwahn. Nach empörten Leserbriefen in der *Main-Post* musste Magnis seinen Antrag zurückziehen. Erst mehr als zehn Jahre später (1997) wurde der 70-jährige Graf als „Ketzerjäger" durch einen Nachfolger [28)] ersetzt. Bereits im November 1987 hatte er jedoch „für besondere Leistung in der Verteidigung des Glaubens" den päpstlichen Silvesterorden erhalten.

Graf Magnis war aber nur der erste in einer ganzen Reihe berufsmäßiger kirchlicher und später auch staatlicher Beauftragter, die in den Jahren darauf ihr Mütchen an den Nachfolgern des Jesus von Nazareth, insbesondere aber an Gabriele, zu kühlen versuchten.

Wer getroffen ist, bäumt sich auf

Im Februar 1987 gab Gabriele der Zeitschrift „Der Christusstaat" ein längeres Interview. Sie wurde unter anderem gefragt, weshalb sie als Prophetin des Herrn immer wieder Angriffen von Seiten der Kirchen ausgesetzt sei. Ihre Antwort sei hier (nur leicht gekürzt) wiedergegeben, weil sie viele weitere Fragen, die öfter gestellt werden, gleich mit behandelt. Man beachte die Klarheit, Ruhe und Sachlichkeit, mit der sie den Schmähungen und Lügen der Kirchenvertreter entgegnet:

Als ich die ersten Verleumdungen las ..., konnte (ich) nicht verstehen, dass Menschen Behauptungen aussprechen, die sie nicht beweisen können. Die Vertreter von „Das große Zeichen, die Frau aller Völker" haben Schmutz über mich ausgegossen, und ich musste immer wieder erkennen, dass es nur Gehässigkeiten waren, nichts anderes.

Heute weiß ich, dass es aus Angst geschah ... Sie glauben z.B., dass die Lehre von der Wiedergeburt unchristlich ist, weil sie nicht wortgetreu in der Bibel niedergeschrieben ist. Die Lehre von der Wiedergeburt ist Gesetz, und das Gesetz hat Jesus von Nazareth gelehrt und gelebt. Die Bibel enthält nicht das vollständige Gesetz. Christus lehrt das Gesetz durch mich, und Er fragt nicht, ob es in die Lehre der Kirche passt oder nicht.

Hätten die Vertreter der katholischen und evangelischen Kirche die Wahrheit, dann wären sie frei, und sie müssten nicht andere Menschen verunglimpfen, verleumden, verhöhnen, verspotten und die Offenbarungen des Herrn verdrehen. Denn wer zur Wahrheit gefunden hat, der weiß, dass sich die Wahrheit für den Menschen einsetzen und dass die Wahrheit alles an den Tag bringen wird.

Als die ersten Verleumdungen kamen, fragte ich Gott in meinem Inneren, und Er sagte zu mir: „Was in den kirchlichen Institutionen und was durch kirchliche Institutionen geschehen ist und zum Teil heute noch geschieht, ist nicht der Wille Gottes. Gott ist

Liebe. Die Liebe tötet nicht. Die Liebe ist nicht brutal. Die Liebe schlägt nicht. Die Liebe klärt auf. Und so habe Ich dich zu den Meinen gesandt, um aufzuklären über das Unrecht, das noch in der Atmosphäre schwingt und in den Astralebenen wirksam ist, und es denen nahezubringen, die im Erdenkleid sind und die dafür Sühne leisten sollen, also Abbitte tun. Das Aufbäumen der Institutionen der Kirchen ist nichts anderes, als dass sie von Mir", so sprach der Herr, *"getroffen sind."*

Jesus von Nazareth sagte: "So, wie sie Mich verfolgen, werden sie einst auch euch verfolgen." Frage: Gehen die Kirchen mit ihren Angriffen dann nicht gegen Gott vor? Lästern sie nicht Gott?

Gewissermaßen lästern sie Gott, denn wenn sie Menschen verurteilen, wenn sie Menschen ihres Glaubens wegen benachteiligen, so verstoßen sie gegen das Gesetz der Nächstenliebe. Die katholische und evangelische Kirche können ihren Glauben nicht beweisen. Infolgedessen dürften die Vertreter der katholischen und evangelischen Kirche auch den Andersgläubigen keine Vorhaltungen machen, sie nicht des falschen Glaubens und der Verführung bezichtigen.

Es war zu allen Zeiten so, und so ist es auch heute noch: Wer gegen die Institution Kirche das Wort erhebt, wird an den Pranger gestellt. Er wird verleumdet, verhöhnt und verspottet. Er wird des Satanischen bezichtigt, obwohl der, der bezichtigt wird, nichts verursacht hat. Hingegen wissen wir, was die Institution Kirche, insbesondere die römisch-katholische, für ein Blutbad in dieser

Welt angerichtet hat. Jesus sagte: „Liebet eure Feinde, tuet Gutes denen, die euch hassen."

Wenn wir die Worte Jesu in unser Leben einbeziehen, dann können wir vergeben, und wenn wir die Worte Jesu als Wahrheit leben und als Quelle der Kraft annehmen, dann ist es uns auch möglich, beide Wangen hinzuhalten. So habe ich auf die Verleumdungen hin immer wieder beide Wangen hingehalten und werde es auch weiterhin tun, denn ich weiß: Ich habe zur Wahrheit gefunden, und die Wahrheit hat mich frei gemacht. Ich weiß: Der gerechte Gott, der durch mich spricht, wird alles ans Licht bringen.

Wir wissen: Gottes Mühlen mahlen langsam. Das gilt auch für die Institutionen Kirche und für „Das große Zeichen, die Frau aller Völker". Ich weiß: Gottes Gerechtigkeit wird vielen die Augen öffnen. Wann, das überlassen wir Gott. Und ich weiß: Ich werde meinen Verleumdern wieder begegnen, ob auf dieser Erde oder in anderen Welten, das überlassen wir Gott. Ich weiß, dass meine Verleumder mich auf dem Weg hin zum Herzen Gottes nicht aufhalten können. Ich brauche ihnen gar nicht zu vergeben, denn ich habe ihre Verleumdungen nicht angenommen. ...

Warum werden die Propheten und viele gottgläubige Menschen verleumdet? Weil die, die verleumden, nicht die Wahrheit besitzen, denn wer verleumdet, der hat nicht die Wahrheit. Er denkt nur an sich und will sich rechtfertigen und ins rechte Licht rücken. ...

Als Jesus vor Annas stand und Ihn der Knecht des Hohenpriesters schlug, fragte Jesus: „Habe Ich unrecht geredet? Warum schlägst du Mich?" ... Die gleiche Frage möchte ich den Vertretern der

Institution Kirche stellen: „Habe ich unrecht geredet, so beweist es mir; habe ich aber recht geredet, warum verleumdet ihr mich? Was habe ich euch getan? Wenn ihr die Wahrheit besitzt, dann beweist die Wahrheit." Das käme einem Christen nahe. Doch bisher haben die „christlichen" Institutionen ihre Wahrheit nicht bewiesen. Denn wären sie aus der Wahrheit, dann wäre es um die Welt besser bestellt.

KAPITEL 5

Universelles Leben: Schätze aus dem Füllhorn der göttlichen Weisheit – für alle Lebensbereiche

Es ist Freitag Abend, der 23. Dezember 1983. Die Würzburger Kaiserstraße ist vorweihnachtlich geschmückt; durch die winterliche Dämmerung machen sich die letzten Geschenkekäufer auf den Heimweg. Die Geschäfte werden bald schließen. Da drängelt sich plötzlich eine Menschentraube vor einem Haus in der benachbarten Bahnhofstraße. Bis vor kurzem war die Hausnummer 22 noch ein Hotel, doch jetzt steht in schwungvoller Schrift „Mal was anderes" über dem Eingang. Weit mehr als hundert Besucher finden in dem neu eröffneten Lokal nur mit Mühe einen Sitzplatz. Die Gäste kommen aus dem Hauptbahnhof, wo sie gerade eine Weihnachts-Veranstaltung des *Heimholungswerks Jesu Christi* besucht haben. Und nun sind sie ganz gespannt auf das neue Restaurant – auf das erste vegetarische Restaurant Würzburgs!

Zu Beginn der 80er Jahre ist das ein Abenteuer. Die nächstgelegenen Vegetarier-Lokale befinden sich in Nürnberg, Frankfurt und Heidelberg. Der Vermieter hat noch wenige Tage vor der Eröffnung den jungen Geschäftsführer beiseite genommen und ihn – durchaus wohlwollend, aber ungläubig – gefragt: „Sagen Sie mal: vegetarisches Restaurant ... Was bekommt man da eigentlich so zu essen?"

Die Eröffnungsgäste bekommen am Ende jedenfalls alle etwas – auch wenn der Koch in seiner Not angesichts des Ansturms kurzerhand ein Eintopfgericht improvisiert und einige Gäste beim Getränke-Ausschank helfen müssen. Kaum jemand mag glauben, dass die letzten Handwerker erst um die Mittagszeit desselben Tages das neue Lokal verlassen hatten.

Fleißige Hände waren in den Wochen vor Weihnachten auch woanders aktiv gewesen – diesmal allerdings nicht mitten in der Großstadt, sondern etwa 40 Kilometer entfernt, in einem einsamen Weiler bei Arnstein. Dort richteten sie ein aufgegebenes Hofgut wieder her. Alles stand bereit, um im Frühjahr Getreide und Gemüse auszusäen – natürlich ökologisch, also ohne Kunstdünger und Agrargifte.

Weshalb gründen Nachfolger des Nazareners Betriebe?

Was bewog Nachfolger des Jesus von Nazareth, solche Betriebe zu gründen? Weshalb begnügten sie sich nicht damit, sich in Gebetszirkeln und Gesprächskreisen zu versammeln, wie es sie in den verschiedensten Glaubensrichtungen gibt wie Sand am Meer? Das *Heimholungswerk Jesu Christi* war zwar bereits ins Visier der modernen Inquisitoren geraten: als eine aufmüpfige und durchaus erfolgreiche Bewegung, die an die Propheten des Judentums und an große mystische Gestalten des Mittelalters anknüpfte; eine neue Glaubensrichtung, in der ein Weg nach Innen angeboten, die Reinkarnation gelehrt, eine vegetarische Ernährung propagiert wurde – und die über die Großkirchen durchaus unangenehme Wahrheiten zu verbreiten wusste. Doch mit solchen Bewegungen war man in der Kirchengeschichte noch immer irgendwie fertig geworden. Entweder vereinnahmte man sie beizeiten – und solche Versuche gab es auch in Bezug auf Gabriele, die allerdings erfolglos verliefen.[29] Oder man macht seinen Einfluss geltend, um den Aktivisten einer solchen Bewegung persönlich und finanziell das Wasser abzugraben. Wessen Ruf durch gezielte Verleumdungen und Gerüchte geschädigt ist und wer gleichzeitig um seinen Arbeitsplatz fürchten muss oder um den seines Ehepartners, der wird sich früher oder später mit religiösen Aktivitäten außerhalb der etablierten Kirchen zurückhalten. Der Ehemann von Gabriele hatte, wie wir wissen, den langen Arm der Kirche bereits zu spüren bekommen.

Diese Methode der „Ketzer"-Bekämpfung wird aber wesentlich erschwert, sobald die „Irrgläubigen" nicht mehr wirtschaftlich isolierte Einzelpersonen sind, sondern als Gemeinschaft auftreten – und aus dieser heraus auch selbst wirtschaftlich tätig werden. Auf diese Weise bekommt eine neue Glaubensrichtung eine neue Dimension; sie wechselt sozusagen in eine andere „Liga". Und dies ist für die etablierten Kirchen durchaus nicht ungefährlich: Wer nur über den Glauben redet, kommt in der Regel kaum über das Niveau der üblichen „Sonntagschristen" hinaus. Doch wer sich daran macht, seinen Glauben auch im Alltag in die Tat umzusetzen, der zeigt, dass er es ernst meint – und stellt gleichzeitig diejenigen bloß, die die ursprüngliche Lehre des Nazareners wohl im Munde führen, jedoch noch kaum je sonderlich ernst genommen haben.

Und was sagte Jesus von Nazareth in Seiner Bergpredigt? „Wer diese Meine Rede hört und tut sie, der ist ein kluger Mann, der sein Haus auf Fels gebaut hat."

Doch weshalb soll dieses **Tun** auf den Bereich des Privatlebens beschränkt bleiben? Kann mit dem „klugen Mann" im Sinne der Bergpredigt jemand gemeint sein, der zwar in Ehe und Familie sowie in seiner Freizeit mit einiger Mühe Frieden hält, im Berufsleben aber – gezwungenermaßen, „weil es alle tun" – die Ellbogen einsetzt, am Stuhl des Kollegen sägt, die ihm unterstellten Mitarbeiter mit Drohungen zu Höchstleistungen antreibt und gleichzeitig gegenüber dem Chef katzbuckelt und schönredet, um seine Karriere weiter voranzutreiben? Wie ist es möglich, wirklich zu Gott finden – zu Gott, der in allem Sein gegenwärtig ist –, wenn man zuhause zwar Hund und Katze streichelt, beruflich aber Tiere zu töten oder zu quälen hat? Ist es wirklich ein ungetrübtes Glück, wenn man zwar mit Familie und Freunden gut auskommt, in seiner Arbeit aber Waffen produziert oder mit Gütern handelt, von denen man weiß, dass sie durch Ausbeutung von Menschen in Übersee oder auf Kosten der Umwelt hergestellt werden? Und führt das Sich-Abfinden mit solchen Widersprüchen nicht gerade in die moralische und gefühlsmäßige Abstumpfung und Resignation, die der Priesterkaste wiederum willkommenen Anlass bietet, sich als platte (aber keineswegs billige) „Seelentröster" und „Heilsvermittler" anzubieten, ganz nach dem Motto: „Wir sind und bleiben eben alle kleine Sünderlein"? Oder, wie Luther es ausdrückte: „Sündige tapfer, aber glaube noch tapferer!" – Solche Fragen bewegen heute immer mehr Menschen.

Was haben die Priester und Pfarrer mit ihrem Gefolge von Nachbetern in Politik und Massenmedien nicht alles über das *Universelle Leben* und insbesondere über dessen Gottesprophetin erfunden, um ihren Gläubigen zu „erklären", weshalb diese „gefährlichen Menschen" so unvermittelt auf die Idee kamen, Betriebe zu gründen: Angeblich, weil sie ein „Wirtschaftsimperium" aufbauen wollen. Weil es ihnen nur um den Reibach gehe und um sonst nichts. Weil sie ihre Mitmenschen versklaven und ausbeuten wollen. Weil sie einen „Staat im Staate" zu errichten versuchen. Undsoweiter. Doch in jedem dieser Anwürfe steckt bereits der Bumerang, der niemanden als die Kirchen selber trifft. Zutreffend ist statt dessen etwas anderes: Der Aufbau von Betrieben, in denen Menschen danach streben, nach der Bergpredigt zu leben und zu arbeiten, ist für Menschen, die die Lehre des Jesus von Nazareth ernsthaft umsetzen wollen, nur eine logische Konsequenz.

Die uralte Sehnsucht nach dem Reich Gottes

In einer großen Botschaft aus dem All sprach der Christus-Gottes-Geist durch Gabriele am 8. April 1984 in Mainz:

Als Jesus von Nazareth versprach Ich das Reich des Friedens, das Reich der Einheit, das Reich der Liebe, in diesem Reich alle Menschen Brüder sind. Wo ist dieses Reich? Sprach Jesus nicht aus der Wahrheit? Doch! Es ist derselbe Geist, der in dieser Stunde spricht, der auch in Jesus sprach: Ich Bin der Weg, die Wahrheit und das Leben.

In der Tat: Wo ist dieses Reich, das bereits vor Tausenden von Jahren die großen Propheten ankündigten: ein Jesaja, der uns die Vision eines „neuen Himmels" und einer „neuen Erde" schenkte, wo der Wolf beim Lamm wohnt, der Panther beim Böcklein, wo Kalb und Löwe zusammen weiden und der Säugling vor dem Schlupfloch der Natter spielt (Jes 11). Oder Jeremia, durch den Gott Seinem Volk verhieß: „Ich sammle sie von den Enden der Erde ..., als große Gemeinde kehren sie hierher zurück ... Ich führe sie an wasserführende Bäche, auf einen ebenen Weg, wo sie nicht straucheln (Jer 31) ... Man wird wieder Felder kaufen in diesem Land, von dem ihr sagt: Es ist eine Wüste (Jer 32)." „Ich schicke Regen zur rechten Zeit", kündigte Gott durch Hesekiel an, „und der Regen wird Segen bringen. ... Ich pflanze ihnen einen Garten des Heils. (Hes 34)" „Ich rufe dem Getreide zu und befehle ihm zu wachsen. ... Ich nehme das Herz von Stein aus eurer Brust und gebe euch ein Herz aus Fleisch. Ich lege Meinen Geist in euch und bewirke, dass ihr Meinen Gesetzen folgt und auf Meine Gebote achtet und sie erfüllt" (Hes 36).

Das Universelle Leben entsteht

Die Sehnsucht, das Reich Gottes auf die Erde zu bringen, ist also uralt. Doch sie ist immer gekoppelt an eine innere Entwicklung des Menschen hin zu Gott in seinem Inneren. **Das Reich Gottes kann nicht in einem spirituellen Leerraum entstehen – deshalb hatte diese Sehnsucht in der spirituellen Wüste, die die Großkirchen im großen und ganzen dar-**

stellen, auf Dauer keinen Platz. Das Reich Gottes braucht eine Basis. Christus selbst bringt dies in Seiner Offenbarung von Mainz zum Ausdruck:

Als Ich Mein Wort durch Mein Instrument erhob, nannte Ich dieses aufblühende Werk, das den Weg nach Innen, zur Freiheit, zur Wahrheit und zur Liebe lehrt, „Heimholungswerk Jesu Christi". … Ich möchte euch in die tieferen Wahrheiten des Lebens einweisen, auf dass ihr zu dieser unendlich-ewigen Quelle der Liebe und des Friedens findet. So erbaute Ich dieses Werk, und Ich belehrte die Meinen, was Mein Wille wäre … Sie beten und arbeiten und stehen an Meiner Seite, um das in die Welt zu tragen, was Ich angekündigt habe: ein Reich des Friedens und der Liebe. Doch dieses Friedensreich muss zuerst in jedem Einzelnen von euch erschlossen werden. Denn wenn eure Seele nicht verwurzelt ist in dieser großen, ewigen Kraft, dann kann aus eurem Inneren nicht Liebe und Frieden strömen. So muss also alles erkannt werden, was die Liebe und den Frieden überlagert: die Gehässigkeit, die Ichbezogenheit, Furcht, Angst, Verzweiflung und vieles mehr. Dann reinigt und läutert sich die Seele. Wo sich die Seele läutert, da zieht die Kraft des heiligen Geistes ein und erfüllt Seele und Mensch mit Geistigkeit.

So erbauten sie mit Mir das Fundament für das Innere Leben, für ein Reich des Friedens, der Inneren Freude und wahrer Geistigkeit. Dieses Fundament nenne Ich nun das **Heimholungswerk Jesu Christi.** *Auf dieses Fundament erbauen die Meinen mit Mir das Innere Friedensreich … Und in dieser Stunde rufe Ich in die Unendlichkeit hinaus, auch in die Herzen der hier* *anwesenden Theologen: Was Ich auf das Fundament des Heimholungswerkes Jesu Christi baue, ist das* **Universelle Leben**, *die Innere Religion, die wahre Weltreligion und das Friedensreich Jesu Christi. Wer es fassen kann, der fasse es!*

Der 8. April 1984 ist also die eigentliche Gründungsstunde des *Universellen Lebens*, das keine neue Konfession darstellt, sondern eine Glaubensbewegung, deren Ziel und Aufgabe es ist, aufzuzeigen, dass und wie die Bergpredigt Jesu und die Zehn Gebote Gottes in allen Bereichen des menschlichen Lebens in die Tat umgesetzt werden können. Und dazu gehört naturgemäß auch das Arbeitsleben. Wobei es jedem anheimgestellt ist, ob er als Besucher von Veranstaltungen oder Leser von Büchern nur einzelne Teilaspekte dieser universellen Lehre in sein Leben integrieren möchte, etwa in der Kindererziehung, in Ehe und Familie, oder auch nur in seiner persönlichen Beziehung zu Gott. So hält es die überwiegende Mehrheit derjenigen, die sich dem *Universellen Leben* zugehörig fühlen – und zwar ohne in irgendeiner Weise Mitglieder zu sein. Oder ob der Einzelne den Schritt wagen und, in der Gemeinschaft mit anderen, den Beweis antreten möchte, dass die Bergpredigt wirklich in allen Lebensbereichen umsetzbar ist.

„Wie im Himmel, so auf Erden"

Weshalb nur ist uns dieser Gedanke so fern gerückt? Auch im Vaterunser, das in der Christenheit seit 2000 Jahren immer wieder gebetet wird, ist vom Reich Gottes die Rede – und zwar nicht als einem in einen fernen Himmel entrücktes Reich. In einer weiteren Christus-Offenbarung aus dem Sommer 1984 werden wir daran erinnert:

Nahezu 2000 Jahre beten die Christen aller Konfessionen und Glaubensrichtungen: „Dein Reich komme" und: „Dein Wille geschehe." Nun kommt Mein Reich auf diese Erde. Mein Reich ist ein Reich des Friedens und der ewigen Liebe. Mein Reich kommt auf diese Erde durch Menschen, die das Innere Reich, das Reich der Liebe und des Friedens, in sich selbst, in ihrer eigenen Seele, erschlossen und zur ewigen Wahrheit gefunden haben, die Mich erkennen und Meinen Willen tun.

Dieses Reich fällt also nicht vom Himmel. Es will erschlossen, erarbeitet, ja erobert werden – und zwar, indem jeder zunächst bei sich selbst beginnt. Doch eine mitunter mühevolle Arbeit an sich selbst gehörte noch kaum je zu den Lieblingsbeschäftigungen der Priester und Theologen. Kein Wunder, dass deshalb beide Großkirchen die Bergpredigt Jesu in der Regel nur als eine Art Utopie behandeln, die zwar unser Herz vorübergehend anzurühren vermag, jedoch wohl kaum als eine konkrete Handlungsvorgabe zu verstehen sei. Ebenso wie die Visionen von einem kommenden Reich des Friedens oder die biblischen Vorhersagen einer Zeit der Katastrophen, die diesem Reich vorausgeht, ist die Bergpredigt längst der theologischen „Entmythologisierung"[30)] zum Opfer gefallen – und damit auf bequeme Weise „entsorgt" worden.

Dabei würde ein Blick in die Geschichte genügen, um festzustellen, dass ein gemeinsames Leben und Arbeiten geradezu ein **Kennzeichen** des Urchristentums war. Die frühen Christen bildeten Gemeinden, in denen jeder, der dazu in der Lage war, von seiner Hände Arbeit lebte. „Sie hatten alles gemeinsam", heißt es in der Apostelgeschichte (4,32). Und in der Didache, der urchristlichen Gemeindeordnung, steht zu lesen: „Versteht aber einer kein Handwerk, dann sorgt nach eurer Einsicht dafür, wie ihr es erreichen könnt, dass nicht in eurer Mitte ein untätiger Christ lebt."[31)] Auch die Katharer und Bogumilen waren für ihre Handwerkskunst bekannt, die sie miteinander ausübten. Gemeinsames Arbeiten unter religiösem Vorzeichen war im Mittelalter auch bei den Begarden und Beginen üblich – und natürlich, bis heute, in den Klöstern. Die Klöster wiederum waren ursprünglich bereits in der Antike eine Reaktion auf die Verflachung und Verfälschung des Urchristentums. Wer höhere Werte anstrebte, ein Leben aus der inneren Einheit mit Gott heraus, der konnte eigentlich nur ins Kloster gehen, wollte er sich nicht früher oder später der „Ketzerei" verdächtig machen. Doch die Flucht vor der Welt und die Zweiteilung der Gläubigen in „Laien" auf der einen, Mönche und Kleriker auf der anderen Seite widerspricht dem urchristlichen Ideal, das besagt: Wir leben **in** der Welt, aber nicht **mit** dieser Welt.

Das Tun ist gefragt

So war also auch für die *Christusfreunde*, die sich im *Heimholungswerk Jesu Christi* zusammengefunden hatten, der nächste Schritt angesagt – natürlich, da Gott die Freiheit ist, nur für die, die ihn gehen wollten. Dieser Schritt kündigte sich bereits

– denn der Gottesgeist ist ohne Zweifel der beste Planer und der beste Stratege – im Verlauf des Jahres 1983 an. Gabriele schreibt dazu in der Schriftenreihe „Der Prophet"[32]:

Als der Geist der Wahrheit, der Christus Gottes, in Wort und Schrift viele Gesetzmäßigkeiten der Himmel in viele Gefäße, also in das Bewusstsein vieler Menschen, gegossen hatte, rief Er um das Jahr 1983 in mehreren Offenbarungen Handwerker, Kaufleute, Landwirte, Ärzte, Menschen nahezu aller Betriebszweige auf, sich Gedanken zu machen, ob sie die göttlichen Gesetze in der Gemeinschaft anwenden möchten – es ging um das Tun der Bergpredigt.

Die Anregung, die Bergpredigt auch im Berufsleben in die Tat umzusetzen, kommt aus dem Gottesgeist. **Dennoch war von Anfang an klar, dass die auf diese Weise entstehenden Betriebe eigenständige Unternehmungen sein sollten – also nicht im Besitz einer Glaubensgemeinschaft oder unter deren Regie standen. Die Idee kam und kommt durch Gabriele in die Welt – für deren konkrete Umsetzung in der Praxis sind jedoch die jeweiligen Betriebsinhaber verantwortlich.** In dem Buch *Der Lichtbogen* sind die Ziele dieser Einrichtungen beschrieben:

Worum geht es den Besitzern der urchristlichen Betriebe? Es geht darum, die Lehre des Jesus, des Christus, im gesamten persönlichen und beruflichen Leben tätig umzusetzen, den höheren Idealen und Werten also in allen Lebensbereichen mehr und mehr Ausdruck zu verleihen, denn das ist Leben im Geiste Gottes. Auf diese Weise soll sich im gemeinsamen Leben und Arbeiten in den Betrieben zeigen, dass es ein gedeihliches Miteinander geben kann, wenn sich Menschen auf die Gebote Gottes und die Bergpredigt Jesu einstimmen. Zum anderen wird aber auch deutlich, dass Menschen, die ihr Denken, Leben und Arbeiten Gott weihen, nicht in Sack und Asche gehen müssen, denn was sie sich in ihrem Inneren an Lebensqualität erarbeitet haben, tritt auch im Äußeren in Erscheinung.

Der Friedfertige Landbau

Und es trat nun in rascher Folge tatsächlich etliches in Erscheinung. Und es ist wohl kein Zufall, dass der Aufbau solcher Betriebe zunächst im Bereich der Landwirtschaft und Ernährung einsetzte. Denn hier geht es in ganz augenfälliger und konkreter Weise um die Frage, wie der Mensch zu seiner Umwelt steht: zu seinen Mitmenschen, aber auch zur Natur und zu seinen Mitgeschöpfen, den Tieren. Es geht um die Frage: Sind Pflanzen nur chemische Reaktoren, biologische Materie, die durch die „richtige" Technik dazu gezwungen werden können, einen höchstmöglichen Ertrag abzuwerfen? Oder sind es Lebewesen, die, wie die gesamte Natur, vom Schöpfergeist beatmet werden?

Die urchristliche Antwort auf diese Frage ist der *Friedfertige Landbau* – übrigens, wie könnte es anders sein, eine Wortschöpfung Gabrieles, auf die das gesamte Konzept letztlich zurückgeht. Diese Anbauweise geht in ihrer ethischen Tiefe und Tragweite weit über den herkömmlichen „Bioanbau" hinaus. Dass kein Kunstdünger und keine Agrargifte eingesetzt werden, ist für ökologisch denkende Menschen selbstverständlich. Darüber hinaus wird im *Friedfertigen Landbau* auf jeglichen tierischen Dünger verzichtet. Es wird auch keine kommerzielle Tierhaltung betrieben – denn diese geht immer mit der Schlachtung bestimmter Tiere einher. Wo immer es möglich ist, werden Hecken und Feldgehölze angelegt, um der Kulturlandschaft ihr vielfältiges Aussehen wiederzugeben – und auch, um Tieren und Pflanzen ihren natürlichen Lebensraum zurückzugeben.

Im Laufe der Jahre entstanden mehrere Bauernhöfe, auf denen Getreide, Gemüse und Obst angebaut werden. Es entstanden eine Mühle, eine Bäckerei sowie eine Feinbäckerei und ein vegetarisch-veganer Feinkostbetrieb. Über zahlreiche Läden und Marktstände im gesamten süddeutschen Raum werden die auf diese Weise produzierten hochwertigen Produkte vertrieben und über einen Lebensmittelversand in die ganze Welt versendet. Vom Anbau bis zum Kunden planen und arbeiten alle Betriebszweige Hand in Hand – das garantiert einwandfreie Qualität, optimale Kommunikation und rasche Lösung für auftretende Schwierigkeiten.

Weitere Betriebszweige

Es entstanden auch Handwerksbetriebe, die eng zusammenarbeiten, um dem Kunden die Mühe abzunehmen, verschiedene Gewerke unter einen Hut zu bringen. Es entstand ein Einkaufszentrum mit einer erstaunlichen Vielfalt von Angeboten: Natur-Supermarkt, Restaurant, Friseurladen, Herren- und Damenmode, Antiquitäten, Möbel und Wohnaccessoires, Schneiderei, Schuhmacherei und Vorführwerkstätten verschiedener Handwerke. [33]

Es entstanden – nach hartem Kampf gegen die von den Kirchen aufgehetzten Behörden – eine Schule, „Lern mit mir" genannt, mit angeschlossener Musikschule und Internat, sowie ein Kindergarten und eine Kinderkrippe.

Auch der Bereich der Gesundheit und Pflege wurde nicht vergessen: eine Naturheilklinik mit angeschlossener Physikalischer Therapie und mehrere Arztpraxen fördern die körperliche und, nach Bedarf, die seelische Gesundheit. In einer Sozialstation und mehreren Seniorenheimen werden fachgerecht und mit Hingabe kranke und ältere Menschen betreut.

In dem Buch *Der Lichtbogen* lesen wir zum Thema der Betriebe:

All diese Firmen sind eigenständig und in privater Hand. Gemeinsam ist ihnen, dass die Inhaber dem urchristlichen Gedankengut zuneigen. In den Betrieben von Urchristen geht es nicht darum, Reichtümer zu sammeln – und es sind bislang in der Tat auch keine solchen angesammelt worden –, sondern es geht darum, zu leben, wie es Gottes Menschenkindern gebührt: ordentlich, sauber und behaglich zu wohnen, sich gepflegt zu kleiden und das zu essen, was die Erde uns Menschen schenkt. Angestrebt ist dabei nicht ein Leben in Luxus, sondern ein Leben in dem Stand, den wir Mittelstand nennen.

Die Entstehungsgeschichte und die Besonderheiten dieser einzelnen Betriebsbereiche zu schildern, wie es beispielhaft für den Bereich der Landwirtschaft angedeutet wurde, würde jeweils ein eigenes Kapitel erfordern. Es versteht sich von selbst, dass für den Aufbau all dieser Einrichtungen in wenigen Jahren sehr viel Engagement und Pioniergeist notwendig waren. Ein Mensch überragte in dieser Hinsicht jedoch alle anderen – und gerade sie macht bis heute in ihrer Bescheidenheit von ihrer Rolle am wenigsten Aufhebens: Gabriele. Wieder sei hier ein kurzer Abschnitt aus dem Buch *Das Wirken des Christus Gottes und der göttlichen Weisheit* zitiert:

Ohne den unermüdlichen Einsatz der Prophetin und Botschafterin Gottes, Gabriele, ohne Führung durch die göttliche Weisheit, wäre nichts von dem entstanden, was heute zu sehen ist. Es ist also Christus und die göttliche Weisheit, denen die Anerkennung und der Dank für all das gebührt, was bis heute aufgebaut werden konnte.

Das Füllhorn der göttlichen Weisheit

Man sollte sich vergegenwärtigen, dass während all dieser Jahre nicht nur die von Nachfolgern des Nazareners geführten Betriebe entstanden, sondern auch das *Universelle Leben* mit seinem vielfältigen Angebot zu geistiger Orientierung weltweit aufgebaut und ausgebaut wurde. Gabriele hatte bereits im *Heimholungswerk Jesu Christi* Hunderte von göttlichen Offenbarungen, von Botschaften aus dem Geist Gottes, an die Menschen weitergegeben – mit einer ungeahnten Fülle an Zusammenhängen und Details über verschiedenste Themen. Bruder Emanuel erklärte einmal in einer göttlichen Offenbarung über sie (denn sie selbst spricht bis heute nicht gern über sich selbst), dass sie nach Jesus von Nazareth der größte Gottesprophet war und ist, der je auf der Erde weilte. Sie ist nicht, wie die Mehrzahl der Propheten des Alten Testaments, „nur" eine Künderprophetin, die lediglich wiederholt, was zuvor bereits durch andere Wortträger auf die Erde gebracht worden war.[34] Sie ist vielmehr eine **Lehrprophetin Gottes**, die der Menschheit völlig neue Einzelheiten an geistigem Wissen brachte und bringt.

Durch Gabriele erklärten Christus und andere Wesen der geistigen Welt den Aufbau der Seele und des Kosmos, erläuterten das Gesetz von Saat und Ernte und die Möglichkeit der Reinkarnation, sprachen über das Leben nach dem Tod und ermahnten die Zuhörer zu einem respektvollen Umgang mit der gesamten Schöpfung. Durch Gabriele warnte der Christus-Gottes-Geist auch immer wieder vor den Katastrophen, die über die Erde hereinbrechen würden, sofern die Menschheit ihren Umgang mit der Natur und den Tieren nicht ändern würde – so dass man mit Fug und Recht sagen kann: Gott hat rechtzeitig gewarnt. [35]

Die Botschaften aus dem All strömten und strömen auch im *Universellen Leben* weiter, und ihre Anzahl geht bis heute in die Tausende. Dabei nutzten die heutigen Nachfolger des Nazareners vermehrt auch die Technik. Sie übertrugen immer wieder göttliche Offenbarungen, die z.B. im Rahmen der Inneren

Geist=Christus-Kirche gegeben wurden, in weit mehr als hundert Orte auf der ganzen Welt.

Nach einigen Jahren kamen Rundfunkstationen und schließlich Fernsehstationen hinzu. Über einige Jahre hinweg gingen auf diese Weise mächtige Christus-Heilstrahlungen um die ganze Welt: Christus sendet im Prophetischen Wort durch Gabriele Seine heilende Strahlung zu allen Menschen, die ihr Herz dafür öffnen. Er gibt in Seinen Offenbarungsworten wesentliche Hinweise für die Zuhörer, die bereit sind, sich selbst, ihr gegen Gott gerichtetes Denken und Verhalten, zu erkennen und mit Seiner Kraft zu verändern. Auf diese Weise werden die Selbstheilungskräfte im Menschen verstärkt; und, so es für die Seele gut ist, kann auch der Körper Linderung oder Heilung erfahren. Durch diese tiefgehenden göttlichen Offenbarungen wurde, so erklärte Christus durch Gabriele, gleichzeitig auch die Atmosphäre der Erde aufbereitet: Es entstand allmählich die sogenannte Christus-Atmosphäre.

Die Fülle des geistigen Wissens, das durch Gabriele auf diese Erde kam und kommt, kann hier und im folgenden nur angedeutet werden. Falls nun beim Leser die Frage auftaucht, wie das alles möglich ist, so sei ihm die Lektüre des bereits erwähnten Buches *Das Wirken des Christus Gottes und der göttlichen Weisheit* **empfohlen. Dort wird erläutert, weshalb Gabriele in der Lage war und ist, wahrlich aus dem Füllhorn der göttlichen Weisheit zu schöpfen und zu geben.**

Die Botschafterin Gottes in Aktion

Im Laufe der Jahre ging zwar die Anzahl der göttlichen Offenbarungen zurück, da dieser Teil der Aufgabe Gabrieles von ihr mehr als erfüllt worden war. Doch nun trat sie um so mehr in einer anderen Eigenschaft in Aktion: als die **Botschafterin Gottes**. Aus ihrem erschlossenen, gottnahen Bewusstsein legt sie ihren Mitmenschen die Gesetzmäßigkeiten der Himmel in der Umgangssprache detailliert aus und gibt Antwort auf alle Fragen – wobei sie genau abzuwägen vermag, was der Fragende zu fassen in der Lage ist und was seiner Seele dienlich ist. Auch auf diese Aufgabe war sie, wie auf das Prophetenamt, über Inkarnationen vorbereitet worden. Ab 1996 trat an die Stelle der Christus-Strahlungen das „Urlicht für alle Menschen". Hier gab Gabriele aus ihrem erschlossenen Bewusstsein Hinweise, wie der Mensch sich erkennen und in den Kreislauf der Bereinigung eintreten kann, um die inneren Selbstheilungskräfte zu aktivieren. Auch diese Veranstaltungen wurden weltweit übertragen.

Während all dieser Jahre war und ist Gabriele aber auch schriftstellerisch tätig – und zwar in einem Ausmaß und mit einer Schnelligkeit und Präzision, die jeden, der sich schon einmal in irgendeiner Weise im Schreiben versucht hat, nur verblüffen kann. Von Gabriele wurden im Laufe der Zeit insgesamt über 120 Bücher und Broschüren veröffentlicht – wobei es auch hier für den Leser, was die Weisheit und Tiefe der Inhalte angeht, kaum einen Unterschied macht, ob es sich um direkte Offenbarungen von Christus oder anderen Wesen der Himmel handelt, die Gabriele niederschrieb, oder um Texte, die sie als Botschafterin Gottes aus ihrem weiten geistigen Bewusstsein verfasste. Diese schier unglaubliche Produktivität ist unter anderem darauf zurückzuführen, dass Gabriele beim Schreiben nicht von Stimmungen abhängig ist oder auf mehr oder weniger seltene „kreative Momente" warten muss. Überdies ist ihre Selbstdisziplin ganz erstaunlich. So kann sie auch kürzere Zeitabschnitte „zwischendurch" nützen, um ohne lange „Anlaufzeit" eine bestimmte Arbeit unmittelbar fortzusetzen.

Auf diese Weise entstanden epochale Werke wie das Offenbarungswerk „Das ist Mein Wort" (1989) mit mehr als 1000 Seiten, bei dem ihr Christus die Feder führte, der durch sie einen zuvor lange verschollenen Evangeliumstext kommentiert und vertieft. Dabei ist noch zu bedenken, dass diese Aufgabe in Gabrieles „Auftrag" aus den Himmeln gar nicht vorgesehen war. Schon zu Beginn der 80er Jahre waren drei Christusfreunde von der geistigen Welt gefragt worden, ob sie nicht die Bibel kritisch hinterfragen und das darin enthaltene reine Gotteswort von menschlichen Beigaben trennen wollten. Aufgrund persönlicher Probleme kam jedoch keiner der drei dieser Bitte nach – und Gabriele sprang ein.

Mehr als tausend Seiten umfasst auch „Der Weg der Bergpredigt – der Innere Weg", ein Buch, das die kompletten Schulungsaufgaben des Weges nach Innen zum Herzen Gottes beinhaltet, wie sie von Bruder Emanuel gegeben und von Gabriele zusätzlich erläutert wurden. Bestandteil dieses Buches sind auch die „Großen kosmischen Lehren", die bereits Jesus von Nazareth Seine Jünger lehrte, und zwar aus dem Absoluten Gesetz Gottes. Gabrieles Bücher befassen sich aber auch mit dem Gesetz von Saat und Ernte, das der Mensch sich durch seine Zuwiderhandlungen gegen Gott letztlich selbst geschaffen hat. Allein die Titel lassen bereits aufhorchen: „Sein Auge – die Buchhaltung Gottes. Der Mikrokosmos im Makrokosmos", „Ich, ich, ich – die Spinne im Netz. Das Entsprechungsgesetz und das Gesetz der Projektion", „Die Kosmische Uhr und das Netzwerk Deiner Haut – Dein Schicksal liegt in Deiner Hand".

Speziell an Kinder und Jugendliche und deren Eltern wenden sich die Bücher, die Gabriele von einem weiblichen Geistwesen namens Liobani empfangen hat. Liobani ist, wie sie in den gleichnamigen Büchern erklärt, in der geistigen Welt für die „Ausbildung" der dort heranwachsenden Geistwesen zuständig.

Umfassende Einblicke bietet besonders die Christus-Offenbarung „Ursache und Entstehung aller Krankheiten" (1986), in der es nicht nur um Gesundheit und Krankheit geht, sondern auch um die Frage, wie die materielle Welt überhaupt entstand, nämlich als Folge des Abfalls einiger Geistwesen von Gott. Das Buch enthält u.a. eine Fülle von Hinweisen, z.B. auf die Bedeutung von Magnetfeldern und auf die Quantenphysik, die seit Erscheinen des Buches von der Wissenschaft mehr und mehr bestätigt wurden.[36]

Das Leben nach dem Tod („Der Zeitgenosse Tod – Jeder stirbt für sich allein. Das Leben und Sterben, um weiterzuleben") wird ebenso beleuchtet wie das sinnerfüllte Leben im Alltag („Lebe den Augenblick" – „Mit Gott lebt sich's leichter" – „Allein in Partnerschaft und Ehe? Allein im Alter? Leben in der Einheit! Du bist nicht allein – GOTT ist mit Dir").

Ein Bereich darf hier, bei aller gebotenen Kürze, auf keinen Fall unerwähnt bleiben, weil er Gabriele in ganz besonderer Weise am Herzen liegt: die Tiere. Auch

hier gelang ihr in kurzer Zeit ein ebenso gezielter wie genialer Wurf. In der Schriftenreihe „Der Prophet" – später fortgesetzt in den „Gabriele-Briefen" – legte sie in zwei Broschüren die religiösen Wurzeln der heutigen Tierverachtung bloß und entlarvte den Verursacher: die Priesterkaste. Weltweit Beachtung fanden und finden die beiden herausragenden Titel: „Tiere klagen – der Prophet klagt an!" und: „Der Mord an den Tieren ist der Tod der Menschen".

In beeindruckender Weise verleiht die Botschafterin Gottes den Tieren eine Stimme – und zeigt auf, dass die Missachtung und das Quälen der Tiere früher oder später auch für den Menschen gravierende, ja tödliche Folgen haben wird.[37]

„Neben" dieser schriftstellerischen Arbeit, die hier nur angerissen werden konnte, erläuterte Gabriele in unzähligen geistigen Schulungsstunden und Radiosendungen den Weg nach Innen, beantwortete stundenlang geduldig die Fragen von Teilnehmern in Seminaren, rief ein *Urchristliches Gebets- und Glaubensheilzentrum* ins Leben und, und, und ...

Arbeiten und Wirtschaften nach der Bergpredigt

Und nun kam ein weiteres Aufgabengebiet hinzu: Anregungen zu geben für den Aufbau der von Nachfolgern des Nazareners geführten Betriebe. Wobei hier von vornehrein nochmals klargestellt werden soll: **Wer Anregungen gibt, kann nicht dafür verantwortlich gemacht werden, ob, und wenn ja, wie genau diese Anregungen umgesetzt werden.** Ein Unternehmensberater, um ein annähernd vergleichbares Beispiel zu nennen, ist weder der Chef des Unternehmens, das er berät, noch ist es seine Aufgabe, die Umsetzung seiner Ratschläge in irgendeiner Weise zu überwachen oder zu kontrollieren oder gar mit gezielten Maßnahmen in den Betrieb hineinzuregieren. Wir sollten dies im Auge behalten – insbesondere wenn es um die Reaktion von Kirchenvertretern und Medien auf diese Aktivitäten geht, zu denen wir noch kommen werden. Die Betriebe und Einrichtungen, die hier gegründet wurden und werden, gehören **nicht** dem *Universellen Leben*, wenn auch in der Presse immer wieder stereotyp Gegenteiliges zu lesen ist. Eine Supermarktkette oder ein Warenhaus, die von einem engagierten Protestanten oder einer explizit katholischen Familie geleitet werden, gehören ja auch weder der Vatikan- noch der Lutherkirche.

Doch wie soll das gehen: ein Wirtschaften nach der Bergpredigt? Ohne Ellbogen, ohne Mobbing, ohne Übervorteilung des Kunden, ohne Ausbeutung der Mitarbeiter und auch der Umwelt? Die Quadratur des Kreises? Es gibt zwar katholische Klöster, die teilweise recht erfolgreich ihre Produkte an den Kunden bringen – doch die zahlen ihren Klosterinsassen kaum Löhne und versichern sie nur pauschal. Mönche verfügen in der Regel nicht über ein eigenes Konto und müssen, zumindest in manchen Orden, den Abt schon um Erlaubnis fragen, wenn sie nur fernsehen oder ihre Eltern besuchen wollen.

Das kommt jedoch für Nachfolger des Jesus von Nazareth, der ein Freiheitsdenker war, nicht in Frage: Sie zahlen sich in den Betrieben, die sie gemeinsam gründen und aufbauen, reguläre Löhne im tariflichen Rahmen aus, auf ihre Privatkonten, versteht sich. Sie sind auch normal sozialversichert und bewegen sich frei durchs Leben wie andere Bürger auch. Zudem teilt in zahlreichen ihrer Betriebe ein Großteil der Belegschaft nicht ihren Glauben: An Marktständen, auf dem Feld, in der Buchhaltung, oder wo auch immer, arbeiten neben Anhängern der urchristlichen Lehre auch Muslime, Katholiken, Lutheraner, Juden und Atheisten mit. Einzige Bedingung: Sie erkennen die gemeinsame Betriebsordnung als Grundlage der gemeinsamen Arbeit an. Darin wird *gerade nicht* ein bestimmter Glaube zur Voraussetzung für eine gedeihliche Mitarbeit gemacht, sondern die innere Beteiligung, das Verantwortungsbewusstsein des Mitarbeiters:

Mitarbeiter in Christusbetrieben machen das Wohl des Betriebes zu ihrem persönlichen Anliegen und tragen dafür die Verantwortung nach ihren Fähigkeiten und Möglichkeiten. In diesem Sinne akzeptieren wir kein „Oben" und „Unten". ... Jeder Mitarbeiter muss wissen: ... Er soll seinen Nächsten nicht übervorteilen. ... Bete und Arbeite heißt: Lasse deine Arbeit zum Gebet werden. ... Der Mitverantwortliche bemüht sich, seine Arbeitskraft im Sinne aller so einzusetzen, dass alle anderen Mitverantwortlichen nicht benachteiligt werden. Er soll nicht für seinen Nächsten arbeiten müssen, da dieser am Arbeitsplatz die Bequemlichkeit vorzieht. ...

Jeder Betrieb ist ein Organismus

Letzten Endes geht es also um ein Arbeiten nach der Bergpredigt, deren „Goldene Regel" bekanntlich lautet: „Was ihr wollt, dass euch die Nächsten tun sollen, das tut ihr ihnen zuerst." – Oder, anders ausgedrückt: „Was du nicht willst, dass man dir tu', das füg' auch keinem anderen zu!" **Die Quintessenz dessen, was einen solchen Betrieb ausmacht, lässt sich in dem Satz zusammenfassen: „Üb immer Treu und Redlichkeit!"** Dazu gehört auch der Grundsatz: „Was du tust, das tue ganz!" In Nr. 4 der Schriftenreihe „Der Prophet"[38] beschrieb Gabriele, welche Folgen es für einen Betrieb, ja für die ganze Volkswirtschaft hat, wenn dies nicht beachtet wird:

Das Aushöhlen eines Betriebes erfolgt nicht dadurch, dass zu wenig gearbeitet wird, sondern es kommt darauf an, wie gearbeitet wird und wo sich der einzelne während der Arbeit gedanklich befindet. Vielfach hat der Arbeitnehmer für den Betrieb wenig übrig, da es nicht sein Betrieb ist, sondern der des Arbeitgebers. Er arbeitet in diesem Betrieb hauptsächlich nur, um seinen Lebensunterhalt zu verdienen, fast alles andere interessiert ihn wenig. ... Viele Arbeitnehmer, aber ebenso viele Arbeitgeber haben eine typische Nehmerhaltung. Vielfach geht es den Einzelnen nur darum, dass ihr

Arbeitsplatz und ihre Position gesichert sind. Für den Aufbau der positiven Betriebsenergie leisten sie sehr wenig; das wird deutlich, wenn man in die Gedanken- und Wunschwelt des Einzelnen zu blicken vermag. Wie sieht es mit den Gedanken und Wünschen der Arbeitgeber und Arbeitnehmer aus? Sind deren Gedanken bei der Arbeit? ... Vielfach sind sie bei seinen Problemen, beim Nachbarn, mit dem er in Streit liegt, beim Kollegen oder der Kollegin, die beim Arbeitgeber besser angesehen sind als er ... Gearbeitet wird nebenbei, mit dem verbleibenden Rest des Bewusstseins. Auf diese Weise entstehen viele Fehlleistungen, die immer wieder ausgeglichen werden müssen, wodurch Arbeitszeit verloren geht ... (S. 9ff.)

Dem stellt Gabriele das Arbeiten gegenüber, wie es in einem Betrieb vor sich gehen soll, dessen Mitarbeiter sich an der Bergpredigt orientieren:

Jeder Betrieb kann als Organismus gesehen werden. Jeder einzelne Mitarbeiter ist gleichsam ein Organ oder ein Teil, eine Zelle eines Organs. Der Organismus des Betriebes kann nur gesunden und gesund bleiben, gute Umsätze und Gewinne erzielen, wenn jedes Organ mit den anderen kommuniziert, also wenn die Betriebsangehörigen friedlich zusammenarbeiten. Weil alles Energie ist, kann ein Betrieb auf Dauer nur bestehen, wenn die Betriebsangehörigen verantwortungsbewusste, aufbauende und betriebszielstrebige Gedanken bei der Arbeit haben ...

Christus offenbarte, persönliche Probleme und Schwierigkeiten, die sich für jeden von uns im Laufe unserer Tage ergeben, nicht über längere Zeit stehenzulassen, sondern sie zu bereinigen, so dass der Mitarbeiter seine Gedanken bei der Arbeit hat. Nur so kann er für den Betrieb verantwortlich und für seinen Nächsten da sein. Ein friedliches und harmonisches Miteinander führt zur Einheit und zum gesunden Wachstum des Betriebes in Umsatz und Gewinn. ...

Was immer du tust – sei dir bewusst, dass du das Beste geben möchtest, dann wirst du auch das Beste bekommen. Sieh den Kunden nicht nur als Kunden, sondern als deinen Bruder und deine Schwester, und denke daran: geistig gesehen ist er ein Teil deines geistigen Lebens. Der Kunde ist nicht nur König, sondern ein Teil deines Herzens. (S. 11f., 14f., 17)

Alles Neue will jedoch errungen sein – und gegen jede Veränderung des gewohnten Gedankentrotts wehrt sich bekanntlich der „alte Adam" beziehungsweise die „alte Eva". Das war und ist Gabriele sehr wohl bewusst, denn sie schrieb in derselben Schrift:

Christus gab und gibt den Schatz aus den Himmeln für diese Erde – wir Menschen jedoch tun uns trotz Glaubens und guten Willens schwer, diese Prinzipien umzusetzen. Wir alle sind noch in den alten Mustern des morbiden Systems der Wirtschaft befangen: der Ellbogenhaltung, des Aushöhlens der Betriebe, der Machtkämpfe, der Arbeitnehmer- und Arbeitgeberhaltung. (S.9)

Schulungen für Betriebsangehörige

Gabriele verwandte unendlich viel Zeit und Mühe darauf, den Mitarbeitern der werdenden Christusbetriebe bei dieser inneren Umstellung beizustehen und immer wieder wertvolle Anregungen zu geben, wie das positive Potential des Einzelnen und des Betriebes entwickelt und im Sinne des großen Ganzen eingesetzt werden kann. Mehr als zehn Jahre lang gab sie, meist im wöchentlichen Rhythmus, Schulungen für die Mitarbeiter der Christusbetriebe, auch Schulungen der „Christustruppe" genannt. Aus der Fülle der dabei behandelten Themen seien beispielhaft nur einige wenige herausgegriffen, um die Bandbreite und Tiefe dieser einmaligen Schulungen zumindest erahnen zu lassen:

- Wer sich für Gott und für Christus entscheidet, der entscheidet sich auch für seinen Nächsten. Dies sollten wir uns schon am frühen Morgen vorgeben.
- Demut heißt: Mut zum Dienen. Der selbstlose Einsatz für den Nächsten ist nicht mit „Dienern" zu verwechseln. Wer in rechter Einstellung dem Nächsten dient, der verdient auch, was er benötigt.
- Wie kann ich den Nächsten nicht nur an-, sondern auch aufnehmen? Und welche positiven Folgen hat das für den Betrieb?
- Erwarte nichts – gib! So, wie ich selbst behandelt werden möchte, so behandle ich die Kunden.
- Alles ist Kommunikation – mit den Produkten, mit den Elementen, mit den Mitarbeitern und nicht zuletzt mit den

Kunden. Positive Kommunikation entsteht durch Dankbarkeit und Konzentration.
- *Gute Planung heißt: positive Gedanken als „Vorarbeiter" ausschicken.*
- *Der Betrieb ist ein Teil von mir. Wie kann ich den „inneren Seismografen" entwickeln, um wahrzunehmen, was im Betrieb gerade ansteht?*
- *Wie kann ich in allem Negativen das Positive finden?*
- *Durch Rotation im Betrieb und außerhalb des Betriebes erweitere ich mein Bewusstsein und entfalte ungeahnte Talente, die noch in mir schlummern.*

Wertvolle Anregungen für verschiedenste Bereiche

Neben dieser intensiven Schulungstätigkeit und neben all ihren anderen Aufgaben fand und findet Gabriele aber auch noch die Zeit, auf konkrete Sachfragen einzugehen, die von verantwortlichen Mitarbeitern der Betriebe an sie herangetragen werden, etwa: Wie können wir dies oder jenes noch besser machen oder anders gestalten? Es zeigt sich hierbei, dass Gabriele ein enorm kreativer und schöpferischer Mensch ist und dass sie durch ihr weites Bewusstsein in der Lage ist, sich in die unterschiedlichsten Berufsbereiche hineinzudenken und hineinzufühlen. Wer für ihre Hinweise offen ist und Verschiedenes ausprobiert, der kann erleben, dass dabei immer wieder Erstaunliches oder gar Einzigartiges herauskommt. Gabriele wird jedoch nie etwas bestimmen oder vorgeben; sie gibt lediglich Denkanstöße, was man vielleicht noch versuchen, in welche Richtung man gehen könnte.

Nehmen wir als erstes Beispiel die Landwirtschaft – ein Bereich, der Gabriele besonders am Herzen liegt, weil sie hier etwas dazu beitragen kann, dass es Tieren und Natur besser geht. Mit ihrer Hilfe entstand das bereits erwähnte Konzept des *Friedfertigen Landbaus*. Wichtiger Bestandteil dieses Konzepts ist die Idee, die mittelalterliche Dreifelderwirtschaft in modernem Gewande wiedererstehen zu lassen: als eine Möglichkeit, den Feldern, also der Lebensgrundlage unserer Ernährung, alle drei Jahre eine Ruhepause zu gönnen, während der sie wieder neue Nährstoffe ansammeln können.

Gabriele gab auch die Anregung, bei der Ernte einen Teil des Getreides stehen zu lassen, damit die Tiere wie Rehe oder Hasen nicht von einem Tag auf den anderen ohne jeden Schutz und ohne Nahrung dastehen. Sie ermutigte die Landwirte, der Natur zu geben und darauf zu vertrauen, dass auch die Natur ihrerseits für das Auskommen des Menschen sorgt. Und in der Tat: Die höheren Erträge der Felder, auf denen so verfahren wird, machen das Geschenk an die Tiere mehr als wett.

Achtung vor der Natur bedeutet auch, dass man nach Möglichkeit alles nützt und verwertet, was sie mit viel Mühe hervorgebracht hat. Die Wegwerfgesellschaft ist ein Verstoß gegen den Geist des Urchristentums. Weshalb soll man z.B. nicht weniger schöne Äpfel oder Feldfrüchte, die aufgrund der gesetzlichen Regelungen auf dem Markt nicht verkäuflich sind, zu Brotaufstrichen oder dergleichen verarbeiten – oder sie an die Tiere weitergeben, die auf den Höfen leben, ohne Angst vor dem Schlachtmesser haben zu müssen? Brot oder Gemüse, das nicht mehr ganz frisch, aber noch durchaus zum Verzehr geeignet ist, wird auch an Bedürftige weitergegeben, die in verschiedenen Großstädten von Nachfolgern des Jesus von Nazareth einmal wöchentlich zu einer Speisung eingeladen werden.

Wer die Natur nicht als „Produktionsfaktor" ausbeutet, sondern sie als Partner sieht, der auf Zuwendung und Respekt positiv reagiert, der wird mehr und mehr erspüren, dass z.B. auch ein Feld ein Organismus ist, mit dem man so etwas wie eine innere Zwiesprache halten kann. Die Landwirte fahren z.B. am Abend vor der Ernte oder vor einer Bodenbearbeitung auf das Feld und „teilen" ihm in Gefühlen und inneren Bildern „mit", was am kommenden Tag geschehen soll. Über Gedankenbilder bitten sie auch die Kleinstlebewesen, wie z.B. die Regenwürmer, sich bis zu dieser Zeit tiefer in den Boden zurückzuziehen. Nach und nach entsteht auf diese Weise eine innere Beziehung, ja so etwas wie eine „Freundschaft" zwischen dem Landwirt und den Feldern. Ähnliches gilt auch für den Anbau von Gemüse und Obst. Ehe ein Pflanze, z.B. ein Obstbaum, zurückgeschnitten wird, „reden" die Obstbauern mit ihm und erklären ihm, weshalb es notwendig ist. Gerade Pflanzen, so erklärte Gabriele, haben oft noch Angst vor den Menschen, weil sich deren jahrtausendelange Brutalität tief in ihr „kollektives Gedächtnis" eingegraben hat.

Auch mit den Elementen sollte ein Landwirt sich innerlich verbinden und darum bitten, dass sie so gelenkt werden, wie es für die Felder gut ist. In einer Zeit, in der die Wissenschaft darüber rätselt, weshalb Wasser ein „Gedächtnis" hat und Quanten, die kleinsten Träger des Lebens, auch über große Entfernung miteinander in Beziehung stehen, oder weshalb Pflanzen mit bestimmter Musik besser wachsen – in einer solchen Zeit wird man derlei Gedankengänge nicht mehr einfach als „esoterische Merkwürdigkeiten" abtun können. Und weshalb soll es nicht sinnvoll sein – eine weitere Anregung Gabrieles –, einem Feld, auf dem Brotgetreide wachsen soll, eine „Vorahnung" seiner späteren „Bestimmung" zu vermitteln, indem man es mit verdünntem Brottrunk düngt?

Die sanfte „Revolution" des Keimlings

Weil wir gerade beim Brot sind: Von der Öffentlichkeit bisher so gut wie unbemerkt, hat sich hier eine regelrechte technische Revolution ereignet, und zwar, was die Mahltechnik betrifft. Und es war wiederum Gabriele, die den Anstoß dafür lieferte, indem sie auf ihre unaufdringliche Art Bedenken äußerte, als eine riesige Metall-Walzenmühle – die heute gängige Technik – gekauft werden sollte. Und wenig später ließ sie, ganz nebenbei, sinngemäß die Bemerkung fallen, ob es denn richtig sei, dass man das Korn – wie auf Walzenstühlen üblich – in Sekundenbruchteilen mit großer Gewalteinwirkung in seine Bestandteile zerschlägt. Ob es denn nicht möglich sei, dies auf sanfte und schonende Weise zu tun?

Heute verfügt eine von Nachfolgern des Nazareners geführte Firma, die gesunde Lebensmittel herstellt, über Europas größte Steinmühle – und die Müller dort haben längst wieder gelernt, wie in früheren Zeiten Getreide mit der Steinmühle zu mahlen. Aus diesem Mehl Brot zu backen, erfordert von den Bäckern wesentlich mehr handwerkliches Geschick als das bloße Zusammenfügen standardisierter Mehlmischungen. Es stellte sich heraus, dass die Müller im 19. Jahrhundert vom technischen „Fortschritt" regelrecht überrollt wurden – und dabei mitsamt ihrer jahrtausendealten Mahl- und Backtechnik auf der Strecke blieben. Der wichtigste Lebensträger des Korns, der unscheinbare Keimling mit seinen wertvollen aromatischen Ölen, überstand die gewaltsame Mahlprozedur in der metallenen Walze nämlich nicht unbeschadet und wurde daraufhin kurzerhand vor dem Mahlen entfernt.

Damit fehlt seitdem bei der herkömmlichen Zubereitungsweise nicht nur dem Brotkun-

Hier bleibt der Keimling drin!

den eine wichtige vitamin- und mineralstoffreiche Nahrungsergänzung; auch dem Bäcker fehlt der Keimling als wichtiger Hilfsstoff bei der Zubereitung des Sauerteigs. Der zunehmende Einsatz von allen möglichen und unmöglichen, zum Teil chemischen Backzusatzstoffen ist weitgehend auf diesen Mangel zurückzuführen. Auch wenn die Müller- und Bäckerzunft – wohl aufgrund der seither gemachten riesigen Investitionen und des höheren Profits bei Verwendung der Walze – derzeit noch keinerlei Anstalten macht, die damals eingeschlagene Fehlentwicklung in Frage zu stellen: Das frühere Handwerkswissen, das fast nur noch in alten Büchern zu finden war, wurde gerade noch rechtzeitig wiederentdeckt und bewahrt.

Die Antwort auf die Schere zwischen Arm und Reich

Dieser Lernprozess der Wiederentdeckung alter Handwerkskunst wäre aber nicht möglich gewesen ohne eine vertrauensvolle und intensive Zusammenarbeit zwischen Bäckern, Landwirten, Müllern und Verkäufern – die als letzte in der Kette immer wieder Rückmeldungen gaben und die Kunden bei den unvermeidlichen kleineren Rückschlägen auch einmal um Geduld baten. Auch dies war eine Anregung Gabrieles für den Ernährungsbereich: Alle arbeiten zusammen, vom Anbau bis zum Kunden. Wo normalerweise ein Berufszweig auf den anderen Druck ausübt, um den Weitergabe-Preis zu senken und gleichbleibende Standards einzufordern, da wurde hier gemeinsam überlegt, wie man die „Durststrecke" durchstehen und wie man es vor allem dem Landwirt ermöglichen kann, den Erdboden schonend zu bebauen, sodass er auch den nachfolgenden Generationen erhalten bleibt.

Dies war und ist allerdings nur möglich, weil Gabriele wertvolle Gedankenanstöße für die Weiterverarbeitung der Produkte gab, z.B. in Form der vegetarisch-veganen Feinkost, aber auch für den Endpunkt der Kette, für Werbung und Verkauf: Wie können z.B. Marktstände im Verlauf der Jahreszeiten immer wieder umgestaltet und mit anderen Farben versehen werden, damit der Kunde sich „zuhause" fühlt? Die hohe Qualität der schonend angebauten und verarbeiteten Produkte soll schließlich auch in einem entsprechenden Rahmen präsentiert werden. Gabriele regt immer wieder an, an alle und alles zu denken – z.B. auch an die Kunden, die über weniger finanzielle Mittel verfügen.

Was tut man, wenn die Schere zwischen Arm und Reich immer weiter auseinandergeht? Den Kunden so manipulieren, dass er sein Geld trotzdem an der erwünschten „richtigen" Stelle ausgibt? Mögen es andere auch so halten – besser ist es, eine eigene Verkaufsschiene für günstige Produkte aufzubauen. „Hin zur Natur" heißt die Vertriebsfirma, die Getreide, Gemüse und Obst „aus Umstellungsbetrieb" verwertet – also Ware, die auf Feldern wächst, die zwar bereits auf *Friedfertigen Landbau* umgestellt wurden, jedoch noch nicht die drei Jahre durchlaufen haben, die für die offizielle Öko-Kontrollstelle maßgeblich sind, um das Siegel des kontrollierten Ökolandbaus zu erteilen. Die Nachfolger des Nazareners lassen ihre Betriebe nämlich nach wie vor streng kontrollieren, obwohl sie die Kriterien der herkömmlichen Anbauverbände in vielen Punkten weit übererfüllen.

Was macht normalerweise ein Landwirt, der seinen Betrieb umstellen will? Er verkauft während der dreijährigen Umstellungszeit das Getreide entweder noch als konventionelles, oder er verfüttert es an „Nutztiere". *Hin zur Natur* hingegen gewinnt dieser Phase das Beste ab, um den Kunden mit schmalem Budget entgegenzukommen.

Unerschöpfliche Kreativität

Das Bewusstsein Gabrieles sprudelt nahezu unerschöpflich. Ihr Wesen ist durch und durch gestalterisch. Mit Geschmack und zielstrebiger Sicherheit verblüfft sie immer wieder durch ihren unermüdlichen Ideenreichtum, der sich sowohl in der Gestaltung von Innenräumen, wie auch in der Entwicklung von modischer Kleidung ausdrückt. Urchristentum bedeutet nicht, in Sack und Asche zu gehen. Wer den Himmel wenigstens ein Stück weit auf die Erde holen möchte, der wird keinen Luxus und keine Verschwendung anstreben – aber er liebt eine harmonisch gestaltete Umgebung und eine gepflegte Kleidung, die ihn nicht nur kleidet, sondern auch erfreut. Die Farben und Formen der Natur können dabei Vorbild sein. In der Natur ist alles in ständiger Bewegung, und so ändert sich auch das Bewusstsein der Menschen im Laufe der Zeit – und auch in uns Menschen und um uns herum sollte es keinen Stillstand geben. Doch auch hierin gibt es keine Dogmen; jeder Mensch sollte versuchen, seinen eigenen „Typ" herauszuarbeiten, der seine spezifische Mentalität zum Ausdruck kommen lässt. Dabei zu helfen ist Gabriele immer bereit, wenn sie auf Menschen trifft, die dafür empfänglich sind.

Das zeigt sich auch im Einkaufsland, dem „Land des Vielen, Schönen, Guten". Viele kreative Inspirationen gehen auf Ihre Ideen zurück. Unermüdlich gibt sie Tipps, wenn jemand bereit ist, ihre Anregungen aufzunehmen und umzusetzen, z.B. bei der Entwicklung eleganter Kleidung, schöner Einrichtung, aber auch als Trendsetterin für neue Frisuren. Ein besonderes

Faible hat sie dafür, aus einfachen Mitteln für alle Menschen etwas Schönes zu machen. So freut sie sich besonders, wenn sowohl bei Einrichtungen, wie auch bei Kleidern, gute alte Teile umgearbeitet werden und durch handwerkliche Bearbeitung und Ideenreichtum zu neuem Leben erwachen. Ihre Hilfen und Anregungen sind stets von einem Satz begleitet: „Das könnte man mal probieren. Was meint Ihr?" Wer es ausprobiert, ist gut beraten. Es kommen dabei die schönsten Dinge heraus. Wo sie frei wirken kann, da zeigt sich ein Füllhorn an gestalterischer Phantasie, so dass jeder Quadratmeter eine einzige Inspiration ist.

Das Einkaufsland – Das Land des Vielen Guten, Schönen

Ihr Talent als „Innenarchitektin" stellte Gabriele vielfach unter Beweis, unter anderem in der *Christusschule „LERN MIT MIR"*. Aus einer ehemaligen Nähfabrik wurde mit ihrer kreativen Mithilfe ein ausgesprochener „Wohlfühlort", an dem die Kinder und Jugendlichen gerne ihre Zeit verbringen. Gleich die Eingangshalle ist einladend gestaltet, mit hellen Farben und einer

Bank; überall in Zimmern und auf Gängen sind Pflanzen zu sehen – und selbst Schultische in den Klassenzimmern sind (natürlich von den Schreinern der Firma „Handwerker für alle") nach einer Idee von ihr so gezimmert worden, dass sie sich zu beliebig großen Gruppen zusammenfügen lassen. Dass die Schüler der Christusschule frühzeitig mit dem Berufsleben Kontakt aufnehmen, indem sie z.B. bei Schnupper-Praktika verschiedene Betriebe kennenlernen, ist ebenso Gabrieles Hinweisen zu verdanken wie der Aufbau einer Musikschule und weiterer Arbeitsgruppen zur Förderung junger Talente.

Die Schule „LERN MIT MIR" in Esselbach

So wenig wie die Schule „LERN MIT MIR" in Esselbach einer herkömmlichen Schule gleicht, so wenig Ähnlichkeit hat auch die Naturheilklinik in Michelrieth mit einem allgemein üblichen Krankenhaus. Schon der Name „Haus der Gesundheit" bringt den Ankömmling auf andere Gedanken, stimmt ihn auf Genesung ein. Die Zimmer sind eher wie Hotelzimmer eingerichtet; der Patient braucht sich nicht von vornherein als Kranker zu fühlen. Der Speisesaal hat so gar nichts von einer Kantine, sondern strahlt eine dezente Eleganz aus; und in den Garten kommt man durch einen weißen Säulengang. Für das angeschlossene *Heilfastenhaus* gab die geistige Welt durch Gabriele ganz neuartige Anregungen.

Arkadenansicht im Garten der HG Naturklinik Michelrieth

Gabriele ist also auf ganz unterschiedlichen Gebieten tätig – und zwar äußerst erfolgreich, doch nie für sich persönlich, sondern für ihre Mitmenschen. Ist es nicht erstaunlich, wie ein Mensch sich gleichzeitig in so Vieles hineindenken kann? Ist nicht allein das ein Beleg dafür, dass hier mehr im Spiel sein muss, als die Schulweisheit der Theologen sich träumen lässt? Ist Gabriele nicht auch hier wieder ein Vorbild – nämlich dafür, dass jeder Mensch auf dem Weg nach Innen sein Bewusstsein erweitern und wesentlich mehr erfassen und leisten kann, als er bisher ahnte?

Es sei hier nochmals auf ein Buch verwiesen, das ebenfalls im *Verlag DAS WORT* erschienen ist und sich mit der Frage befasst, *wer* Gabriele eigentlich ist und weshalb sie in jedem Moment in der Lage ist, dieses riesige Potential aus der göttlichen Weisheit in sich zu aktivieren: *Das Wirken des Christus Gottes und der göttlichen Weisheit.*

Was hier angeführt wurde, ist jedoch nur ein Bruchteil dessen, was die Prophetin und Botschafterin Gottes in all den Jahren tatsächlich in die Welt brachte. Diese Leistungen rechnet sie sich allerdings nicht selbst an: Sie tut es, das ist ihre Aussage, nicht aus sich heraus, sondern um dem Allerhöchsten zu dienen. Sie freut sich, wenn ihre Anregungen aufgegriffen werden und die Welt ein wenig verbessern. Doch sie erwartet dafür weder Lob noch Anerkennung. Wer die Anregungen Gabrieles rasch umsetzt, wird ihre positive Wirkung ebenso rasch erleben. Wer jedoch glaubt, es besser zu wissen, vielleicht, weil er sich als „Fachmann" dieser Welt fühlt, den wird sie nicht mit weiteren Ratschlägen bedrängen. Jeder soll seine Erfahrungen selbst machen und seine Erkenntnisse auf dem Weg erlangen, den er für den richtigen hält.

Diese tolerante Einstellung, das musste Gabriele bald erfahren, teilen jedoch die Kirchenvertreter nicht, die über die „reine Lehre" wachen. Was gotterfüllte Menschen auf die Erde bringen, würde da nur stören.

Kapitel 6

Lasst hier bloß keine „Ketzer" rein!

Graf Magnis hatte sich Verstärkung geholt. Einen leibhaftigen Domkapitular hatte er mitgebracht: Wilhelm Heinz, in der Diözese Würzburg für „Seelsorge" zuständig, dazu den Medienreferenten Berthold Lutz und den Chef der Pressestelle der Diözese, Werner Häußner. Und der Graf hatte auch ein „Beweisstück" dabei: einen Rettich, erworben einige Tage zuvor am Marktstand des von Nachfolgern des Jesus von Nazareth betriebenen Hofes in Arnstein. Nach ein paar Tagen sah der Rettich natürlich nicht mehr ganz so frisch aus – was den Reporter der Deutschen Presseagentur prompt dazu veranlasste, ihn als „ausgesprochen mickrig" zu bezeichnen. Was dann wiederum im Ingolstädter *Donau-Kurier* (am 17.7.1984) zu der „ausgesprochen" hämischen Überschrift führte: „Ein mickriger Radi als Beweis für Geschäfte im Namen Jesu".

Die betrieblichen Aktivitäten der Christusfreunde waren in der Bischofsstadt Würzburg natürlich nicht unbemerkt geblieben. Der erste Marktstand, an dem Gemüse aus ökologisch kontrolliertem Anbau verkauft wurde – und dann auch noch „Ketzer"! Nicht etwa nur Protestanten, daran hatte man sich ja 400 Jahre nach ihrer Vertreibung durch Bischof Julius Echter ganz allmählich wieder gewöhnt – nein: richtige „Ketzer"! Durch Gabriele hatte Christus das *Universelle Leben* gegründet und alle diejenigen, die Seine Lehre ernst nehmen wollen, dazu aufgefordert, sie Schritt für Schritt in allen Lebensbereichen umzusetzen – auch im Erwerbsleben. Die ersten, noch zaghaften Anfänge waren gemacht worden: ein Bauernhof, zwei kleine Bäckereien, ein vegetarisches Restaurant und ein Zusammenschluss mittelständischer Handwerksbetriebe unter der Bezeichnung „Wir sind für Sie da!". Einige Christusfreunde waren in Aktion getreten – und die Kirche reagierte. Denn sie kann ja nur mehr reagieren auf das, was aus der geistigen Welt vorgegeben wird. Zum Agieren im Sinne des Nazareners hätte sie fast 2000 Jahre Zeit gehabt.

Eine „Breitseite" gegen die „Ketzer"

Und sie reagierte auf ihre Weise. Bisher hatte sie sich darauf beschränkt, die eigenen „Schäfchen" möglichst bei der Stange zu halten – durch Artikel im hauseigenen *Sonntagsblatt* etwa, oder durch die Klammerschriften des Grafen Magnis. Nun kam sie vollends aus der Deckung, schaltete sozusagen einen Gang höher und suchte die breite Öffentlichkeit – was ihr, wie könnte es bei ihren guten Kontakten auch anders sein, auf Anhieb gelang. Die lokalen Presseorgane traten vollzählig zur Konferenz an; das Presseecho erreichte dank *dpa* ganz Bayern.

Es sei eine „Ausweitung wirtschaftlicher Aktivitäten zu verzeichnen" *(Main-Post)*, so Graf Magnis mit scheinheiliger Miene, eine „bedenkliche Verquickung von Religion und ‚GmbH & Co'" *(Burghauser Anzeiger)* – so, als ob gerade für die Kirche eine „Verquickung" von Religion und klingender Münze etwas grundlegend Fremdes sei. Doch was soll die Polemik? Es gehört zum offenbar genetisch angeborenen Verhaltensrepertoire eines Inquisitors, durch entsprechende schauspielerische Einlagen auch ganz normale Dinge (oder sind sie gar nicht so normal?) als etwas zutiefst Verwerfliches und zu Verabscheuendes hinzustellen: etwa dass Menschen gemeinsam mit ehrlicher Arbeit ihren Lebensunterhalt verdienen und sich dabei den Luxus erlauben, eine religiöse Überzeugung zu haben – die sie aber bei ihrer Arbeit selbst nicht an die große Glocke hängen.

Sogar das katholische *Volksblatt* musste zugeben, dass die Kirche hier „eine scharfe Breitseite ... abgefeuert" habe. Wobei dies aus katholischem Munde eher den Beiklang von „Denen haben wir's aber gezeigt!" haben dürfte. Als einzige der berichtenden Zeitungen hielt es die *Main-Post* für angebracht (auch dieser Restbestand an Liberalität verlor sich allerdings in späteren Jahren), wenigstens in *einem* Satz etwas aus einer Stellungnahme des *Heimholungswerks Jesu Christi* zu zitieren. Wären alle anwesenden Journalisten ihrer Sorgfaltspflicht nachgekommen, so hätten sie unschwer ermitteln können, woraus die kirchliche „Breitseite" bestand: aus gehässiger Polemik, skrupellosen Verdrehungen und glatten Unwahrheiten.

So wird z. B. behauptet, das *Heimholungswerk* habe eine „Villa" und einen Bauernhof erworben. In Wahrheit handelt es sich um ein normales Wohnhaus, das, wie der Bauernhof, von Privatpersonen gekauft wurde. Oder es wird behauptet, bei den Gebetsheilungen würden die Heilungssuchenden „mit den Händen bestrichen". In Wirklichkeit werden diese gar nicht berührt. Beim Weg nach Innen handle es sich um „Selbsterlösung" (davon kann keine Rede sein) und um eine „Übernahme fernöstlicher Praktiken" (*Fränkische Nachrichten*).

Es spricht für sich, dass sich die Kirche eine höhere Weisheit und Spiritualität offenbar nur im Osten vorstellen kann. Wenn jemand tatsächlich eine solche „Übernahme" besichtigen möchte, dann braucht er nur die Zen-Kurse der Münsterschwarzacher Benediktiner im „Haus Benedikt" mitten in Würzburg zu besuchen. Aber es gehörte schon immer zu den beliebtesten Methoden der modernen Inquisition, anderen genau das zu unterstellen, was man selber zur Genüge pflegt.

Die Feinde der Gottesprophetie in Aktion

Vor allem aber geht es darum, Ängste zu wecken – etwa davor, dass Jugendliche „Gefahr laufen, durch die eigene ‚Jugendkirche' des ‚Heimholungswerks' finanziell missbraucht und ausgebeutet zu werden" *(Neue Presse Coburg)*. Diesbezüglich verfügt die Kirche schließlich über reichhaltige Erfahrung – man denke nur an die Misshandlung und Ausbeutung Tausender Kinder und Jugendlicher in kirchlichen Kinderheimen der 50er und 60er Jahre. Und es geht auch darum, das Prophetische Wort Gottes lächerlich zu machen. Das versucht Magnis unter anderem dadurch, dass er die Kundgaben des Christus-Gottes-Geistes durch Sein Instrument kurzerhand mit „Stimmen hören" gleichsetzt, das „ein gefährliches tiefenpsychologisches Phänomen" darstelle *(Main-Echo)*.

Damit bestätigt der Graf nur, was Walter Nigg [39)] über die Tiefenpsychologie schreibt, die er – neben der Masse und dem Priester – zu den drei „Feinden der Prophetie" zählt. Magnis versucht das Phänomen der Prophetischen Rede aber auch dadurch zu entwerten, dass er immer wieder – auch auf der fraglichen Pressekonferenz – „einen der engsten Mitarbeiter der Prophetin" ins Spiel bringt, der „ein Wirtschaftsprofessor an der Fachhochschule, ein Experte in Marketingfragen" sei (*Kitzinger Zeitung*). Bereits in seiner Schrift von 1982 hat er diesen Professor – es handelt sich um Prof. Dr. Walter Hofmann – als „Mentor" Gabrieles bezeichnet und erwähnt, dass dieser mehrmals nach Indien gereist sei. Damit will Magnis offensichtlich suggerieren: Die Offenbarungen sind nur vorgetäuscht, alles Humbug; in Wahrheit stammt alles aus einer weltlichen Quelle: modernes Marketing, gemischt mit einer Prise fernöstlicher Weisheit.

Wenig später wird der lutherische Dekan Würzburgs, Prof. Martin Elze, diese Legende des Grafen aufgreifen und weiter ausbauen: Walter Hofmann habe z.B. die Wiedergeburt und das Karma-Gesetz in die Lehre des *Heimholungswerkes* eingeschleust. Es lässt sich aber leicht nachweisen, dass diese (und weitere) Lehrinhalte bereits in den Offenbarungen des Christus-Gottes-Geistes vorkamen, als Prof. Hofmann die Prophetin noch gar nicht kannte.

1992 wiederholt Graf Magnis die Hofmann-Mär in einer weiteren Schrift – und im Jahre 2008 (!) wird ein katholischer Religionslehrer sie in einer Würzburger Schulklasse wieder aus der Schublade ziehen.

Zurück ins Jahr 1984. Die damalige Pressekonferenz wurde etwas ausführlicher beleuchtet, um ein Beispiel zu geben, wie moderne Inquisition heute funktioniert. Und um zu zeigen, wie leicht es der Kirche fiel, die uralten Reflexe der „Sekten"-Angst und „Sekten"-Verdammung wieder zu wecken. Die Journalisten stürzten sich, wie beabsichtigt, sogleich begierig auf den nach Sensation riechenden Stoff und bedienten schon in ihren Überschriften gehorsam alle Klischees: „Katholische Kirche warnt vor Heimholungs-Prophetin", titeln z.B. die *Fränkischen Nachrichten*, und im Untertitel steht: „Studie: Anhänger werden für eigennützige Zwecke indoktriniert, Jugendliche ausgebeutet". „Studie" – das klingt so schön wissenschaftlich, dabei handelt es sich nur um die Magnissche Märchen-Sammlung.

Hetzen – das können sie perfekt. Doch wie wenig die Kirche der bewegenden Urgewalt des Prophetischen Gotteswortes innerlich entgegenstellen konnte und kann, wie wenig sie auch von den Anliegen einer spirituellen Bewegung verstanden hatte oder verstehen wollte, das belegt eine Randnotiz: Domkapitular Heinz forderte am Ende der Sitzung, in den Pfarrgemeinden „sollten deshalb die Bildung von Gruppen, die über das Evangelium reden, gefördert werden" *(Volksblatt)*.

Doch vom Reden allein wird die Welt eben nicht besser – und das ist sie ja auch seit 2000 Jahren kaum geworden.

Keine „Christusklinik" in Dettelbach!

Die Kirche hatte ihre Medienmacht gezeigt, ja ihren gnadenlosen Willen zur Vernichtung des Ansehens einer religiösen Minderheit. Die Macht zur physischen Vernichtung ihrer Gegner ist ihr zwar im Laufe der Jahrhunderte abhanden gekommen – doch die Zerstörung des Rufes kann fast genauso effektiv sein, und sie hat zudem den Vorteil, dass er keine Märtyrer schafft.

Wer jetzt allerdings geglaubt hatte, die Christusfreunde – und unter ihnen die Prophetin Gottes, auf die bis heute immer die meisten Medienschläge herabprasseln – würden sich dadurch einschüchtern lassen, der sah sich rasch getäuscht. Bereits wenige Wochen später sickerte nämlich durch, dass die Ärztegruppe, die im Sommer 1984 das ehemalige Kreiskrankenhaus des Landkreises Kitzingen in Dettelbach gekauft hatte, um dort eine Naturheilklinik einzurichten, dem *Universellen Leben* nahestand.

Von einem Tag auf den anderen kühlte sich daraufhin das Klima schlagartig ab: Gestern hatten die beteiligten Politiker das Projekt noch enthusiastisch gefeiert, heute liefen sie betreten umher und versuchten, mit juristischen Verfahrenstricks den Kaufvertrag rückgängig zu machen – was schließlich auch gelang, allerdings mit erheblichem Verlust (mehr als einer Million Mark) für die öffentliche Hand.[40] Entscheidenden Anteil bei dieser „Rolle rückwärts" hatte ein Brief der Dettelbacher Pfarrer beider Konfessionen, die in ökumenischer Eintracht Verunglimpfungen aus den Schriften von Graf Magnis wiederkäuten („Kunstreligion") und davor warnten, dass Kinder und Jugendliche „ständig einer möglichen pseudoreligiösen-ideologischen Infiltrierung ausgesetzt" sein könnten. Als ob es eine solche „Infiltrierung" im katholischen Wallfahrtsort Dettelbach nicht schon längst gäbe!

„Kunstreligion" – auch dies wieder ein Versuch, das übersinnliche Phänomen des Inneren Wortes auf eine menschlich-materielle Ebene herunterzuschrauben: Ist ja alles nur Menschenwerk! – Dabei gibt es wohl kaum eine Religion, die sich derart schamlos an Versatzstücken anderer Religionen bereichert hat wie die römisch-katholische – angefangen vom ägyptisch-babylonischen Kult der großen Muttergöttin (heute: Marienkult; zu besichtigen z.B. in Dettelbach) bis hin zu allen möglichen Ritualen und Zeremonien, die aus antiken Heidenkulten wie dem Mithraskult übernommen wurden; aus Kulten, die mit dem frühen Christentum nichts zu tun haben. Diese Übernahme hinderte die Kirchen aber nicht daran, später die radikale Vernichtung dieser Kulte zu betreiben.

Kirchen bedrängen den Landrat
Bedenken gegen Christusklinik in Dettelbach – Klinik-Verkauf rückgängig machen

KITZINGEN. (Eig. Ber./zi) In der nichtöffentlichen Sitzung des Kitzinger Kreisausschusses wurde am späten Mittwochnachmittag auch über das Thema „Verkauf des ehemaligen Dettelbacher Kreiskrankenhauses" gesprochen. Wie berichtet, ist am 9. Juli das Hospital an die „Gemeinnützige Sozialwerk Dettelbach GmbH" für 1,1 Millionen DM vom Landkreis Kitzingen veräußert worden. Über die künftigen Inhaber und Betreiber des Hauses wird gesagt, sie stünden dem Heimholungswerk Jesu Christi nahe.

In einem sechsseitigen Rundschreiben des Heimholungswerks vom Juni dieses Jahres war davon die Rede, daß nahe Würzburg „gemäß dem Wunsch des Herrn" in landschaftlich schöner und ruhiger Lage Nordbayerns am Rande einer Kleinstadt, gemeint ist Dettelbach, eine Christusklinik in Betrieb genommen wird. Dieses Schriftstück wurde in der nichtöffentlichen Sitzung an alle Kreisräte verteilt.

Erschienen war dazu auch Dettelbachs Stadtoberhaupt, Bürgermeister Reinhold Kuhn. Er machte Bedenken aus Dettelbacher Sicht gegen die eventuelle Christusklinik geltend, zumal die Kleinstadt bekannter Wallfahrtsort ist. Landrat Dr. Siegfried Naser, so hieß es aus gut unterrichteter Quelle, machte in der Sitzung hinter verschlossenen Türen deutlich, daß ihn die beiden Amtskirchen bedrängten, wonach er den Verkauf des Hauses wieder rückgängig machen müsse.

Wie weiter verlautete, wollten die Mitglieder des Kreisausschusses in der nichtöffentlichen Sitzung am Mittwoch keinen Beschluß fassen. Doch waren sie sich darin einig, daß über das Thema Dettelbach und Christusklinik eine größere Debatte stattfinden muß. Am 17. Oktober will das Gremium in der nächsten Kreisausschußsitzung eine Entscheidung fällen.

Das Plenum äußerte die Ansicht, daß sich der Landkreis im Augenblick zwar in einer schwächeren Position befindet. Doch soll versucht werden, die Käufer dahingehend zu bewegen, freiwillig den Vertrag mit dem Kreis Kitzingen rückgängig zu machen.

Gestern nachmittag trafen sich aus diesem Grund Landrat Dr. Siegfried Naser und sein Stellvertreter Nikolaus Arndt zu einer Unterredung mit dem Gesellschafter und Projektleiter des „Gemeinnützigen Sozialwerks", Diplom-Ingenieur Walter Frisch (Weilheim). Über ein Ergebnis des Gesprächs war bis Redaktionsschluß jedoch nichts zu erfahren.

MAIN-POST, 28.9.1984

115

Würzburg: Kesseltreiben gegen religiöse Minderheit

Doch die Kirchen konnten sich nicht lange über die gelungene Dettelbacher Vertreibungsaktion freuen – denn wenige Wochen später, im Dezember 1984, standen die Nachfolger des Jesus von Nazareth mit einem Mal vor den Toren der Bischofsstadt selbst. Jens von Bandemer, Unternehmer (Knorr Bremse) und Millionär, hatte sich den Christusfreunden angeschlossen und fragte bei der Stadt Würzburg an, ob er nicht ein größeres Areal im Stadtteil Heuchelhof erwerben und mit Wohnungen und mittelständischen Handwerksbetrieben bebauen könne. Eine „Gemeinde der Bergpredigt" solle es werden.

Im Gegensatz zu Dettelbach und dem Landkreis Kitzingen waren die politisch Verantwortlichen der Großstadt Würzburg nicht so ohne weiteres auf Kirchenkurs zu bringen. An ihrer Spitze stand mit dem Oberbürgermeister Klaus Zeitler (SPD) ein Mann, für den die Verfassung offenbar kein Fremdwort war: Die „Maßstabe von Dettelbach" seien für ihn „nicht verbindlich". In einer pluralistischen Gesellschaft müsse jeder Bürger das Recht haben, „zumindest angehört, ernst genommen und darüber hinaus angemessen behandelt zu werden".[41] Und er fügte hinzu: „Wir fragen niemand, wie hältst du's mit dem Nachtgebet."[42]

Doch Zeitler hatte im Stadtrat keine Fraktionsmehrheit hinter sich – und sein Stellvertreter, Bürgermeister Erich Felgenhauer (CSU), ging denn auch gleich in die Vollen und bezeichnete das *Heimholungswerk* als „geistig-seelische Umweltbelastung", als „religionsähnliche Gemeinschaft", die „sehr viel Leid und Tragödien ausgelöst" habe und in der Menschen „physisch-psychisch kaputtgemacht und materiell zu Boden" geworfen würden. Die Beweise für solch ungeheuerliche Unterstellungen blieb er, wen wundert's, allerdings schuldig. Wären die Christusfreunde schon damals juristisch besser beraten gewesen, so hätte Felgenhauer vermutlich eine Anzeige wegen Volksverhetzung erhalten. Ob die Justiz der Bischofsstadt es damals jedoch gewagt hätte, etwas gegen den populistischen CSU-„Volkstribun" zu unternehmen, steht auf einem anderen Blatt ...

Die geifernde Stimmungsmache des Katholiken Felgenhauer war jedoch nur der Auftakt zu einem konzertierten Kesseltreiben der Großkirchen gegen ein Vorhaben, das ihnen von Grund auf gegen den Strich ging – hätte es doch unter Beweis stellen können, dass die von ihnen für gewöhnlich als „Utopie" heruntergespielte Bergpredigt tatsächlich umsetzbar ist!

Zunächst galt es, die „Munition" für den Feldzug bereitzustellen. Graf Magnis brachte sogleich eine neue Schrift heraus mit dem vielsagenden Titel: „Ist das sogenannte ‚Heimholungswerk Jesu Christi' in Wirklichkeit ein Heimholungswerk Satana-Luzifers?" Er suggeriert jedoch nicht nur bereits in der Überschrift, das gesamte *Heimholungswerk* sei „satanisch", sondern bezeichnet die dort verbreiteten Lehren wörtlich als „dämonisch". (So, wie es schon die Schriftgelehrten bei Jesus von Nazareth taten.) Magnis fügt dem Begriff *Prophetin* stereotyp das Attribut „selbsternannt" bei – was in doppeltem Sinne Unsinn ist: Erstens nennt Gabriele sich selbst nicht so. Und zweitens müsste es dann ja eine irdische Stelle geben, die – an Stelle von Gott – einen Propheten berufen oder ernennen könnte. Wer sollte das sein? Etwa der Vatikan?

In Wahrheit haben sich die Amtsträger der Kirche, die Hochwürden, Eminenzen und Exzellenzen „selbst ernannt" – denn Jesus von Nazareth hat keine Mittler zwischen Gott und die Menschen gestellt und weder Priester noch Bischöfe noch gar einen Papst eingesetzt.

Ähnlich unsinnig, ja skurril ist die Behauptung, die „Ernährungslehre" des *Universellen Lebens* sei „lebensgefährlich" – weil sie nämlich vegetarisch ausgerichtet ist! Nicht nur genauso abstrus, sondern dazu auch noch eine glatte Lüge ist zudem die Behauptung, die Schüler auf dem Inneren Weg müssten „täglich mehrere Male stundenlang ... meditieren."

Katholiken und Lutheraner – vereint gegen die „Ketzer"

Graf Magnis ist eben der „Mann fürs Grobe", für die schlichteren katholischen Gemüter. Die Kirche aber ist schlau genug, diese Schrift, in der sich der uralte Hass der Widersacher des Prophetischen Wortes Gottes in wenigen Zeilen zumindest für kirchenfernere Geister auf abstoßende Weise verdichtet, nicht für sich alleine stehen zu lassen. Kurz darauf, Mitte Februar, erscheint noch ein demgegenüber eher weichgespültes Kampfblatt, mit spitzer theologischer Feder ausgefeilt. (Man muss ja schließlich auch die Protestanten mit ins Boot holen!) Unterzeichnet haben es der katholische Dekan Bauer (für seine „Verdienste" später zum Weihbischof befördert) und der lutherische Dekan Prof. Martin Elze.

Was diese „konzertierte Aktion" für die in Würzburg traditionell äußerst dominante Vatikankirche bedeutet, kann man ahnen, wenn man sich vor Augen hält, dass noch im Juni 1953, also knapp eine Generation zuvor, der damalige Würzburger Bischof (und spätere Kardinal) Julius Döpfner mit seiner sofortigen Abreise drohte, als er erfuhr, dass bei der Einweihung der Ochsenfurter Zuckerfabrik auch der evangelische Dekan mitwirken sollte. Zufrieden war der Bischof erst, als er den neu gebauten Betrieb dann doch noch alleine einweihen durfte.

Die etwas ansprechendere Aufmachung der ökumenischen Verlautbarung bedeutete aber nicht, dass darin weniger mit Unwahrheiten und Falschzitaten gearbeitet worden wäre als bei Magnis. Im Gegenteil: Eine Unwahrheit folgt der nächsten. Da wird z.B. behauptet, die Nachfolger des Jesus von Nazareth „versprächen" Geistheilungen, oder: sie würden in ihren eigenen Schriften den Inneren Weg als „Pfad der Selbsterlösung" bezeichnen. (Als die zahlreichen falschen Zitate, die man den Christusfreunden schlicht untergeschoben hat, beanstandet werden, lässt man in einer zweiten Auflage einfach die Anführungszeichen weg – der irreführende Inhalt jedoch bleibt.) Über Gabriele verbreiten die Dekane, sie habe „sich selbst zur ‚Prophetin' gemacht", und „ihre ‚Wahrheiten'" seien „ein Gemisch aus Bibelzitaten, alternativen Lebensregeln und asiatischen ‚Heilslehren', die der Bibel widersprechen". Die Offenbarung

Gottes habe „in Jesus Christus ihren unüberbietbaren Höhepunkt und Abschluss gefunden".

Das heißt doch im Klartext: Die Großkirchen erteilen Gott ein Redeverbot. Er hat nach Ansicht der Kirchen nichts mehr zu sagen. Auf wessen Seite stehen sie dann? Wer ist der, der gegen Gott ist? Wer ist der, der nicht möchte, dass Er spricht?

In ihrem Verfolgungseifer merken die Dekane gar nicht, dass sie selbst der Bibel widersprechen. Denn wenn Gott seit Jesus von Nazareth nicht mehr durch Prophetenmund gesprochen hätte, dann hätte es ja auch keine Geheime Offenbarung des Johannes mehr geben dürfen, und auch die Berichte in der Apostelgeschichte und bei Paulus über das Prophetische Wort in den Urgemeinden entsprächen nicht der Wahrheit. Im Grunde hätte bereits Jesus nicht den „Tröster" ankündigen dürfen, den „Geist, der euch in alle Wahrheit führen wird". Er hätte zuvor die Schriftgelehrten fragen müssen!

Ein „klärendes Wort" sollte es werden, so lautete jedenfalls der Titel der Stellungnahme der Dekane. Geklärt hat es wohl kaum etwas, eher die Gehirne der „Gläubigen" vernebelt. Die Kirchen entlarvten sich im Grunde selbst. Was sie vom Reich Gottes, das Jesus einst verkündet hat, wirklich halten, das schreiben sie selbst schwarz auf weiß hinein: „Das Reich Gottes ist nicht machbar." – Kommentar überflüssig.

Das Trommelfeuer setzt ein

Die „Munition" war also bereitgestellt – das Trommelfeuer konnte beginnen. Und wie es begann! Im Jahr zuvor, als es noch um den ersten Bauernhof der Nachfolger des Nazareners ging, hatten die Kirchenvertreter mühelos in ganz Bayern die Spalten der Tagespresse gefüllt. Damit gaben sie sich nun nicht mehr zufrieden. Jetzt wurden ganz andere „Hunde" von der Leine gelassen, und zwar bundesweit und über Monate hinweg: „Für eine Hausfrau wird Konzernchef Sektenjünger" (*Das Goldene Blatt*, 30.1.85); „Die Sektenführerin, für die ein Millionär alles aufgab" (*Bild der Frau*, 18.3.85); „Bremsen-Bandemer: 30 Mio für Engel Emanuelle" (womit wohl Bruder Emanuel gemeint sein sollte, *Bild*, 8.2.85); „Die falsche Prophetin" (*Quick*, 2.1.86); „Fratzenhaftes aus Würzburg" (*Deutsche Tagespost*, 5.3.85); „Göttliche Kraft am Steißbein" (*Der Spiegel*, 6.5.85). Allein schon die Überschriften zielen direkt unter die Gürtellinie.

Auf lokaler Ebene wird die Diffamierungskampagne durch alles ergänzt, was die Kirche gegen die geplante Bergpredigt-Gemeinde nur mobilisieren kann: Junge Union, Frauen-Union, sogar die Bayern-Partei; schließlich wird eine eigene „Bürgerinitiative" gegründet, die unter anderem im Würzburger Dom Unterschriften sammeln darf. [43]

Wie fühlt sich ein Mensch, der durch Berufung von Gott, dem Ewigen, angetreten ist, dem Christus Gottes die Wege zu bereiten und Sein Kommen vorzubereiten, das doch alle Christen weltweit herbeibeten – und der nun von denen mit Schmutz und primitivster Häme beworfen wird, die den Namen des Jesus, des Christus, in Kirche und Politik missbrauchen? Und wie fühlen sich Menschen, die in ihren Berufen noch kurz zuvor sämtlich als tüchtige und ehrbare Bürger angesehen wurden; die sich gerade anschicken, ein hohes Ideal, das Ideal der Bergpredigt, tatkräftig und friedlich in die Tat umzusetzen – und die nun plötzlich als „Verführte", als „Durchgeknallte", als eine Art Ekzem der Gesellschaft angeprangert werden, als Ausgegrenzte, vor denen man sich mit Entsetzen abwendet und vor denen man seine Kinder zu warnen hat?

Unterschriftensammlung im Würzburger Dom

Was Gabriele betrifft: Mit der Kraft des Allerhöchsten hat sie das und weiteres ausgestanden, weil sie wusste: Das Wort kommt aus den Himmeln. Es ist Gott-Vater, der Ewige, der hier durch sie spricht; es ist Sein Sohn Christus, und es ist Bruder Emanuel, der Cherub der göttlichen Weisheit.

Die Volksverführer kommen in Fahrt

Doch die Tobsucht der kirchlichen Machtgewaltigen hatte gerade erst begonnen. Und die Gegner des Prophetischen Gotteswortes wissen genau: Wer die dumpfe Masse in Bewegung bringen und auf Dauer in Bewegung halten will, der braucht nicht nur griffige Verleumdungen, er benötigt auch Personen, in denen sich eine möglichst abwertende und aggressive Stimmung bündelt – und die in der Lage sind, das „Volk" zu „führen", bei Bedarf auch an der Nase herum. Auf Griechisch nennt man solche „Volksführer" (oder Volks-Verführer): Demagogen. Ob in diesem Fall Graf Magnis ausreichte?

Bereits im Jahr zuvor, im März 1984, hatte die Würzburger Diözesanleitung den lutherischen „Beauftragten für Sekten- und Weltanschauungsfragen" aus München, Pfarrer Friedrich-Wilhelm Haack, zu einer „Akademietagung" der Domschule nach Würzburg eingeladen. Und der Kollege der bayerischen Landeskirche verlegte dann ab Juni 1984 „rein zufällig" die jährlich Jahrestagung seiner „Elterninitiative gegen psychische Abhängigkeit und religiösen Extremismus"[44)] nach Würzburg.

Friedrich-Wilhelm Haack (1935-1991)

Friedrich-Wilhelm Haack (1935-1991) war mit Graf Magnis (1927-2004) wesensverwandt. Zum Pfarrer, obwohl er diesen Titel trug, taugte er eher weniger, hatte er sich doch – als DDR-Flüchtling – Mitte der 50er Jahre, nur einer spontanen Eingebung folgend, statt für Chemie zum Studium der Theologie und Publizistik angemeldet. (Man beachte die zukunftsträchtige Kombination.) Bereits Mitte der 60er Jahre hatte der

123

preußische Wahlbayer zunächst auf eigene Faust damit begonnen, Erhebungen über religiöse „Unregelmäßigkeiten" in seiner Landeskirche und darüber hinaus anzukurbeln.[45)] Eine Art kircheneigene „Stasi" sozusagen – mit Oberschülern und Mitgliedern von Jugendkreisen als bevorzugten „informellen Mitarbeitern". Und bereits 1969 erhielt er für dieses neue und doch uralte Aufgabengebiet den offiziellen Segen seiner Vorgesetzten.

Haack, untersetzt und wohlbeleibt, war mit seiner schnoddrig-arroganten Art der Liebling jedes Boulevard-Journalisten; verfügte er doch nicht nur über eine äußerst spitze Zunge, sondern auch über eine erstaunliche Phantasie, wenn es galt, religiöse Minderheiten mit immer neuen Begriffs-Kapriolen verächtlich zu machen. Dadurch bediente er zielsicher und in Sekundenschnelle die niedrigen Instinkte derjenigen, die es nötig haben, sich durch die Abwertung „Andersartiger" aufzuwerten – und sich an der Schadenfreude zu berauschen, die aus abfälligen „Späßchen" auf Kosten dieser „anderen" entsteht.

Eine kleine Schwäche hatte der moderne Inquisitor allerdings: Er war von sich und seiner „Mission" so überzeugt, ja begeistert, dass er bisweilen übers Ziel hinausschoss und allzu offenherzig kundtat, was er wirklich dachte. So schrieb er bereits 1970 in einen Tätigkeitsbericht an seine Landeskirche hinein: „Verstehen wir unseren Glauben richtig, dann haben wir kein Recht, den ‚Anderen' in ‚seinem Glauben zu lassen'."[46)] Oder er schrieb an den Vertreter einer kleinen esoterischen Gruppe: „Wenn Sie bei mir auf Inquisition tippen, liegen Sie natürlich richtig."[47)]

Und im Oktober 1986 schrie er erbost, während die Christusfreunde mit einem friedlichen Schweigmarsch durch Würzburg gegen die Diskriminierung durch Kirche und Staat demonstrierten: „Im Mittelalter wären wir ganz anders mit euch umgesprungen!" [48]

Im April 1985 kommt Haack in den Stadtteil Heuchelhof und macht in der vollbesetzten Schulturnhalle den Einwohnern gehörig Angst vor dem *Universellen Leben*: Er sehe vor allem die „Gefahr der Indoktrination von Kindern", die „geistig dressiert" werden könnten. (Was Indoktrination in jeder Lebenslage betrifft, da wissen die Kirchen offensichtlich sehr gut Bescheid.) Und im Juni verkündet er auf seiner „Elterntagung", das *Universelle Leben* sei eine „Prophetendiktatur", und Würzburg dürfe kein „Sekten-Rom" werden.

„Sekten-Rom"? Blitzte hier nicht für einen Moment so etwas wie eine Aversion Haacks gegen die Vatikankirche auf? Schließlich halten sich die beiden Großkirchen, ökumenische Verlautbarungen hin oder her, im Grunde ihres Herzens noch immer gegenseitig für „Ketzer". Die Verwünschungen Luthers gegen den Papst und die Kardinäle in Rom („... und waschen unsere Hände in ihrem Blut") klingen noch heute furchteinflößend. Doch das katholische *Volksblatt* „verhört" sich bei dieser Spitze und schreibt statt dessen „Sekten-Home". Die neuen „Ketzer" können schließlich nur gemeinsam vertrieben werden. Und tatsächlich: Am 18. Juni 1986 lehnt der Hauptausschuss des Würzburger Stadtrats die Heuchelhof-Pläne mehrheitlich ab. Das Plenum folgt diesem Beschluss wenige Tage später.

Der Triumph der Großkirchen war jedoch in gewisser Weise ein Pyrrhus-Sieg. Sie hatten zwar am Ende obsiegt, doch gerade mit ihrer Medienkampagne gegen das Projekt hatten sie das *Universelle Leben* erst recht bekannt gemacht. Die Kirchen sind zwar in der Lage, weite Bereiche der Massenmedien in ihrem Sinne zu beeinflussen – doch gerade kritische oder suchende Menschen fühlen sich durch solch offensichtlich einseitige Pressefeldzüge eher abgestoßen und wollen sich ein eigenes Bild machen.

„Wir sind ein Teil des Volkes!"

Die meisten Journalisten und Politiker jedoch besitzen nicht genügend Zivilcourage, um gegen den Strom einer solchen Kampagne zu schwimmen. Sie halten dem Sturm nicht stand, der mit voller Macht aus der kirchlichen Ecke bläst. – Und was tun die Nachfolger des Jesus von Nazareth? Verzagen sie, so ganz allein in ihrem kleinen Boot auf dem Ozean der „veröffentlichten Meinung"? Sind sie wie gelähmt in der Angst, in den haushohen Wellen unterzugehen, die die vorbeifahrenden Ozeanriesen der Massenmedien in Marsch setzen? Sind sie allenfalls noch mit Wasserschöpfen beschäftigt? So wäre es vermutlich gewesen, hätten sie nicht Hilfe von einer Seite erhalten, die niemand der Gegner wirklich auf der Rechnung hatte.

Inmitten der brodelnden See hissten die Christusfreunde ganz unvermutet die Segel. In großen Zeitungsanzeigen bezogen sie Stellung. Auch dies ist ein Symbol: Wenn die Journalistenzunft davor zurückschreckt, das „heiße Eisen" zum Thema zu machen und für eine gleichberechtigte Behandlung aller Glaubensrichtungen einzutreten, wie die Verfassung sie eigentlich gebieten würde, dann bleibt für die diskriminierte Minderheit nur der kostspielige Weg einer bezahlten Anzeige. Jedes Stück Gerechtigkeit – und auch jedes Stück Land – müssen diejenigen teuer bezahlen, die auf der Erde, dem Hauptstützpunkt der Widersacher Gottes, einen Gegenpol bilden wollen.

Und diese Anzeigen haben es in sich. Schon Ende Februar, als noch das „Klärende Wort" der Dekane durch die Presse läuft, steht in der *Main-Post* unter der Überschrift „Christen entlarven sich" zu lesen:

> *Wir wollen der Welt den Nachweis erbringen, dass ein Leben nach der Bergpredigt tatsächlich möglich ist ... Bevor jedoch die Saat des Guten zu sprießen beginnen kann, stehen Vertreter der Institutionen Kirche auf, um den Keimling zu zertreten. ... Was befürchten sie? ... Ihre Furcht zeigt letztlich an, dass sie in der Tiefe ihrer Seele ahnen, dass es tatsächlich Christus ist, der sich jetzt wieder durch einen prophetischen Mund offenbart. ...*
> *Wir sind ein Teil des Volkes und rufen die Bevölkerung auf, zur Frage Stellung zu nehmen, ob sie die Verleumdung derer bejaht, die Christus nachfolgen wollen. Wir rufen es laut in die Öffentlichkeit hinaus: Wo sind die Beweise für die falschen Anschuldigungen der kirchlichen Vertreter?*

Und am 21. Juni 1985, unmittelbar nach der Ablehnung der Heuchelhof-Pläne durch den Stadtrat, erscheint wieder eine Anzeige:

Dem ewigen Geist gehört nicht nur eine kleine Parzelle wie auf dem Heuchelhof. Sein ist das Universum ... Wenn Christen Christen ablehnen, ihre Türen vor ihren Nächsten verschließen, dann werden diese den Staub von ihren Füßen schütteln. Wir Christen in der Nachfolge des Nazareners lassen uns von Christus zu weit größeren Taten führen. Wahre Christen öffnen uns Tür und Tor.

Man braucht nicht lange zu rätseln, wer wiederum den Anstoß für solche Großanzeigen gab. „Er sprach mit Vollmacht", heißt es in der Bergpredigt. Gabriele hätte viel lieber andere Dinge getan, als sich mit wildgewordenen Kirchenbeauftragten und deren journalistischem Anhang zu befassen. Aber ohne es zu wollen, stand sie nun mit an der Spitze eines geistigen Kampfes. Und sorgte durch ihr unerschütterliches Gottvertrauen dafür, dass die kleine Schar der Mitkämpfer angesichts der äußeren Übermacht nicht verzagte, sondern nach neuen Wegen suchte.

Die Vertreibung der Christusfreunde aus Hettstadt

Was geschieht, wenn Wasser aufgehalten wird, etwa durch einen Felsbrocken, der in ein Bachbett fällt? Es fließt außen herum, sucht sich einen anderen Weg. Bereits im Juli 1985, also wenige Tage nach der Vertreibung der Christusfreunde aus Würzburg, kam ein Kontakt zustande zwischen einem dem *Universellen Leben* nahestehenden Architekten und einem Würzburger Kollegen. Der bot ihm eine ganze Reihe von Grundstücken in einem

Gewerbegebiet ganz in der Nähe von Würzburg an – in dem 2000-Seelen-Dorf Hettstadt. Der Unternehmer Jens von Bandemer, der das Projekt einer „Gemeinde der Bergpredigt" in die Öffentlichkeit getragen hatte, war wenige Tage zuvor erneut an die Presse getreten und hatte betont, dass die Christusfreunde auf dieses Vorhaben keineswegs verzichten würden; auch wenn es „zunächst nicht an einem einzigen Ort entstehen kann". [49] Die Verlagerung der Planungen ins Umland war also offen angekündigt worden. Und der CSU-Ortsbürgermeister Waldemar Zorn, ein Schulfreund des vermittelnden Würzburger Architekten, empfing die Grundstückskäufer zunächst auch mit offenen Armen.

Bis dann, im November 1985, einer „seiner" Gemeinderäte auf die Idee kam, den das Projekt leitenden Architekten nach seiner Glaubenseinstellung zu fragen – eine Frage, die nach der deutschen Verfassung eigentlich gar nicht zulässig ist. Denn aus seinem Glauben darf einem Bürger, der es mit dem Staat im weitesten Sinne zu tun hat, weder ein Vorteil noch ein Nachteil entstehen (Artikel 3, Absatz 3 GG). Zu Deutsch: Welches Gebetbuch ein Architekt hat, der für seine Auftraggeber die Erschließung eines Baugebiets aushandelt, hat auf Seiten der zuständigen Gemeinde niemanden zu interessieren. Doch der Architekt erkannte offenbar, dass eine Verweigerung der Antwort die Neugierde der Anwesenden umso mehr angefacht hätte – und er beantwortete die Frage: „Stehen Sie dem Heimholungswerk nahe?" wahrheitsgemäß mit „Ja!".

Von da an war alles anders. Die bereits zugesagte Erschließung des Baugebiets wurde plötzlich auf unbestimmte Zeit verschoben. Bürgermeister Zorn, dem es zuvor noch ein besonderes Anliegen zu sein schien, dass seine Bürger ihre Grundstücke in dem betreffenden Gebiet verkauften, verschwand zunächst für mehrere Tage von der Bildfläche – angeblich hatte er einen „Schwächeanfall" erlitten. Als er wieder auftauchte, hatte er eine erstaunliche Kehrtwende vollzogen. Er warnte nun öffentlich vor dem Verkauf an die „Sektierer". Von deren Glaubenszugehörigkeit, so gab er an, habe er nichts gewusst – offensichtlich eine reine Schutzbehauptung, um seine Karriere zu retten.[50] Diese wollte der ehrgeizige und für einen Dorfbürgermeister erstaunlich redegewandte Zorn kurz zuvor noch dadurch fördern, dass er seine Gemeinde möglichst groß machte, egal wie und mit wem. Doch nun musste er zurückrudern, denn mit der Kirche wollte er es sich auf keinen Fall verderben. Auf jeden Fall fühlte sich der Kolpingbruder Zorn mit dem Dasein eines Dorfbürgermeisters keineswegs ausgelastet – und tatsächlich wurde er 1996 zum Landrat des Landkreises Würzburg gemacht. War dies der „Lohn" für seine Mühe?

Drei Jahre zuvor, 1993, war es ihm, nach acht Jahren verfassungsfeindlicher Hinhaltetaktik, endgültig gelungen, die Nachfolger des Nazareners aus „seinem" Dorf zu vertreiben. Diese hatten zwar durch zwei Gerichtsinstanzen spektakuläre Erfolge gegen das nach ihrer Auffassung verfassungswidrige Verhalten der Gemeinde erzielt. Doch das Bundesverwaltungsgericht in Berlin zauberte schließlich einen angeblichen Formfehler aus dem Hut, der zuvor noch niemandem aufgefallen war – und alles hätte fast wieder von vorne beginnen müssen.[51] Ein Ende des jahrelangen Rechtswegs war noch immer nicht abzusehen.

Der Rechtsstaat drohte, zum „Rechtswegestaat" zu verkommen – und die brachliegenden Grundstücke wurden schließlich an die Gemeinde verkauft, die umgehend die Erschließung durchführte und ein katholisches Sozialwerk mit der Bebauung beauftragte. Als der todkranke Waldemar Zorn Ende 2008, wie Jahre zuvor schon Graf Magnis, den päpstlichen Silvesterorden erhielt, wurde diese Vertreibungstat als sein ureigenstes „Verdienst" besonders hervorgehoben.

Papst Silvester und der vermutlich größte Betrug der Weltgeschichte

Silvesterorden – es gibt ja bekanntlich keine Zufälle. Weshalb heißt diese vatikanische Auszeichnung so und nicht anders? Papst Silvester, ein Zeitgenosse Kaiser Konstantins zu Beginn des 4. Jahrhunderts, war eine historisch eher unbedeutende Figur, der jedoch fast ein halbes Jahrtausend später auf dem Schachbrett päpstlicher Machtpolitik noch eine große Rolle zugedacht war. Denn Ende des 8. Jahrhunderts tauchte unversehens ein Dokument auf, höchstwahrscheinlich in der päpstlichen Kanzlei gefälscht, in dem zu lesen stand, Kaiser Konstantin habe Papst Silvester halb Europa zum Geschenk gemacht und diesen als über dem Kaiser stehend anerkannt.

Die „Konstantinische Schenkung" gilt bis heute als der vermutlich größte Betrugsfall der Menschheitsgeschichte, als eine der dreistesten Fälschungen, die je auf einem Stück Papier zu lesen waren – bedeutete sie doch den eigentlichen Beginn der weltlichen Macht der Päpste im sogenannten „Kirchenstaat", der sich für ein Jahrtausend wie ein Riegel mitten über die italienische Halbinsel schob.

Wer also den Silvesterorden bekommt, so könnte man folgern, der hat wirkungsvoll dazu beigetragen, dass die Kirche über möglichst viel weltliche Macht verfügt und den Staat zwingt, ihr zu Willen zu sein – wenn es sein muss, auch mit Lug und Trug. Auszeichnungswürdig ist wohl auch, dass eine Gemeinde sich weigert, Menschen Fuß fassen zu lassen, die der Kirche nicht genehm sind.

Zum mittlerweile dritten Mal hintereinander war also ein Projekt der Christusfreunde durch den erbitterten Widerstand der Kirchen abrupt gestoppt worden: Dettelbach – Heuchelhof – Hettstadt. Doch *wie* wurde die Ansiedlung der Nachfolger des Nazareners in Hettstadt verhindert? Das ist durchaus eines näheren Hinsehens wert.

In Hettstadt ist „der Teufel los"

Zunächst wird Ende 1985 Graf Magnis eingeladen, im katholischen Pfarrheim einen Vortrag zu halten. Die *Main-Post* bescheinigt dem Grafen „eine oftmals polemische Art" und schreibt, im Pfarrheim sei „zeitweise ... regelrecht der Teufel los" gewesen. Der Kirchenvertreter Magnis und der Politiker Zorn sind sich darin einig, den Christusfreunden eine „Aushöhlung des Sozialstaats" zu unterstellen: Sie entlohnten angeblich ihre Mitarbeiter unter Tarif (was schlicht unwahr ist) und träten damit in einen „ungleichen Konkurrenzkampf" mit „normalen Handwerksbetrieben".[52]

Einmal abgesehen davon, dass nicht einzusehen ist, weshalb ein Handwerksbetrieb nicht „normal" sein soll, nur weil ein Teil seiner Belegschaft weder katholisch noch lutherisch ist – der wahre Hintergrund einer solch verqueren „Argumentation" ist die Notwendigkeit, von einer theologischen auf eine politische Ebene der Polemik überzuwechseln. Denn eine Gemeinde darf nach der Verfassung die Bürger nicht aus religiösen Gründen benachteiligen. Doch mit Falschaussagen arbeiten die kirchlichen und staatlichen Verhinderer auf allen Ebenen: Natürlich erhalten die Angestellten von Betrieben, die die Nachfolger des Jesus von Nazareth gründen, Tariflöhne oder mehr, dazu noch ansehnliche Kinderzuschläge (1000 Mark bzw. 500 Euro pro Kind) sowie Essensgutscheine in erheblichem Umfang. Aber welchen Verleumder interessiert das schon?

Magnis fasst seine irreführenden und falschen Behauptungen in einer weiteren Schrift zusammen. Er spricht im Zusammenhang mit dem *Universellen Leben* von einer „erschreckend großen Finanzmacht", mit der eine Gruppe „eiskalter Wirtschaftskarrieristen" einen „Wirtschaftsbereich" aufbaue, „der immer stärkere Ausmaße annimmt". Im selben Atemzug malt er ein düsteres Szenario an die Wand: dass nämlich „im Falle eines Sektenzerfalls, der durchaus denkbar ist ..., einer Gemeinde schwerste Soziallasten entstehen" könnten.[53]

Ja, euer Durchlaucht, was soll denn nun stimmen? Bauen hier unheimlich gewiefte Technokraten ein riesiges Wirtschaftsimperium auf – oder stehen ein paar gefährliche Dilettanten kurz vor dem Zusammenbruch? Offenbar konnte sich der Graf an dieser Stelle zwischen zwei Feindbildern – oder besser gesagt: Feindbild-Karikaturen – nicht so recht entscheiden. Doch der moderne Inquisitor weiß: Wer sich von solchen Suggestionen beeindrucken, wer sich davon in eine diffuse Angststimmung versetzen lässt, dem fallen derartige Widersprüche gar nicht auf.

Und er kommt auch nicht auf die Idee, solche Sprüche einmal auf den Urheber zurückzulenken: Hinter welchen Religionsgemeinschaften in Deutschland steht denn tatsächlich eine wirtschaftliche Großmacht mit Milliardenvermögen und Milliardenumsätzen – und mit Milliardensubventionen durch den Staat? Und was sind dagegen ein paar mittelständische Betriebe mit einigen hundert Angestellten?

Im Sommer 2009 lieferte der Bischof von Augsburg, Walter Mixa, ein beeindruckendes Beispiel für kirchliche Heuchelei, als er in einem Spiegel-Interview (23/09) den „überzogenen Kapitalismus" kritisierte, der zur Folge habe, dass „viele Menschen ihren Arbeitsplatz verlieren". Dazu, so Mixa, könne die Kirche „nicht schweigen".

Gleichzeitig entließ der kircheneigene Buchkonzern „Weltbild" mit Sitz in Augsburg 322 seiner Mitarbeiter und sprach weiteren 300 Angestellten Änderungskündigungen aus, wonach sie ab sofort nur noch 25 statt 40 Stunden arbeiten durften, mit entsprechend reduziertem Gehalt. Wenn hier keine „eiskalten und brutalen Wirtschaftskarrieristen" am Werk sind, die ein „Wirtschaftsimperium" mit menschenverachtender Personalpolitik führen – wo dann?

Doch wer ohnehin froh ist, dass andere ihm vorsagen, was er am besten denken sollte, der durchschaut auch nicht die dreiste Heuchelei, mit der ein Kirchenvertreter vor etwas warnt – dem Zusammenbruch einer konkurrierenden Glaubensgemeinschaft –, das er selbst gleichzeitig nach Kräften herbeizuführen versucht. Die Stoßrichtung der Angriffe ist klar: Der Öffentlichkeit, und vor allem den Politikern, soll suggeriert werden, dass es hier nicht um eine Glaubensfrage oder einen Glaubenskampf, sondern um eine „Gefahr" für den Staat gehe.

Das war übrigens bereits vor 2000 Jahren Teil der „Doppelstrategie" der damaligen Schriftgelehrten gegen Jesus von Nazareth: Unter den Juden wurde der Nazarener als „von Dämonen besessen" verteufelt, gegenüber der römisch dominierten Öffentlichkeit jedoch verleumdete man Ihn als „Aufrührer" und Gefahr für den römischen Staat.

Der Feldzug des Waldemar Zorn

In eine ähnliche Kerbe schlägt auch Bürgermeister Waldemar Zorn (1938-2008), der sich ohnehin die Mehrzahl seiner „Argumente" von Graf Magnis abgeschaut hat.[54] Er beschuldigt die Nachfolger des Jesus von Nazareth, sie würden sich „abschotten", sie wollten ein „Dorf im Dorf", ja sogar einen „Staat im Staate" gründen. Dadurch werde, zumindest was das Dorf betrifft, eine „über Jahrhunderte hinweg gewachsene Gemeinschaft eines fränkischen Dorfes total zerstört", ja: die „Sekte" – dieses Unwort dürfte der Bürgermeister, nähme er die Verfassung ernst, eigentlich gar nicht gebrauchen – stelle „eine absolute Gefahr, sogar eine tödliche Gefahr für dieses Dorf Hettstadt" dar. Denn man wolle „eine eigene Gemeinde ... errichten". Zorn weiß als nicht ganz unintelligenter Mensch natürlich, dass zwischen einer politischen und einer religiösen „Gemeinde" – und nur um Letzteres kann es in diesem Fall gehen – ein erheblicher Unterschied besteht. Doch er erweckt bei seinen Zuhörern und Lesern den Eindruck, als sei dies ein und dasselbe.

Es sieht fast so aus, als wolle Zorn durch seine maßlose und aggressive Rhetorik um jeden Preis vergessen machen, dass er die Neusiedler mit religiösem Hintergrund zu Anfang gar nicht so ungern aufgenommen hätte. Der Eifer, mit dem er gegen die Neubürger kämpft, sogar ausgedehnte Vortragsreisen gegen sie unternimmt, trägt beinahe so etwas wie mittelalterliche Züge. Denn wer zu Zeiten der Inquisition als

Hettstadts Bürgermeister Waldemar Zorn (1938-2008)

Territorialherr auch nur in den leisesten Verdacht geraten war, die „Ketzer" in irgendeiner Weise zu schonen, der musste umgehend durch besonderen Verfolgungseifer das Gegenteil unter Beweis stellen – sonst geriet er selbst in Gefahr, sein Land und sein Amt zu verlieren.[55)]

Es war immer dasselbe: Wer als Politiker – oder z.B. auch als „Staatsdiener" – noch Karriere machen wollte, der heulte mit den Wölfen, der verfolgte lieber eine religiöse Minderheit und enthielt ihr ihre staatsbürgerlichen Rechte vor, als die Verfassung beim Wort zu nehmen. Diesen Charaktertest, man muss es leider so sagen, bestanden nur ganz wenige.[56)] Denn der sichtbare – um so mehr noch der unsichtbare – Druck ist enorm.

Die Kirche will, im Mittelalter ebenso wie in unseren Tagen, um jeden Preis verhindern, dass Katholiken oder Lutheraner mit „Ketzern" über längere Zeit friedlich zusammenleben. Warum? Weil jene dann meist feststellen, dass die angeblich so „bösen" und „irregeleiteten" religiösen „Außenseiter" ganz passable Mitbürger sind. Hettstadt macht da keine Ausnahme. Wer es nicht glaubt, kann sich gerne im Dorf erkundigen, wo einige der „Ketzer" trotz allem seit mehr als 20 Jahren zuhause sind.

Alltägliche Harmonie zwischen „Gläubigen" und „Ketzern" – das darf nicht sein, denn das würde ja die These widerlegen, dass dieser „fremde" Glaube nur „Bösartiges" und „Schädliches" hervorbringen kann – und deshalb geradewegs in die Hölle führt. Von daher ist es vermutlich kein Zufall, dass Zorn auf der Suche nach „griffigen" Verunglimpfungen ausgerechnet an der „Harmonie" Anstoß nimmt. Er behauptet, die modernen Nachfolger des Nazareners seien einem „Zwang zur permanenten Harmonie" ausgesetzt, der „einfach unmenschlich" sei. „Wenn es außer Harmonie im Grund genommen nichts mehr geben darf ... dann ist Harmonie ja fast etwas Tödliches." [57]

Das mag theoretisch so sein – doch es hat mit der Lebenswirklichkeit der dem *Universellen Leben* nahe stehenden Menschen nicht das Geringste zu tun. In den von diesen aufgebauten Betrieben und Einrichtungen gibt es durchaus immer wieder Konflikte, denn niemand ist vollkommen. Doch diese Unstimmigkeiten werden geklärt, indem jeder gehalten ist, zunächst seinen eigenen Anteil daran zu erkennen, gemäß der Bergpredigt Jesu, wo geschrieben steht: „Ziehe zuerst den Balken aus deinem Auge!"

Anknüpfungspunkt für die absurde Unterstellung Zorns, es bestünde dort so etwas wie ein „Zwang zur Harmonie", ist vermutlich die Überschrift der Betriebsordnung: „Harmonie ist das Leben des Betriebes". Doch wer sich die Mühe macht, sie durchzulesen: Von einem „Zwang" ist auch dort nirgends die Rede. – Aber so ist das: Die Wahrheitsverdreher haben keine blasse Ahnung von der Wirklichkeit, wollen offenbar auch gar nichts darüber erfahren, sondern erfinden einfach etwas, das sie dann mit dem Brustton der Überzeugung hinausposaunen.

Der Meister der Schmutzkampagne

Besondere Begabung im skrupellosen Erfinden immer neuer Unwahrheiten und Verdrehungen, jener Kern-Disziplin des Inquisitorengeschäfts, stellte immer wieder Friedrich-Wilhelm Haack unter Beweis, jenes Schwergewicht unter den lutherischen Ketzerjägern. Pfarrer Haack war es vermutlich auch, der als erster die Mär vom bereits erwähnten angeblichen „Harmonie-Zwang" der Christusfreunde in die Welt setzte. Bei einem Vortrag in Marktheidenfeld im Mai 1987 sprach er gar von einem „Terror der Harmonie".[58] So geraten unbescholtene Bürger in die Nähe des Terrorismus, ohne dass es auch nur die geringsten Anhaltspunkte dafür gäbe.

Auch Haack wurde rasch in den unheiligen Kampf um die „Hettstädter Heimaterde" mit eingeschaltet. Zur „Arbeitsplatzbeschreibung" eines modernen Inquisitors gehört, dass er das Gras wachsen hört. Als ob er geahnt hätte, dass Nachfolger des Jesus von Nazareth nicht so rasch aufgeben – Ende 1985, gerade rechtzeitig zum Beginn der Hettstadt-Krise, brachte er ein eigenes Buch zu diesem Thema auf den Markt: „Das Heimholungswerk der Gabriele Wittek und die Neuoffenbarungsbewegungen". Bereits im Jahr darauf folgte ein zweites, dünneres, mit dem Titel: „Gabriele Witteks ‚Universelles Leben'". In beiden Fällen ist bereits von der Überschrift her der Versuch mit Händen zu greifen, das uralte Phänomen des göttlichen Prophetischen Wortes kurzerhand auf die menschliche Ebene herunterzubrechen: Ist ja alles nur Menschenwerk, menschliche Erfindung; daher braucht man sich als Kirchenchrist nicht ernsthaft damit zu befassen, sondern allenfalls von oben herab – so wie Haack eben.

Und wenn einmal etwas „Übersinnliches" im Spiel sein sollte, dann kann es eigentlich nur „Spiritismus" sein. Haack verwendet einen nicht geringen Teil seines dickeren Buches darauf, über den „Neuspiritismus" zu schwadronieren, den er auch dem *Heimholungswerk* zuschreibt – offensichtlich in der Absicht, auf diese Weise das Prophetische Wort Gottes durch Gabriele zu verhöhnen. Als einziger Anknüpfungspunkt für diese Schmutzkampagne dient ihm die Tatsache, dass Gabriele, noch ehe bei ihr das Innere Wort hindurchgebrochen war, auf ihrer noch unbestimmten Suche nach der Wahrheit einige Male einen Kreis besucht hatte, von dem ihr zu Ohren gekommen war, dass dort Christus durch einen Menschen spreche.

Gabriele selbst stellte im März 1988 in einem Interview mit der Zeitschrift *Der Christusstaat* klar, was es damit wirklich auf sich hatte:

Immer wieder wird eine Gemeinschaft zitiert, in der ich gewesen wäre, um die jenseitigen Welten zu hören. Deshalb müsste ich mit dem Spiritismus einiges gemeinsam haben. Hierzu möchte ich einige Erklärungen geben: Nach dem Tod meiner Mutter fragte ich nach dem Sinn des Lebens. Ich kannte nur einen Gott, weit von mir entfernt, im Himmel oder im Tabernakel der Kirchen ... Ich kam zu dieser Gemeinschaft und bekenne, dass ich für diese Führung dankbar bin, denn dort lernte ich das Beten zu einem Gott, der nicht fern von mir ist, sondern dessen Geist in mir wohnt. ... Aus dieser Gemeinschaft habe ich nicht mehr mitgenommen als das Wissen, dass der Geist im Menschen wohnt und in allem gegenwärtig ist, und dass Gott ein liebender Vater ist, zu dem das Kind von Herzen beten kann; dass es keinen Schritt gehen muss, sondern nur in sein Inneres, um Gott im Gebet zu begegnen. ... In dieser besagten Gemeinschaft wurde ich weder zum Wort des Herrn aufgerufen noch zu irgend etwas anderem angewiesen.

Aber die Wahrheit, wir stellten es mehrfach schon fest, interessiert die „Experten" in Religionsfragen nicht im geringsten. Es ist wie bei der Inquisition: Das kleinste Verdachtsmoment genügt schon zur Verurteilung. Und wie schon eine kleine Veränderung in der Darstellung eines Sachverhalts, eine scheinbar unabsichtliche Nuance, eine neuerliche Verhöhnung nach sich ziehen kann, das zeigt Haacks Buch an anderer Stelle (S. 34):

„Weihnachten 1974 schenkt man Gabriele eine holzgeschnitzte Figur, von der sie am Weihnachtsabend in ihrem Inneren ‚ganz deutlich' die Worte hört. ‚Ich bin dein geistiger Lehrer, Bruder Emanuel'."

Haack verweist hier auf eine Textstelle in einer inzwischen längst vergriffenen Biografie Gabrieles, in der sie erzählt:

Ich saß an einem Weihnachtsabend vor dieser Figur und betrachtete sie. Plötzlich vernahm ich in meinem Inneren ganz deutlich die Worte: „Ich bin dein geistiger Lehrer, Bruder Emanuel".

Haben Sie, verehrter Leser, den Unterschied bemerkt? Mit dem Wörtchen „von" suggeriert Haack, die Figur selbst habe zu Gabriele gesprochen. Und in der Tat: Die Lügenlegende von der angeblich „sprechenden Holzfigur" geistert seither immer wieder einmal durch die Presse. Bei der Bild-Zeitung, Ausgabe Stuttgart, klingt das am 20.3.1993 dann so: „Jene Statue entwickelte nämlich kurzfristig eine gewisse Eigendynamik und teilte ihr glasklar mit: „Ich bin dein geistiger Lehrer, der Bruder Emanuel". Auch so funktioniert Verächtlichmachung: Der Inquisitor braucht nur kurz mit dem Finger zu schnippen, die Verdächtigung bläht sich dann auf dem Wege der „stillen Post" ganz von alleine zur Unwahrheit auf.

Und Haack ist wahrhaft ein „Meister" der Schmutzkampagne in allen ihren Schattierungen. Doch woher kommt eigentlich der Gegner der Wahrheit? Darauf gibt Jesus von Nazareth eine klare Antwort. In der Bibel lesen wir:

Warum versteht ihr nicht, was Ich sage? Weil ihr nicht imstande seid, Mein Wort zu hören. Ihr habt den Teufel zum Vater und ihr wollt das tun, wonach es euren Vater verlangt. Er war ein Mörder von Anfang an. Und er steht nicht in der Wahrheit; denn es ist keine Wahrheit in ihm. Wenn er lügt, sagt er das, was aus ihm selbst kommt; denn er ist ein Lügner und ist der Vater der Lüge. Mir aber glaubt ihr nicht, weil Ich die Wahrheit sage. (Joh 8, 43 ff.)

Die Wiederherstellung der Hölle

In Haacks Büchern jagt eine absurde Unwahrheit die nächste – die „Hasskanonade", die er (wegen ihrer Kritik an der Kirche) den Anhängern des *Universellen Lebens* unterstellt, feuert er selber ab. Er behauptet z.B., von keiner Sachkenntnis getrübt, Kinder von Eltern, die dem *Universellen Leben* nahe stehen, seien „gefährdet" und hätten „keine normale Kindheit". Die Erwachsenen wiederum würden ganz auf Medikamente verzichten (auch falsch); Jugendlichen drohe der „Abbruch der Ausbildung"; bei den (in Wirklichkeit kostenlosen) Gebetsheilungen im *Universellen Leben* bestehe die Gefahr, dass man sich auf „undurchsichtige Weise berufsartig" betätige, um „auf Kosten dieser Menschen eine bequeme Einnahmequelle zu haben". Gabriele schließlich, die Prophetin Gottes im *Universellen Leben*, leide unter „Verwirrung".[59]

Wir hatten bereits erwähnt[60], dass schon die Propheten der Israeliten von den damaligen Priestern für „verrückt" erklärt wurden: „Der Prophet ist ein Narr; der Geistesmann ist verrückt", lesen wir z.B. bei Hosea (Kap. 9, 7). Mit diesen Ausfälligkeiten zeigt Haack, auf wessen Seite er steht – und wes Geistes Kind er ist. Er zeigt es auch, wenn er auf das Uranliegen des Urchristentums zu sprechen kommt: auf den Aufbau des Friedensreiches Jesu Christi hier auf Erden. Bei einem Vortrag in Marktheidenfeld im Mai 1987 meint Haack lakonisch, die Ankündigung des Friedensreiches durch das *Universelle Leben* stehe so nicht in der Bibel. Nur der Teufel spreche dort von einem irdischen Reich Jesu.[61]

Damit verteufelt er nicht nur das *Universelle Leben,* sondern auch die Reihe der großen Gottespropheten, allen voran Jesaja, die dieses Reich des Friedens ankündigten. Und da stellt sich doch unwillkürlich die Frage: Wer zwischen Himmel und Erde hat eigentlich das meiste Interesse daran, dass dieses Reich nicht kommt? Etwa Gott?

Dass diese Äußerung Haacks kein einzelner Ausrutscher eines geschwätzigen Theologen ist, zeigt sich ein Jahr später, als der lutherische „Großinquisitor" zu einem Vortrag über das *Universelle Leben* nach Hettstadt eingeladen wird. Am 4. Januar 1988 sagt er, die „neueste Straftat dieser Gruppe" sei es, dass sie „frisch, fromm, fröhlich, frei" den Begriff eines „Tausendjährigen Reiches" verwende. Dieser Begriff sei „bei uns belastet", der könne „nur ungut sein", denn: „Niemandem fällt bei diesem Begriff ‚Tausendjähriges Reich' religiöses Gedankengut ein."

Für wie dumm hält der lutherische Theologe seine Zuhörer? Rechnet er damit, dass die Dorfbevölkerung, überwiegend katholischen Glaubens, die Bibel nicht so gut kennt wie er? Dass niemand z.B. in der Geheimen Offenbarung des Johannes im 20. Kapitel, kurz vor der Beschreibung des „Neuen Jerusalem", der „Stadt auf dem Berge", einmal die Verse gelesen hat:

Dann sah ich einen Engel vom Himmel herabsteigen; auf seiner Hand trug er einen Schlüssel zum Abgrund und eine schwere Kette. Er überwältigte den Drachen, die alte Schlange – das ist der Teufel oder der Satan –, und er fesselte ihn für tausend Jahre.

Haack gehört zu den Theologen – genauer noch: zu der überwiegenden Mehrheit vor allem der lutherischen Theologen –, für die solche „Visionen" oder „Erzählungen" der Bibel nicht wirklich ernst zu nehmen sind; sie sind längst der angeblich unvermeidlichen „Entmythologisierung" zum Opfer gefallen.[62] Dennoch ist es durch nichts zu rechtfertigen, seine Zuhörer derart hinters Licht zu führen. Oder heiligt der Zweck wieder mal die Mittel? Vielleicht ist ja auch gerade diese Bibelstelle eine, die man als Theologe besonders gern verdrängt, weil sie irgendwie so unangenehm ist – vor allem natürlich in den Ohren dessen, der selbst am Abgrund steht.

Leo Tolstoi hat genau diese Bibelstelle in genialer Weise verdichtet, und zwar in einer Erzählung mit dem Titel „Die Wiederherstellung der Hölle": Der Teufel wird durch das Ereignis von Golgatha und durch die nachfolgende Entstehung des Urchristentums in den tiefsten Abgrund geschleudert und gefesselt. Sein Reich, die „Hölle", ist überflüssig geworden. Doch wenige Jahrhunderte später wird er aus seinem Dämmerschlaf geweckt und losgebunden, und zwar von seinen Unterteufeln, die ihm freudestrahlend verkünden, die Hölle sei ab sofort wieder „in Betrieb", denn sie hätten sich soeben die Kirche „ausgedacht".[63]

Der „innere Stacheldraht" wird ausgerollt

Wer wissen möchte, wie inquisitorische Demagogie in ihrer Reinform funktioniert, der sollte sich mit Haacks Rede in Hettstadt befassen – in dem Buch „Der Steinadler und sein Schwefelgeruch" ist sie ausführlich wiedergegeben (S. 248 ff.). Hier zieht Haack wirklich alle Register; er poltert, spottet, schmeichelt, ängstigt, stößt düstere Vorhersagen aus – eine rhetorische „Meisterleistung" negativer Art.

Ein großer Teil der Rede, die Haack hält, besteht aus unverblümten Schmähungen jener Menschen, die in einem unterfränkischen Dorf Grundstücke gekauft haben und sich nun ansiedeln möchten. Er verhält sich damit ähnlich wie ein Militärpropagandist, der Soldaten auf einen Krieg vorbereiten will: Dieser versucht in der Regel, die Gegner zunächst als minderwertig, als „Untermenschen" oder dergleichen hinzustellen, um nach Möglichkeit das normale zwischenmenschliche Verhalten zu verdrängen und zu unterbinden. Bei Haack klingt das dann so:

Diese Leute seien „zu keiner rationalen Abwägung der Dinge mehr fähig und deshalb unkalkulierbar". Sie seien „eine besondere Spezies von Menschen" mit „eher geringen moralischen Qualitäten", die „unsere Anteilnahme" verdienten, die ein „seelsorgeintensives Potential" darstellten, die erst einmal „seelisch gesunden" müssten. (Damit bringt er zum Ausdruck, sie seien also seelisch krank!) Ein normales Zusammenleben mit der Dorfgemeinschaft sei „von der Glaubensideologie der Christusfreunde her schon gar nicht möglich." Auch mit anderen Gruppen habe es „immer Spannungen gegeben", „Aggressionshandlungen" bis hin zu „regelrechten Kriegszuständen". Und, das Fazit: „Sie müssen keine Achtung vor denen haben!"

Wohlgemerkt: Das alles und noch mehr sagt ein Pfarrer, der dann womöglich am Sonntag im Gottesdienst in der Predigt

von Jesus von Nazareth und dem Gebot der Nächsten- oder gar Feindesliebe spricht!

Hier werden gezielt Aggressionsschwellen bei den Zuhörern heruntergesetzt oder ganz abgebaut, und man kann sich lebhaft vorstellen, wie vor einigen hundert Jahren die Zuhörer solcher Hetzreden dazu gebracht werden konnten, mit Genugtuung einer anschließenden Hinrichtung beizuwohnen.

Auch über Gabriele gießt Haack seinen primitiven Spott aus: Sie sei „vollkommen unberechenbar mit ihren Hauruckentscheidungen". Hier ist er wieder, der uralte Hass der Priester gegen den Geist: „Der Prophet ist ein Narr, der Geistesmann ist verrückt" (Hos 9,7) – und eine Geistesfrau noch viel mehr!

Doch *eine* Zutat fehlt noch in der Giftsuppe, die der hektisch gestikulierende Volksaufwiegler da in der rauch- und bierdunstgeschwängerten Halle zusammenbraut: die Angst. Doch er hat sie keineswegs vergessen: Haack malt die Zukunft des „gewachsenen Dorfes" in düsteren Farben, falls „nichts getan" würde. Denn „die" versuchen, das Dorf „zu erobern", das „ganze politische Geschick von Hettstadt" zu bestimmen. Es seien Menschen, die sich „einnisten", die immer „mehr wollen", bis man „den ganzen Ort unterwirft". Ja: „Sie kommen hierher und wollen uns unsere Heimat stehlen und wollen uns unsere Heimat zunichte machen!"

Ob all dieser Bedrohungen komme den Hettstädtern – und nun folgt ein besonders diabolischer Schachzug – eine ganz besondere Rolle zu: Das kleine Dorf nahe Würzburg „leidet jetzt stellvertretend für viele Gemeinden in der Bundesrepublik". Haack wiederholt das noch zweimal, damit es auch alle kapieren – und man muss sich das vorstellen: Nicht diejenigen leiden angeblich unter der Situation, denen man den bereits zugesagten Zuzug verwehrt, die man daran hindert, ihr Bürgerrecht auf freie Wahl des Wohnorts auszuüben, denn irgendwo müssen sie ja wohnen – nein: Es leiden – so suggeriert Haack – diejenigen, und zwar in ganz besonders „wertvoller" Weise, denen zugemutet werden soll, in Zukunft mit „solchen Leuten" Tür an Tür zu leben.

Haack sagt mit düsterer Miene voraus, ein „innerer Stacheldraht" werde durch den Ort gehen – doch wer in diesem Moment einen solchen Stacheldrahtzaun im Dorf ausrollt, mit jedem Satz mehr, das ist der Pfarrer selbst mit seinen Stachelworten und Stachelsätzen.

Wie sehr Friedrich-Wilhelm Haack die Dorfbewohner tatsächlich aufgestachelt hat, wie sehr es ihm gelungen ist, tiefsitzende primitive Reflexe ans Licht zu befördern, das zeigt sich unmittelbar nach Ende der Veranstaltung. Vor der Halle stehen schweigend einige Menschen, die sich durch Ansteckplaketten als „Christusfreunde" ausweisen. Sie haben sich bewusst nicht an der „Diskussion" in der Halle beteiligt, sondern wollen sich unaufdringlich als Gesprächspartner anbieten für diejenigen, die sich noch einen klaren Kopf bewahrt haben. Doch solche scheint es im Moment nicht zu geben. Statt dessen werden die friedlich dastehenden Christusfreunde zur Zielscheibe der aufgeputschten Wut der Besuchermenge, die an ihnen vorbeiströmt: „An die Wand sollte man sie stellen, alle wie sie nacheinander dastehen!" „Aufknüpfen!" „Aufhängen sollte man euch!" Eine ältere Frau spuckt verächtlich aus, und ein Mann schreit: „Heil Hitler!"[64)]

Der vierte Januar 1988 in Hettstadt – er wirft ein gespenstisches Schlaglicht auf die dünne Eisdecke, auf der sich unsere Demokratie bewegt. Nur dass in diesem Fall kein Volksverhetzer von rechts- oder linksaußen die Masse aufgestachelt hat, sondern ein Volksaufwiegler im Pfarrertalar. Wenn man zynisch wäre, könnte man sagen: Die haben's eben nicht verlernt – „alte Schule", Marke Mittelalter!

Noch Tage danach hält die gezielt erweckte „Volkswut" an. „Verschwindet, ihr Heimholerpack!", „Heimholer raus aus Hettstadt!" – das sind die noch eher druckreifen Varianten der Ausrufe, die auf den Straßen zu hören sind. „Die sollen doch verrecken! Ich könnte ihnen ein Messer reinrennen!", schreit eine Frau. Und ein zehnjähriges Kind wird getreten und bedroht: „Wir machen Kleinholz aus euch!"

Und noch im Sommer 2009 schreit ein betrunkener Jugendlicher mitten in der Nacht vor einem Haus, das von Nachfolgern des Nazareners bewohnt wird: „Heil Hitler! Aufhängen sollte man euch alle!"

Die Verteidigung der Hettstädter „Heimaterde"

Weil einige der fraglichen Grundstücke zum Zeitpunkt der Kehrtwende des Bürgermeisters bereits erschlossen waren, wohnen – bis heute – rund hundert Bürger in Hettstadt, die dem *Universellen Leben* nahestehen. Ihre Häuser erkennt man zum Teil daran, dass sie runde Bauformen aufweisen, die der Natur nachempfunden sind. Auch hier stellte Gabriele wieder ihre schöpferische Ader unter Beweis, als sie nämlich den Architekten seinerzeit empfahl, doch dieses oder jenes einmal auszuprobieren. So entstanden Häuser ohne Ecken und Kanten, elegant geschwungen, mit leicht gekrümmtem oder auch mit kleeblattförmigem Grundriss ...

Doch der fränkische Dorfbürgermeister Zorn (CSU) stellte hier einmal mehr die ganze Kleinlichkeit und Missgunst unter Beweis, zu der er fähig war. Man soll es nicht für möglich halten, doch die Gemeinde erließ eigens eine „Gestaltungssatzung", wonach solche Bauformen im gesamten

Einige Häuser mit runden Bauformen konnten trotz der Blockade gebaut werden

150

Ortsgebiet ab sofort verboten waren. Die stilvollen Bauentwürfe der Christusfreunde wurden als „Iglus" und „Negerkrale" verhöhnt. Bis ein Gericht die Satzung nach zweieinhalb Jahren wieder kassierte – und die Gemeinde sich durch einen unabhängigen Gutachter belehren lassen musste, dass runde Bauformen eine „belebende Bereicherung" und in der Nähe der Barockstadt Würzburg durchaus vertretbar seien.[65)]

Man könnte dies alles als skurrile Provinzposse abtun. Doch wie fühlen sich Menschen, die von ihren Nachbarn beschimpft und von der Obrigkeit bei jeder sich bietenden Gelegenheit schikaniert werden, die ihre Häuser plötzlich wieder umplanen und so einfache Vorgänge wie das Setzen einer Anzeige im Gemeindeblatt über Jahre vor Gericht erstreiten müssen – nur weil sie nach Ansicht bestimmter Pfarrer nicht das richtige Gebetbuch im Nachtkästchen liegen haben? Und das im Deutschland des 20. Jahrhunderts! Wobei es auch im neuen Jahrtausend, machen wir uns da keine Illusionen, noch genügend ähnlicher Beispiele gibt.

Pfarrer Haack hat, ohne es zu beabsichtigen, in seiner Rede etwas ausgesprochen, das einen wahren Kern beinhalten könnte. Hettstadt kam vielleicht tatsächlich etwas „Stellvertretendes" zu – aber in anderer Weise, als er es dachte. Merkt man nicht an all diesen Vorgängen, dass die Widersacher des göttlich-prophetischen Wortes tatsächlich verbissen um jeden Quadratmeter ringen? Dass sie finster entschlossen sind, jeden Fußbreit der „Heimaterde" nicht nur Hettstadts, sondern des ganzen Planeten mit Zähnen und Klauen zu verteidigen gegen ... ja, wogegen denn? Dagegen, ein Teil eines neu entstehenden Friedensreiches zu werden? Für gewisse Kräfte ist das in der Tat ein schrecklicher Gedanke: Wo kommen wir denn da hin, wenn plötzlich Frieden herrscht zwischen den Menschen, zwischen Mensch und Natur? Oder, um es einmal ganz banal zusagen: Wer wird im Friedensreich Jesu Christi noch Kirchensteuer zahlen?

Eine Brücke in die Zukunft

Im amerikanischen Journalismus wurde das Sprichwort geprägt: „Bad news are good news" – schlechte Nachrichten sind letztlich gute. Dies könnte man im übertragenen Sinne auch auf die ersten drei im Äußeren gescheiterten Projekte der Nachfolger des Jesus von Nazareth anwenden: Dettelbach, Heuchelhof, Hettstadt. Die Öffentlichkeit erfuhr zwangsläufig einiges von diesen Auseinandersetzungen. Wenn auch die Kirchen in all diesen Fällen mit ihrer negativen Sprachregelung den Takt vorgaben – das *Universelle Leben* wurde bekannt. Die Menschen sprachen darüber, erhitzten sich, tauschten Meinungen aus und überprüften sie auch schon mal hier und da an der Realität.

Natürlich war es für die Angehörigen dieser diskriminierten Minderheit, allen voran Gabriele, eine äußerst schwierige Zeit, in der sie viel auszuhalten hatten. Und doch zeigt sich wieder einmal: Die Kirchenkonzerne sind trotz allem hoffnungslos in der Defensive. Unternehmen sie nichts gegen ernsthafte Versuche, die Bergpredigt im Alltag umzusetzen, dann könnte früher oder später bewiesen werden, dass dies möglich ist. Unternehmen sie aber etwas, so verhelfen sie zumindest ihren Gegnern zu größerer Aufmerksamkeit. Wer also kann die Pläne der göttlich-geistigen Welt noch aufhalten? Im Grunde können sich die Nachfolger des Nazareners allenfalls noch hier oder da selbst ein Bein stellen und dadurch das Ganze verzögern. Doch so oder so: Es kommt.

Gabriele brachte dies bereits im August 1985, also kurz nach dem „Finale" auf dem Heuchelhof, in einem Interview [66] zum Ausdruck:

Was wir für den Herrn tun in Seinem Werk, ist, eine Brücke zu bauen zur nächsten Zeitepoche, in dieser wieder andere Menschen, doch eventuell die gleichen Seelen im Erdenkleid, weiterbauen werden. Viele von uns bauen heute an der Brücke. Morgen, also in einer nächsten Zeitepoche, werden sie wieder in einem anderen Kleid dort weiter bauen, wo sie heute aufgehört haben. Das ist das Werk des Herrn.

Und zu den Verleumdungen durch die Kirche wiederholte sie im März 1988, dass ihr dies alles im Vorhinein angekündigt worden war:

Der Herr sprach auch von einer modernen Christenverfolgung, bei der nicht mehr mit Speeren, Schwertern und Lanzen ausgezogen wird, um Andersgläubige niederzumachen, sondern diesmal mit Feder und Papier. Gott sprach also von den Massenmedien, die in vielen Fällen den Obrigkeiten des Staates und der Kirche hörig sind, in denen ungeprüft abgedruckt wird, was diese an Unwahrheiten aussagen. Der Ewige fragte mich vor dreizehn Jahren, ob ich dieses und vieles mehr ... für Ihn erdulden möchte. Ich habe das Kreuz angenommen, es mit Ihm zu tragen – und trage es jetzt schon dreizehn Jahre. Ich trage Verleumdung, Hohn und Spott, Verachtung und Niedertracht. ...

Zu den Sektenbeauftragten und ihren Auftraggebern, den Institutionen der katholischen und evangelischen Kirche, die ihre verleumderischen Darlegungen über mich ausgegossen haben und ausgießen, die Unwahrheiten bewusst verbreiten – denn oftmals wurden die Unrichtigkeiten schon klargestellt –, kann ich nur sagen: Erst wenn sie aus ihrem Herzen und aus ihrem unsterblichen Sein Gott, unseren Herrn, in Christus, wirken lassen und Gott durch sie in wenigen Jahren das aufgebaut hat, was Er durch Seine Getreuen und mich vermochte, dann erst nehme ich, was sie in die Welt posaunen, ernst.
Bis sie diese Beweise antreten, werde ich weiterhin das Kreuz der Verleumdung tragen und auch weiterhin mit vielen Getreuen bemüht sein, dass die Welt vom Geiste des Herrn durchdrungen und erhellt wird.

Zu Gott, unserem Vater, und unserem Erlöser werde ich, wie bisher, für meine Feinde beten und bitten: „Vater vergib ihnen, denn sie wissen nicht, was sie tun. Sie glauben, gegen einen Menschen vorzugehen, und gehen gegen Dich vor. Erbarme Dich auch ihrer, insbesondere dann, wenn sie in das Reich der Seelen kommen und für sie alles offenbar ist, was sie getan und verursacht haben."[67)]

KAPITEL 7

Anspruch und Wirklichkeit der Bundgemeinde Neues Jerusalem

„Es ist schon ein denkwürdiger Tag – machen wir uns das bewusst. Und wir sind die ersten Geschwister der Erde, die die neue Gemeinde Jerusalem bilden wollen." Am 8. November 1987, einem Sonntagnachmittag, waren rund 300 Nachfolger des Jesus von Nazareth im „Haus des Gemeinwohls" in Würzburg zusammengekommen und lauschten den Worten Gabrieles, die ihnen darlegte, welcher neue Schritt im Aufbau des *Universellen Lebens* nun erfolgen sollte.

Wenige Stunden zuvor, am Sonntagmorgen, hatte sich im Rahmen der *Inneren Geist=Christus-Kirche* Bruder Emanuel durch Gabriele offenbart:

Ihr Menschen steht vor einer mächtigen Zeitenwende. Der Herr kommt im Geiste. Jetzt schon bereitet Er das Friedensreich, Sein Reich vor – und alle, die guten Willens sind, die die heiligen Gesetze der Liebe verwirklichen, werden Bewohner des Reiches Gottes auf Erden sein.

Schon mit diesen wenigen Worten wird eines deutlich: Die Teilhabe am Reich Gottes, das die Christenheit seit Jahrhunderten im Vaterunser auf die Erde herabbetet, ist keine Frage der Mitgliedschaft in einer bestimmten Konfession, ebensowenig wie das Überleben der bevorstehenden Zeitenwende an irgendeinen Taufschein oder dergleichen gebunden ist. Es wird den heutigen Nachfolgern des Jesus von Nazareth von kirchlicher Seite immer wieder unterstellt, sie wären der Auffassung, nur diejenigen, die dem *Universellen Leben* nahestehen, könnte die „Zeit der Katastrophen" überstehen. Dies ist in Wirklichkeit eine Projektion der kirchlichen Lehre auf eine religiöse Minderheit: Vor allem in der Vatikankirche wird bis heute gelehrt, dass zum Heile nur gelangen kann, wer bis zu Todesstunde katholisch ist und bleibt: „Außerhalb der Kirche gibt es kein Heil." [68] Auch das Zweite Vatikanische Konzil (1962-65) hat dieses Dogma, wonach Nichtkatholiken zwangsläufig in der ewigen Hölle landen, keineswegs außer Kraft gesetzt, wie immer wieder beschwichtigend versichert wird. Die einzige Ausnahme, die damals gemacht wurde, betrifft lediglich solche Menschen, die die katholische Kirche gar nicht kennen.[69] Und wer kommt da im Zeitalter der Globalisierung noch in Frage?

„Eine schleichende Christenverfolgung ist im Gange"

Der Christus-Gottes-Geist, der sich im *Universellen Leben* durch Gabriele offenbart, hat hingegen immer wieder klargestellt: Wie es einem Menschen ergeht, gerade auch in schwierigen Zeiten, das hat nichts mit einer äußeren Mitgliedschaft oder Zugehörigkeit zu tun – das ergibt sich allein daraus, wie der Mensch lebt, wie er also die Gebote Gottes, die er vor allem in den Zehn Geboten Mose und in der Bergpredigt Jesu finden kann, in seinem täglichen Leben umsetzt. Das Friedensreich beginnt also im Inneren der Menschen, die Gott zustreben. Wobei manche von ihnen dieses innere Streben bereits auf die Erde mitbrachten. Bruder Emanuel erläuterte an jenem Sonntagmorgen durch Gabriele:

Aus den Himmeln gingen unzählige Wesen zur Einverleibung. Sie nennen sich in dieser Zeit die Urchristen oder die Christusfreunde. ... Die Finsternis verspürt sehr wohl, dass ihre Macht zu Ende geht. Die Mächte der Finsternis bäumen sich auf und sind bestrebt – so wie zu allen Zeiten –, die wahren Nachfolger des Herrn zu vernichten. Eine schleichende Christenverfolgung ist im Gange.

Nicht die Scheinchristen, die sich an Dogma und Form binden, werden verfolgt, sondern die Nachfolger des Nazareners, durch die der Herr Sein Reich auf Erden errichten möchte. ... Freunde in aller Welt ... Ich rufe euch aus dem Geiste: Betet ..., dass all jene, die im Kampf mit der Finsternis stehen, gestützt sind durch euch; dass sie durchstehen, bis der Satan der Sinne gebunden ist; denn wenn das Reich Gottes entsteht, dann ist sein Niedergang beschlossen.

Ein weiterer Schritt hin zum Reich Gottes

Am Nachmittag, als die Gründungsversammlung der Urgemeinde Neues Jerusalem stattfand, knüpfte Christus im Prophetischen Wort durch Gabriele unmittelbar an die göttliche Offenbarung Bruder Emanuels an:

In euren Herzen ist es lange beschlossen, diesen Dienst für euren Vater und für eure Nächsten, Menschen und Seelen, zu tun. Ja, wahrlich, dieser Tag birgt Großes in sich; es ist der Keim des Christusstaates, der Gemeinde Jesu Christi auf dieser Erde.

Wobei der Begriff „Christusstaat", das wird immer wieder deutlich, nichts mit einem äußeren Staatsgebilde zu tun hat, wenn auch dies Kirchenvertreter wie Graf Magnis oder auch Politiker wie Waldemar Zorn immer wieder behaupteten. Es ist vielmehr ein freiwilliger innerer Zusammenschluss von Menschen, die einem gemeinsamen Ziel zustreben: das Reich Gottes bereits auf dieser Erde entstehen zu lassen – zunächst nur in unscheinbaren Ansätzen, doch allmählich mehr und mehr sichtbar. Auch in der Einleitung zur Gemeindeordnung wird dieser innere Aspekt ganz deutlich vorangestellt:

Wenn nun in der irdischen Welt Gebäude und Einrichtungen entstehen, Kindergärten, Kinderhorte, Schulen, Kliniken, Altenheime, Betriebe, Bauernhöfe und Stätten des Verkaufs, so ist entscheidend, dass in diesen äußeren, für die Menschen notwendigen Einrichtungen das Innere Reich gelebt wird, das heißt, die Gesetze der Liebe und des Friedens befolgt werden. Wenn sich die Menschen bemühen, die Gesetze der Liebe zu verwirklichen und zu erfüllen und in die Tat umzusetzen, werden die äußeren Erscheinungsformen von der Kraft des Christus durchdrungen sein. Auf diese Weise entsteht die Gemeinde des Herrn und der Christusstaat. [70]

Es ist natürlich kein Zufall, dass die Gründung der Urgemeinde Neues Jerusalem meist in einem Atemzug mit der Einrichtung von Betrieben genannt wird, die urchristlich gesinnte Menschen im Sinne der Bergpredigt führen wollen. Doch die Gemeinde ist keinesfalls eine „Konzernzentrale", wie die kirchlichen Gegner des *Universellen Lebens* suggerieren, die immer wieder von einem „Wirtschaftskonzern" sprechen. Im Gegenteil: Gerade **weil** diese Betriebe und Einrichtungen **keinen** „Konzern" darstellen, sondern auf der Willensfreiheit der jeweiligen Betriebsinhaber und Mitarbeiter gründen, benötigen diese Mitarbeiter eine gemeinsame geistige Basis, eine innere „Heimat", eine Plattform für den Austausch ihrer Erfahrungen im Alltag.

Auch für Gabriele ist die Gründung der ersten Urgemeinde ein logischer und konsequenter weiterer Schritt im kontinuierlichen Aufbau des Werkes des Herrn. Im *Gabriele-Brief* Nr. 3 schreibt sie im März 2003 rückblickend:

Als der Weg zum Reich Gottes, das im Menschen ist, eine Zeitlang in vielen Details gelehrt worden war, so dass von einem gewissen Fundus an geistigem Wissen und praktischer, konkreter Weg-Erfahrung ausgegangen werden konnte, sprach der Christus Gottes Menschen an und offenbarte ihnen sinngemäß, dass die Bergpredigt, die Er in allen Details lehrte, lebbar ist – dann, wenn sich Menschen als Brüder und Schwestern zusammenschließen und gemeinsam in Seinem Geiste leben und arbeiten. Einige Brüder und Schwestern taten sich in Wohngemeinschaften zusammen und gründeten Christusbetriebe, um die Bergpredigt Jesu im Alltag, am Arbeitsplatz sichtbar werden zu lassen.
Im Verlauf dieser Entwicklung entstand die Gemeinschaft mit Christus. Jeden Samstag fand das feierliche Abendmahl statt.

Menschen im Geiste Gottes gaben dem Christus Gottes das Ja, Betriebe zu gründen und diese im Sinne der Bergpredigt zu führen. Aufgrund dieses Versprechens entstand die Bundgemeinde neues Jerusalem. Sie ist ein freier Zusammenschluss von Menschen, die – so, wie auch ich – Christus ihr Ja gegeben haben.

Eine Gemeinschaft in und mit Christus ist wie eine große Familie. Für diese Familie gibt es das Familienbuch, die Gemeindeordnung. Im Laufe von Monaten und Jahren kamen immer mehr Menschen hinzu. Keiner von ihnen wurde gezwungen, zu kommen, und keiner wurde und wird gehalten, dann, wenn er wieder gehen möchte, wenn er in der Gemeinschaft Gleichgesinnter sein Ja bricht, das er Christus gegeben hat.

Das Universelle Leben ist die Lehre und die Basis für die Gemeinschaft und das Leben nach der Bergpredigt. Es ist und bleibt jedoch das inzwischen weltweite Lehr- und Aufklärungswerk, das den Inneren Weg in die ganze Welt ausstrahlt.[71]

Das Universelle Leben hat keine Betriebe

Universelles Leben – Bergpredigt-Betriebe – Urgemeinde – all dies wird von Kirchen- und Medienvertretern immer wieder durcheinandergeworfen. Die Grundideen stammen zwar ursprünglich aus derselben Wurzel: aus dem göttlich-prophetischen Wort durch Gabriele. Doch sie sind nicht einfach ein und dasselbe. Man sollte sich daher der Mühe unterziehen, seinen Verstand und seine Unterscheidungsgabe einzusetzen – was gerade auch für Journalisten gilt.

Noch während dieses Buch geschrieben wird, im April 2009, erscheinen z.B. Artikel in Lokalzeitungen, wonach „das Universelle Leben" einen Wald besitze und nun Vorbehalte dagegen habe, an einer Treibjagd teilzunehmen – nur ein Beispiel von hunderten. Es ist zwar durchaus im Sinne des Christus-Gottes-Geistes, dass Menschen, die dem *Universellen Leben* nahestehen, im Grundsatz gegen das Jagen von Tieren eingestellt sind. Aber das Besitzen und Bewirtschaften und Schützen von Wäldern gehört – mit allen rechtlichen Details, die damit verknüpft sind – nun mal nicht zum Aufgabengebiet eines geistigen Lehr- und Aufklärungswerkes. Gabriele hebt im eben zitierten *Gabriele-Brief* nochmals den Unterschied hervor – und beleuchtet nicht zuletzt auch ihre eigene Rolle:

Das Universelle Leben hat keine Betriebe. Im Verlauf der nahezu 30 Jahre ist das Universelle Leben unzähligen Menschen auf der ganzen Erde als das göttlich-geistige Werk bekannt, das Werk der ewigen Wahrheit und des Lebens, wo Menschen zum Christus-Gottes-Geist in sich, in ihrem Inneren, finden und mit Christus das Reich des Inneren erschließen. Menschen in Seinem Geiste beten gemeinsam in der Stille, jeder, wie es ihm uns Herz ist. Sie bitten den Christus Gottes in ihnen um Hilfe, um Beistand und Heilung. Immer mehr Menschen im In- und Ausland lernen, sich in Christus geborgen und zuhause zu fühlen.

Ich wiederhole: Das Universelle Leben hat keine Betriebe. Es ist ein Lehr- und Aufklärungswerk, in dem Menschen auch den Inneren Weg finden. Nicht das Universelle Leben gründet die Betriebe, sondern Menschen, die die Lehren der Bergpredigt an-

nehmen, gründeten und gründen Betriebe. Ich wirke im Universellen Leben als das Instrument Gottes.

Nach nahezu 30 Jahren, in denen ich im Dienste des Allmächtigen stehe, kann ich offen und wahrheitsgemäß bekunden: In dieser Zeit, in der ich vielen, ja sehr vielen Menschen begegnet bin, habe ich keinen einzigen Menschen an mich gebunden. Ich bin nur eine Ruferin in der Wüste Welt, die die Menschen auf Jesus, den Christus, aufmerksam macht, der in jedem Menschen, in allen Lebensformen wohnt. Jeder Mensch kann sich dem Christus Gottes in seinem Inneren anvertrauen und in Seinen Fußspuren gehen, doch niemand soll einem Menschen nachfolgen, vor allem dann nicht, wenn dieser sich einer Priesterkaste zuordnet.

In diesen nahezu 30 Jahren göttlichen Wirkens blieb ich Gabriele, die Schwester unter meinen Geschwistern, die mich auch „Gabi" nennen. Gott, der Allmächtige, nannte und nennt mich Seine Prophetin und Botschafterin. Ich habe mir das niemals selbst zugesprochen. Ich selbst nenne mich Gabriele, und dabei blieb und bleibt es.[72)]

Was Gabriele hier in Bezug auf die Betriebe klarstellt, lässt sich auch auf die Urgemeinde übertragen: Gabriele brachte und bringt die Ideen, das geistige Rüstzeug, und hilft, soweit es ihr möglich ist, tatkräftig mit, dass die Anregungen aus der göttlich-geistigen Welt Wirklichkeit werden können. Aber sie kann nicht dafür verantwortlich gemacht werden, ob und inwieweit dies dann tatsächlich auch geschieht. Denn jeder Mensch hat nun mal den freien Willen – und niemand kann und darf im Werk des Herrn zu irgendetwas gezwungen werden.

Die große Familie

Gabriele hat das „Familienbuch" angesprochen, die „Gemeindeordnung". Im Vergleich zu öffentlichen Veranstaltungen des *Universellen Lebens* wie z.B. der Inneren Geist=Christus-Kirche (heute: Kosmische Lebensschule), in der es keinerlei Mitgliedschaft gibt und zu der jeder frei kommt und geht, ohne auch nur nach seinem Namen gefragt zu werden, weist eine Gemeinde naturgemäß einen höheren Grad an Verbindlichkeit auf. Der eine sollte sich schließlich auf den anderen verlassen können.

Die Gemeindeglieder sind wie die Glieder einer Kette – und eine Kette ist nur so stark wie ihr schwächstes Glied. Die Gemeindeordnung gibt einen gewissen Rahmen vor für den Ablauf der wöchentlichen Treffen, für Wochenrückblick und Abendmahl, und sie nennt einige „Ämter", die aber keine Hierarchie begründen sollen – denn alle sind einander gleichgestellt –, sondern die lediglich Verantwortungsbereiche vorgeben: die der Ältesten, die die Gemeinde leiten; die der Lehrer für den Inneren Weg; die der Leiter der Inneren Geist=Christus-Kirchen; die der Glaubensheiler. Alle Verantwortlichen werden von der Gemeinde gewählt, und die Gemeinde hat auch die Aufgabe, zu kontrollieren, ob sie ihre Verantwortung wahrnehmen. Insofern haben wir hier eine **Urdemokratie** vor uns: Wer seine Verantwortung nicht wahrnimmt, soll umgehend darauf aufmerksam gemacht werden und kann, so er sich nicht besinnt, jederzeit wieder abgewählt werden.

Der Engel der Gemeinde

Die Gemeindeordnung – und das zeigt ihre wahrhaft spirituelle Dimension – sieht noch einen weiteren Verantwortungsbereich vor, den es wohl in dieser Form in keiner anderen Gemeinde der Welt geben dürfte: Die Rede ist vom „Engel der Gemeinde". Es ist klar, dass allein Gabriele infrage kam, diese Aufgabe innerhalb der Urgemeinde Neues Jerusalem wahrzunehmen. Wenn im folgenden aus der Gemeindeordnung zitiert wird, so sei zuvor erläutert, dass mit dem „Absoluten Gesetz" das Gesetz der selbstlosen Liebe, also der Gottes- und Nächstenliebe, gemeint ist:

Der Engel, dessen Seele weitgehend zum Gesetz geworden ist, soll in allen wichtigen Fragen, Aufgaben und Entscheidungen beratend mitwirken. Er wird vom Absoluten Gesetz her ... bei allen schwerwiegenden Problemen der Glieder der Gemeinde das Gesetz Gottes darlegen. ... Auch die Glieder der Gemeinde werden entsprechend ihrem Bewusstsein über das Absolute Gesetz belehrt.[73]

Gabriele hat diese Aufgabe voll und ganz erfüllt. Sie gab wahrlich ihr Bestes – und darüber hinaus. Sie schulte über Jahre hinweg nicht nur die Gemeinde als Ganzes und unterwies sie in den Gesetzen Gottes. Sie schulte darüber hinaus auch die Jungpropheten, die dazu aufgerufen waren, das Prophetische Wort Gottes an die Gemeinde und an weitere Urgemeinden weiterzugeben. Sie unterwies die Ältesten und die Lehrer der

Intensivschule, damit sie ihr Bewusstsein erweiterten und mehr und mehr in ihre Aufgaben hineinwuchsen.

Gerade in den ersten Jahren entwickelte sich ein intensives Gemeindeleben, das Gabriele mit ihrem Einsatz entscheidend prägte. Die samstäglichen Gemeindetreffen knüpfen mit Wochenrückblick und Abendmahl direkt an die Zusammenkünfte der ersten Christen an – denn auch bei diesen gab es keine rituellen Messfeiern, sondern ein gemeinsames Abendmahl, also ein Speisen in gehobener Atmosphäre, bei dem sich die Gemeindeglieder mit Christus verbanden, der in jedem von uns lebt, und mit der Lebensessenz in den vegetarischen Speisen, die Gott uns schenkt. Während der Gemeindetreffen fanden immer wieder auch Schulungen und geistige Gespräche statt, die von Gabriele maßgeblich geprägt wurden. Immer wieder, oft mehrmals während eines Treffens, offenbarten sich Christus und andere Wesen der Himmel, um die Gemeindeglieder zur Selbsterkenntnis anzuregen und sie zur weiteren Tätigkeit für den Herrn zu motivieren, vor allem zur weltweiten Verbreitung der Botschaft der Bergpredigt.

Der Bund mit Gott

Nach rund einem Jahr intensiver Vorbereitung erfolgte dann ein Schritt von historischer Tragweite: Gott-Vater bot am 23. Dezember 1988 durch Gabriele den Gliedern der Urgemeinde Neues Jerusalem an, einen Bund mit Ihm zu schließen. Am 14. Januar 1989 schlossen dann alle Glieder der Gemeinde, die das Angebot annahmen, den Bund mit Gott zum Aufbau des Reiches Gottes auf Erden. Gabriele hatte zuvor betont, dass dies eine ernste Stunde sei. Denn wer den Bund mit Gott schließt, erhält einerseits vermehrte Kraft, um Gott in sich näherzukommen und sich voll und ganz dafür einzusetzen, dass das Reich Gottes auf Erden entstehen kann. Er wird aber andererseits auch angegriffen – denn die Widersacher Gottes, die ebendies mit allen Mitteln zu verhindern suchen, schlafen nicht.

Durch den Bundesschluss wurde aus der Urgemeinde die *Bundgemeinde Neues Jerusalem*. In dem wenig später erschienenen epochalen Offenbarungswerk „Das ist Mein Wort" tut Christus durch Gabriele zur Aufgabe der Bundgemeinde folgendes kund:

Der Ewige und Ich, Christus, riefen und rufen in diese Welt durch Prophetenmund und sammeln alle willigen Söhne und Töchter Gottes: Das schon bestehende Völkchen wird zu einem mächtigen Volk Gottes heranwachsen.
Der letzte Bund ist geschlossen und hat Gültigkeit. Er bringt denen, die ihn halten, aus dem Gesetze Gottes viele Hilfen. Ich, Christus, stehe dem Volk Gottes vor und habe keinen Menschen als Stellvertreter. Die Urgemeinde Neues Jerusalem, die zur Bundgemeinde wurde, ist dieses Volk Gottes. Es ist das zentrale Licht im Universellen Leben.
Das Volk Gottes wird noch manche Hürden zu nehmen haben. Doch der Geist der Wahrheit und des Lebens ist mit ihm, und alle, die ehrlichen Herzens im Bündnis stehen, werden die Gründer und Erbauer des Reiches Gottes auf Erden sein. ... Die Finsternis

hat verloren; der Bund ist geschlossen; die Erde reinigt sich – so, wie es prophezeit wurde.[74]

Nach einer Zeit der Umwälzungen und Katastrophen, so Christus weiter,

... wird auf der ganzen Erde das Friedensreich entstehen, und auf der Erde werden Menschen leben, die Gottes Willen erfüllen. Und es wird Friede sein. Dann ist erfüllt, was geschrieben steht: „Der Löwe soll liegen bei dem Kalbe und der Leopard bei dem Zicklein und der Wolf bei dem Lamm und der Bär bei dem Esel und die Eule bei der Taube. Und ein Kind soll sie führen."Das alles wird geschehen![75]

Der „alte Adam" leistet Widerstand

Es ist also eine gewaltige Aufgabe, die hier dem „Völkchen" zugedacht ist: heute schon die Grundlage zu legen für das zukünftige Friedensreich, das sich über längere Zeiträume hinweg aufbauen wird – und zugleich Verantwortung zu tragen für zahlreiche weitere Urgemeinden, die noch entstehen sollen. Die erwähnten „Hürden", die dabei zu überwinden sind, zeigten sich allerdings sehr rasch.

Obwohl von Gabriele, die um jeden Einzelnen rang, intensiv geschult, verstummten einige der Jungpropheten aufgrund persönlicher Probleme, vor allem im Bereich der Partnerschaft. Und auch von den gewählten Ältesten, obwohl ebenfalls eingehend geschult, machte nur ein Teil Anstalten, die Gemeinde wirklich zu leiten und in den verschiedenen Schulungen und Veranstaltungen des *Universellen Lebens* zu berichten, wie sie die Gesetze Gottes im Alltag umsetzten. Denn wer leiten will, sollte in allen Belangen Vorbild sein. Aber auch für alle anderen Glieder der Bundgemeinde galt und gilt: Wer mit Gott den Bund geschlossen hat, der hat sich gleichsam verpflichtet, sein allzumenschliches Fehlverhalten mehr und mehr zu erkennen und abzulegen. Denn nur auf diese Weise kann Gott allmählich durch Seine Gemeinde zu wirken beginnen.

Die Schwierigkeiten, die bereits ein knappes Jahr nach dem Bundesschluss einsetzten, waren vielfältiger Art: Zahlreiche Gemeindeglieder waren schlicht mit sich selbst und ihren Wunschvorstellungen beschäftigt, andere hatten Probleme in der Partnerschaft oder ungeklärte partnerschaftliche Verhältnisse – sie lebten z.B. vom Partner getrennt, besuchten ihn bzw. sie aber hin und wieder, pflegten also ein sogenanntes „Bratkartoffelverhältnis". Dergleichen mag anderswo gang und gäbe sein, doch in einer Gemeinschaft, die gemeinsam eine höhere Ethik und Moral anstrebt, sollten in jeder Beziehung klare Verhältnisse herrschen: Was du tust, das tue ganz, heißt die Devise. Sei aufrichtig und geradlinig, und spiele nicht nach außen hin den Asketen, wenn du es (noch) nicht bist.

Manche nützten die scheinbare Unabhängigkeit gar für häufig wechselnde Liebschaften. Andere wiederum stritten sich mit ihren Kollegen am Arbeitsplatz und waren trotz mehrfacher Ermahnung nicht bereit, auch ihren eigenen Anteil an diesen Konflikten zu erkennen und Kritik anzunehmen. Jeder Mensch hat Fehler und Schwächen – doch wer von sich sagt, dass er den Weg nach Innen zu Gott beschreitet, der sollte aus seinen Fehlern lernen. So mancher jedoch hatte z.B. aus seinem Beruf die tiefe Überzeugung mitgebracht, dass er als „Fachmann" einfach alles „besser weiß". Oder er hatte Geld eingebracht, wollte aber nun, dass alle nach seiner Pfeife tanzen.

Die geistige Welt verlangt von uns Menschen nichts Unmögliches. Niemand kann von heute auf morgen ein „Heiliger" sein. Jesus von Nazareth sagte zwar: „Werdet vollkommen, wie euer Vater im Himmel vollkommen ist." Doch zu diesem Ziel führen viele kleinere oder, je nachdem, auch größere Schritte. Jesus von Nazareth war kein Schwärmer oder Utopist, sondern ein Realist. Und auch Gabriele weiß um die Schwierigkeiten der inneren Wandlung des Menschen – hat sie diese doch unter Anleitung von Bruder Emanuel in allen Einzelheiten selbst durchlaufen und bewältigt. In Nr. 4 der Schriftenreihe *Der Prophet* schreibt sie:

Der Christus Gottes lehrte und lehrt die Christusfreunde, die sich aufgemacht haben, im Alltag – auch in den Christusbetrieben, die sie gegründet haben – die Prinzipien der Gleichheit, Freiheit, Einheit, Brüderlichkeit und Gerechtigkeit anzuwenden. Christus gab und gibt den Schatz aus den Himmeln für diese Erde – wir Menschen jedoch tun uns trotz Glaubens und guten Willens schwer, diese Prinzipien umzusetzen. Wir alle sind noch in den alten Mustern des morbiden Systems der Wirtschaft befangen: der Ellbogenhaltung, des Aushöhlens der Betriebe, der Machtkämpfe, der Arbeitnehmer- und Arbeitgeberhaltung.[76]

Diese Aussage lässt sich sinngemäß auch auf die Bundgemeinde übertragen. Ein „altes Muster" kann z.B. lauten: „Ich fülle meinen Arbeitsplatz einigermaßen aus und bin froh, ein warmes Nest zu haben. Alles andere ist mir nicht so wichtig." Mit dieser Einstellung kann aber kein Friedensreich aufgebaut werden. Ein anderes „altes Muster" ist, Tratsch und Gerüchte weiterzugeben. Von Jesus von Nazareth ist hierzu jedoch eine klare Aussage überliefert:

Wenn dein Bruder sündigt, dann geh zu ihm und weise ihn zurecht. Hört er auf dich, so hast du deinen Bruder zurückgewonnen. Hört er aber nicht auf dich, dann nimm einen oder zwei Männer mit, denn jede Sache muss durch die Aussage von zwei oder drei Zeugen entschieden werden. Hört er auch auf sie nicht, dann sag es der Gemeinde. Hört er aber auch auf die Gemeinde nicht, dann sei er für dich wie ein Heide oder ein Zöllner.(Mt 18, 15 ff.)

Jegliche Mauschelei oder Meinungsmache hinter dem Rücken anderer oder gar Aufwiegelung sind demnach nicht nur überflüssig, sondern untergraben das Vertrauen in einer Gemeinschaft. Ähnliches gilt für das „alte Muster" der Kumpanei: „Ich tue dir nicht weh, und du mir auch nicht. Wir lassen einfach alles beim Alten und bleiben einträchtig so, wie wir sind."

Die fünf Prinzipien

Da es dem Menschen in einem neuen Umfeld und Tätigkeitsbereich leichter fällt, seine festgefahrenen Denk- und Verhaltensmuster zu erkennen, in Bewegung zu bringen und zu ändern, regte der Christus-Gottes-Geist durch Gabriele frühzeitig die sogenannte **Rotation** an. Um mehr in die Gleichheit und Geschwisterlichkeit hineinzufinden, sollte jeder Mitarbeiter nach Möglichkeit zunächst innerhalb seines Betriebes in andere Aufgaben hineinwachsen, später dann auch in weiteren Betrieben. Dadurch kommt keine Routine auf, und jeder kann neue Fähigkeiten in sich entdecken und ausbauen. Die Rotation der Gemeindeglieder sollte auch für die Leitung der Veranstaltungen, wie z.B. der Gemeindetreffen, gelten, damit auch hier immer neue Fähigkeiten entwickelt werden. Auch diese Anregung wurde allerdings nur teilweise umgesetzt.

Doch sie ist sehr wesentlich. Die „Rotation" ist nämlich Teil der „göttlichen Gesetzmäßigkeiten im *Universellen Leben* für die Umbruchszeit", die Ende 1990 von Christus durch Gabriele offenbart wurden und die die Bundgemeinde am 12. Januar 1991 einstimmig beschloss. Darin geht es um die fünf Prinzipien der Gleichheit, Freiheit, Einheit und Brüderlichkeit, woraus die Gerechtigkeit erwächst. Zum Jahreswechsel 1992/1993 wurden diese Prinzipien bei einem „Fest der Familie Gottes" in Innsbruck der Öffentlichkeit vorgestellt.

Im Vorspann zu einem Artikel im *Christusstaat* (1/93) wurde daran erinnert, dass es in der Geschichte der Menschheit zahlreiche Revolutionen gegeben habe – man denke nur an die Prinzipien der französischen Revolution: „Freiheit, Gleichheit, Brüderlichkeit". Doch diese Revolutionen sind allesamt gescheitert, weil die jeweiligen Revolutionäre versuchten, ihre Ziele mit Gewalt zu erreichen und auch ihre Mitmenschen mit Gewalt zu ändern. „Den einzigen Menschen jedoch, den man ändern kann – das bin ich selbst", heißt es in dem Artikel. Aus der darauffolgenden Erläuterung der Prinzipien seien hier nur einige Sätze herausgegriffen, um deren Dimension erahnen zu lassen (der vollständige Text findet sich im Anhang):

Gleichheit bedeutet, dass es weder Höhergestellte noch Untergebene gibt ... Alle Menschen sind Brüder und Schwestern in Christus. ... Jeder erkennt jeden als einen Teil von sich selbst. ...

Freiheit bedeutet auch Vertrauen. Wer frei ist, vertraut seinem Nächsten. Diese Freiheit spricht sodann eine andere Sprache; es ist nicht mehr nur das gesprochene Wort, sondern es ist die Herzenssprache, mit der wir unserem Nächsten begegnen ...

Einheit heißt, in jeder Situation füreinander da zu sein. ...

Brüderlichkeit bedeutet Geschwisterlichkeit ... Jedem Menschen voll vertrauen zu können, ist wohl die Sehnsucht vieler Menschen seit Jahrtausenden ...

Die Gerechtigkeit wägt alles ab, um jedem und allem gerecht zu werden ...

Eine „geistige Revolution" ist angesagt

Ein geistiges Werk, das eine geistige Revolution in Gang setzen möchte, kann in der Tat nur im Sinne des Geistes Gottes wirken, wenn jeder Einzelne zunächst die Evolution in sich selber anstrebt. Sonst wird dieses Werk unweigerlich zu einer Institution, in der es zwar äußere Ämter und Rituale gibt, aber wenig innere Entwicklung. Und es war eines der wichtigsten Anliegen Gabrieles über all die Jahre hinweg, das Entstehen einer neuen Institution zu verhindern. Denn solche Gebilde kennen wir über die Jahrtausende hinweg schließlich schon zur Genüge. Deshalb legte und legt Gabriele immer Wert darauf, dass nicht etwas nach außen vorgegeben wird, das der Einzelne nicht lebt.

Wie gesagt: Niemand ist vollkommen, jeder macht Fehler. Sie sollten an- und ausgesprochen, erkannt und behoben werden – und die echte Gemeinschaft kann für jeden, der sich ernsthaft weiterentwickeln will, eine unschätzbare Hilfe sein. Die Nachfolger des Nazareners in der Bundgemeinde leben in Wohngemeinschaften zusammen, und auch im Betrieb werden immer wieder Gespräche geführt, um z.B. Konfliktsituationen zu klären und Weichen neu zu stellen. Im Wochenrückblick der Gemeinde besteht ebenfalls die Möglichkeit, zu berichten, was gut war oder wo es Schwierigkeiten gab und was man daraus gelernt hat. Oder man kann Fragen stellen, so dass andere aus ihrer Erfahrung Hinweise und Hilfen geben können. Was tut man aber, wenn aus klärenden Gesprächen zähe Problemgespräche werden, weil sich über Wochen und Monate nichts ändert? Wenn alles Verständnis, alle Hinweise und Anregungen verpuffen?

Eine Gemeinschaft, die eine höhere Ethik und Moral anstrebt – und die Ethik der Bergpredigt ist eine sehr hohe –, eine solche Gemeinschaft muss hier um eine klare Linie ringen, sonst versackt sie rasch wieder im Mittelmaß dieser Welt. Allen Revolutionären dieser Welt ist das Problem geläufig: Wie verhindert man, dass nach einem erfolgreichen „Anfangsschub" bald das menschliche Beharrungsvermögen wieder die Oberhand gewinnt, dass der alte Trott wieder Einzug hält und die ursprünglichen Ideale überlagert? Wie kann das Feuer der Begeisterung immer wieder neu entfacht werden?

Man sollte sich dabei vergegenwärtigen: Im Unterschied zu den sattsam bekannten Revolutionen der Weltgeschichte haben wir hier etwas Neues vor uns: eine geistige, eine absolut gewaltfreie Revolution – oder sollte man besser „Evolution" sagen? Doch das klänge wieder zu passiv, denn von selbst passiert eben gar nichts – alles will erarbeitet sein. „Revolution" heißt „Umwälzung" – und hier beginnt die Umwälzung in jedem Einzelnen, der seine alten Denk- und Verhaltensmuster gleichsam umstülpt, um das Innere – das Licht in seiner Seele – wieder nach außen zu kehren. Wie bringt man aber eine „Revolution" voran, die ohne jeden Zwang auskommt, die in jeder Phase den freien Willen jedes Einzelnen beachtet? Und wie hält man sie am Leben?

Phasen der Selbstreinigung

Sicher nicht, indem man einfach alles laufen lässt! In der Bundgemeinde Neues Jerusalem fanden immer wieder Phasen der Selbstreinigung statt. Bis heute weist der innere Kern der Nachfolger des Jesus von Nazareth eine nicht geringe Fluktuation auf, die aber gerade in den ersten Jahren noch einmal deutlich höher lag.

Das straft übrigens all diejenigen Lügen, die behaupten, im *Universellen Leben* werde versucht, Menschen an sich zu binden und ihnen den „Ausstieg" zu erschweren. Dabei wird zunächst meist schon übersehen, dass die überwiegende Mehrzahl der sich dieser Glaubensgemeinschaft zugehörig fühlenden Menschen an ihren Wohnorten und in ihrem Lebensumfeld verbleiben und lediglich Veranstaltungen besuchen, Bücher lesen oder Radio- und Fernsehsendungen verfolgen. Doch auch diejenigen, die den Schritt in die Gemeinschaft Gleichgesinnter wagen, können diese jederzeit wieder verlassen, und zwar, wie wir (im Kapitel 9) noch sehen werden, mitsamt ihren Geldmitteln, die sie eingebracht hatten.

Wenn mir das gemeinschaftliche Leben aus irgendeinem Grund nicht zusagt, kann ich ohne weiteres wieder gehen – ein selbstverständlicher Vorgang überall dort, wo Menschen zusammenleben. Die meisten, die gehen, sehen das durchaus so nüchtern, wie es nun mal ist. Doch manche der „Aussteiger" – und von diesen wird noch gesondert die Rede sein – machten hinterher Stimmung gegen ihre ehemaligen Kollegen und Mitstreiter. Da fällt dann gerade im Zusammenhang mit den Ereignissen der ersten Jahre der Bundgemeinde schon mal das Wort „Säuberungen" – womit offenbar ein assoziativer Bezug zu Abläufen stalinistischer Prägung hergestellt werden soll. Dies ist jedoch, man kann es nicht anders sagen, eine böswillige Verleumdung. Denn diese Vorgänge beschäftigten die damalige Bundgemeinde nicht deshalb so lange und so intensiv, weil man etwa besonders rüde oder streng mit denjenigen umgegangen wäre, die sich in das Gemeinschaftsleben nicht einzufügen bereit waren, sondern im Gegenteil: Weil man sie mit fast unendlicher Geduld behandelte, oder besser gesagt: mit großer, vielleicht allzu großer Kompromissbereitschaft, und weil nicht Wenige trotz ihrer erkennbaren Problematik unter allen Umständen weiter in der Gemeinde bleiben wollten. Und niemand sollte sagen können, er habe keine Chance gehabt, seine innere Wandlung doch noch unter Beweis zu stellen.

Es wurde gemahnt; es wurden immer wieder Gespräche geführt, oft genug vor der Gemeinde, oft aber auch in diversen Gesprächsgruppen, um die ganze Gemeinde nicht mit der langwierigen Klärung von Problemen aufzuhalten. Die Betroffenen durften sich selbst Fristen setzen, bis wann sie wieder „auf Damm" sein wollten; sie erhielten teilweise eigene Betreuer, die bereit waren, ihnen beizustehen, damit sie endlich ihre inneren Blockaden erkennen und lösen konnten. Es gab immer wieder neue Handreichungen, aber auch Maßnahmen, um den Ernst der Lage zu verdeutlichen. So durften Gemeindeglieder, die nicht mitzogen, eine Zeit lang nicht mit abstimmen, bis sie sich entweder auf ihre inneren Stärken besonnen oder die Gemeinde freiwillig verlassen hatten.

In jedem anderen Verein oder in einer Partei hätte man wohl in vergleichbaren Fällen nicht gezögert, Mitglieder ohne viel Federlesens schlicht vor die Tür zu setzen. Doch so einfach dürfen es sich Nachfolger des Nazareners eben nicht machen. Denn in der Bergpredigt steht: „Mit dem Maß, mit dem ihr messt, werdet auch ihr gemessen werden" (Mt 7,1). Der Konsequenz gegenüber anderen sollte also immer die Konsequenz gegenüber mir selbst vorausgehen. So blieb nur übrig, eine Gratwanderung auf sich zu nehmen: Konsequenz, aber keine Härte; beständiges Abwägen, aber ohne faule Kompromisse, die unweigerlich in die Institution geführt hätten – in die Starrheit des Gemüts, in die Rituale der Tradition, in den äußeren Schein, der nur aufgesetzt ist und das innere Wesen, das göttlichen Ursprungs ist, nicht zum Durchbruch gelangen lässt.

Gabrieles Leidensweg

Für Gabriele war es jedoch ein Leidensweg ohnegleichen, miterleben zu müssen, wie viele nicht einhielten, was sie Gott versprochen hatten, und zwar auch unter denen, die letztendlich in der Bundgemeinde verblieben. Das Hin und Her und die ungezählten Gespräche belasteten sie ungemein, zumal sie aufgrund ihres erweiterten Bewusstseins vieles an ihren Mitmenschen erfasst, das sie aber nur zum kleinen Teil aussprechen kann: Sie muss ständig berücksichtigen, was der Nächste aufzunehmen imstande ist. Sie sah und sieht zudem klar vor ihrem inneren Auge, was in kurzer Zeit alles möglich wäre, wenn alle konsequent ihr Allzumenschliches lüften, es ablegen und an einem Strang ziehen würden. Und sie sieht, wie wenig demgegenüber tatsächlich umgesetzt wurde.

Besonders schwer war es für sie, dass im Laufe der Jahre auch diejenigen der „Jungpropheten" verstummten und teilweise das Werk verließen, die anfangs noch mitgezogen hatten und in deren Ausbildung sie sehr viel „Herzblut" investiert hatte. Die „Gegenseite" hatte jeden bei seinen Schwächen gepackt und, weil er nicht rechtzeitig energisch gegengesteuert hatte, innerlich zu Fall gebracht. Doch: „Ohne prophetische Offenbarung verwildert das Volk; wohl ihm, wenn es die Lehre bewahrt", lesen wir im „Buch der Sprüche" (29,18). Nun lag die Aufgabe und Last des Prophetischen Wortes wieder allein auf ihr.

Im Verlauf der 90er Jahre wurde zwar so manches erreicht. Die Botschaft des *Universellen Lebens* wurde in über 20 Sprachen gedruckt und weltweit verbreitet. Göttliche Offenbarungen und Gesprächsrunden wurden über Hunderte von Radiosendern weltweit ausgestrahlt. Doch all dies war nur durch den hundertprozentigen Einsatz Gabrieles möglich, die zu diesem Zeitpunkt bereits das 60. Lebensjahr überschritten hatte. Die Bundgemeinde, die sie mehr und mehr hätte entlasten sollen, stagnierte und wuchs auch zahlenmäßig nur langsam. Das Volk, das entstehen sollte, war noch immer ein „Völkchen" geblieben. Es war noch nicht das „Instrument" geworden, wie Christus es in einer göttlichen Offenbarung ausdrückte, durch das Er in die Welt hineinwirken konnte – ein Instrument, an dem jedes Gemeindeglied eine Saite darstellte, die entsprechend ihrem inneren Wesen, ihrer positiven Mentalität, zu klingen begann.

Schließlich kam es sogar so weit, dass Gabriele zeitweise den Treffen der Bundgemeinde fernblieb, da sie keinen Sinn darin sah, weiter zu schulen und zu lehren, wenn nur wenig davon umgesetzt wurde.

Wer Gabriele kennt, der weiß jedoch: Sie entlässt keinen ihrer Mitmenschen aus ihrem Herzen, gleich, was dieser tut. Und auch ihre Aufgabe als Engel der Gemeinde ließ sie nicht fallen, obwohl sie im Lauf der Jahre immer seltener Gelegenheit hatte, sie wirklich auszuüben. Beim kleinsten Anzeichen dafür, dass zumindest einige aus der Gemeinde bereit waren, sich neu zu entscheiden, weitere Schritte zu tun, gab sie wieder Hilfestellungen und Anregungen, wie es weitergehen konnte. Und auch Christus offenbarte bereits im Herbst 1990, als die ersten Probleme in der Gemeinde auftraten, dass Er in der Bundgemeinde bleiben würde – selbst wenn sie sich über längere Zeiträume, ja über Generationen aufbauen würde. Doch Er flehte förmlich darum, es nicht so weit kommen zu lassen, sondern die große Chance zu nützen, auf die die Menschheit Jahrtausende gewartet habe: Jetzt, mit Hilfe der Technik, in kürzester Zeit vieles zu erreichen und das Reich Gottes so rasch wie möglich auf die Erde zu bringen.

In den Betrieben wurde währenddessen zwar fleißig weitergearbeitet; sie wurden kontinuierlich auf- und ausgebaut. Doch auch hier ließ die innere Entwicklung noch vieles zu wünschen übrig. Konzentrierte Arbeit um Lohn und Anerkennung gibt es auch anderswo. Doch in einem Betrieb, der sich die Bergpredigt auf die Fahnen geschrieben hat, sollte die Arbeit von innen her durchdrungen sein, sie sollte allmählich zum Gebet werden – sodass der Satz „Bete und arbeite!" einen völlig neuen Sinn bekommt.

Es war sehr bitter für Gabriele, immer wieder die Kluft zwischen Anspruch und Wirklichkeit zu sehen. Sie hatte die Lehre gebracht, eine reine Lehre, und brachte sie weiter. Doch sie war und ist nicht verantwortlich für das, was daraus gemacht wird. Was also sollte sie tun? In der Öffentlichkeit wurde sie immer wieder angegriffen, wobei niemand sich die Mühe machte, zu differenzieren. – Immer drauf auf die „Ketzer"! Man trifft schon die richtigen, vor allem die wichtigste „Ketzerin", nämlich die Prophetin Gottes. Gabriele sah und sieht die Gefahr, dass auf Dauer die reine Lehre, die sie brachte und bringt, mit dem vermischt werden könnte, was daraus gemacht wurde oder noch gemacht werden wird. Das aber wäre eine schwere Hypothek für die Zukunft – denn auch nachfolgende Generationen sollen noch klar und ohne irgendwelche Beimischungen die von Gabriele ins Leben gerufenenen geistigen Fundamente sehen können, damit sie ihrerseits darauf aufbauen können.

Schweren Herzens entschloss sich Gabriele, eine öffentliche Erklärung abzugeben, die im Januar 1998 in der Zeitung *Das Weiße Pferd*[77] abgedruckt wurde:

Erklärung

Seit ungefähr zwei Jahren versuche ich, meinen Mitmenschen und den Verleumdern des Universellen Lebens klarzumachen, dass mich nichts mit den Christusbetrieben verbindet, sondern ausschließlich mit meinen Mitmenschen, zu denen auch die Inhaber und die Mitarbeiter der Christusbetriebe gehören.

Viele Menschen hören die urchristlichen Lehren, die sie im persönlichen Leben, aber auch im Miteinander in Betrieben anwenden, insbesondere in den Christusbetrieben, die sich auf die Bergpredigt Jesu beziehen. Die Bergpredigt Jesu lehrt, wie man in Familie und Betrieb eine gute und verbindende Atmosphäre schafft. Die Inhaber und Mitarbeiter der Christusbetriebe haben sich das Ziel gesetzt, nach der Bergpredigt zu leben und zu arbeiten, also Jesus, dem Christus, nachzufolgen.
Ob sie diesem Ziel zustreben oder nicht, obliegt nicht meiner Kompetenz. Nach den Gesetzen Gottes ist jeder Mensch frei, zu denken und zu tun, wie er will. Jeder hat auch deshalb die Verantwortung für sein Denken und Handeln selbst zu tragen und auch nach dem Gesetz von Ursache und Wirkung – „Was der Mensch sät, das wird er ernten" – zu klären.

Es liegt mir am Herzen, bei meinen Mitmenschen – die mich immer wieder mit den Christusbetrieben in Verbindung bringen – klarzustellen, dass mich mit den Christusbetrieben als Betriebe nichts verbindet. Mit vielen meiner Mitmenschen verbindet mich die Lehre Jesu, des Christus, Seine Nachfolge, auch mit den Menschen in den Christusbetrieben, aber nicht mit den Abläufen in diesen Betrieben. Die Verantwortung dafür oblag und obliegt ausschließlich den Inhabern und Mitarbeitern der Christusbetriebe, und keinesfalls mir. Ich bin vor Gott verantwortlich für den Inhalt der Lehre, aber nicht dafür, wie meine Mitmenschen die Lehre anwenden.

Ich bitte die Leser dieser Erklärung und auch jene, die mutwillig mich immer wieder mit den Christusbetrieben in Verbindung bringen, endlich zu akzeptieren, dass es die Betriebe der Betriebsinhaber und -mitarbeiter sind, und nicht meine Betriebe, auch nicht die des Universellen Lebens.

Vielen Dank.
Gabriele

Wie konnte es nun weitergehen? Erinnern wir uns: Die göttlich-geistige Welt hat den Überblick – und hält immer einen Plan „C" bereit, wenn „A" und „B" aufgrund menschlicher „Ausrutscher" nicht genügen. Doch ehe diese neue Weichenstellung eintreten kann (Kap. 10), gilt es noch die Frage zu beantworten: Was machten eigentlich während all dieser Jahre die Kirchen? Hatten sie in ihrem Verfolgungseifer etwa nachgelassen?

KAPITEL 8

„Ketzerjagd" auf allen Kanälen

„Die Pioniere Christi", so lesen wir in dem großen göttlichen Offenbarungswerk „Das ist Mein Wort" gleichsam als Rückschau auf unsere Gegenwart, mussten „an mehreren Fronten gleichzeitig gegen das Satanische kämpfen ..., um dem angekündigten Reich Gottes auf Erden zum Durchbruch zu verhelfen".[78] Sie kämpften nämlich „mit sich selbst, um frei zu werden von all dem Menschlichen, das ihnen noch anhaftete. Gleichzeitig kämpften sie gegen die Machtstrukturen, die aus dem menschlichen Ich hervorgegangen sind."[79]

In der Tat: Während innere Konflikte die Bundgemeinde monatelang in Atem hielten, gingen die Angriffe der Kirchenvertreter unvermindert weiter. Der einzige Unterschied zu vorher bestand darin, dass die Nachfolger des Jesus von Nazareth mit ihren Projekten nun eher Fuß fassen konnten. Im Herbst 1986 erwarben einige von ihnen im Marktheidenfelder Ortsteil Michelrieth das „Sanatorium Südspessart" und bauten es zu einer Naturklinik um, die mit ihrer fachkundigen Verbindung von Naturheilkunde und Schulmedizin bis heute Heilungsuchende aus aller Welt anzieht. Der Verkauf erfolgte von Privat, sodass die zuständige Gemeinde Marktheidenfeld nicht gefragt werden musste – und sogar die Kirche, die ihre Ohren doch sonst überall hat, wurde diesmal völlig überrascht. Was nicht bedeutet, dass sie sich ohne weiteres damit abgefunden hätte.

Kirchturmpolitik in Unterfranken

Noch am selben Tag, man schrieb den 27. September 1986, als in der Zeitung ein Artikel über den (bereits erfolgten) Verkauf des Sanatoriums zu lesen war, erhielt der Verkäufer, ein angesehener Arzt, einen bitterbösen Anruf vom evangelischen Ortspfarrer Bayer. Denn Michelrieth und einige seiner Nachbardörfer bilden im katholischen Unterfranken eine traditionell lutherische Enklave, deren Hauptkirche just in Michelrieth selbst steht. Und weil der 27.9. ein Samstag war, setzte der Pfarrer seine Kirchturmpolitik gleich am Sonntag fort und wiegelte die Dorfbevölkerung auf, passenderweise im „Gottesdienst" von der Kanzel herab: Er mache sich „große Sorge, weil sich das Heimholungswerk hier eingekauft" habe.[80]

Die Ärzte der neuen Klinik beantworteten diesen unfreundlichen Empfang auf ihre Weise: Sie luden den Pfarrer und seinen katholischen Kollegen aus Marktheidenfeld sowie die gesamte Ortsbevölkerung noch für denselben Sonntag Nachmittag zu einem Informationsgespräch ein. Wer nicht erschien, waren die beiden Pfarrer. Der katholische ließ ausrichten: „Wir werden Sie bekämpfen; das ist unsere Pflicht." Damit zeigte er, dass er seinen Katechismus gut beherrscht. Denn in der offiziellen katholischen Dogmensammlung von Neuner und Roos steht unter Randnummer 382 zu lesen:

„**Die Kirche hat kraft ihrer göttlichen Einsetzung die Pflicht, auf das gewissenhafteste das Gut des göttlichen Glaubens unversehrt und vollkommen zu bewahren und beständig mit größtem Eifer über das Heil der Seelen zu wachen. Deshalb muss sie mit peinlicher Sorgfalt alles entfernen und ausmerzen, was gegen den Glauben ist oder dem Seelenheil irgendwie schaden könnte.**"

Das mit dem „Ausmerzen" ist zwar heute nicht mehr so einfach wie früher. Aber dann setzt man eben an die Stelle des Mordens die Zerstörung des Rufes der „Ketzer". Die deutsche Sprache kennt hierfür den vielsagenden Begriff „Rufmord". Und so, wie man im Mittelalter beispielsweise für eine Hinrichtung „geschultes Personal" aus größeren Städten hinzuziehen musste – denn kleinere Städte konnten sich z.B. keinen eigenen Henker leisten –, so ruft man auch heute die Spezialisten herbei, wenn man etwa eine Minderheit niedermachen will. Die „Fachleute" für dieses „Handwerk" lassen sich nicht zweimal bitten. Im Mai 1987 kommen Graf Magnis aus Würzburg und Pfarrer Haack aus München zu einer Vortragsveranstaltung in das katholische Pfarreheim St. Laurentius nach Marktheidenfeld.

Katholische Gruselgeschichten und ein getürktes „Gutachten"

Graf Magnis, der eingefleischte Liebhaber von Großwildbret, schoss sogleich eine Breitseite gegen die vegetarische und damit – so wörtlich – „lebensgefährliche" Ernährungslehre des *Universellen Lebens* ab und legte als „Beweis" ein „Gutachten" eines Lübecker Ernährungswissenschaftlers vor – das dieser, so stellte sich heraus, voll Vertrauen aufgrund falscher Informationen erstellt hatte, die ihm der Auftraggeber des Gutachtens, das Bischöfliche Ordinariat Würzburg, vermittels Graf Magnis überreicht hatte. Wenig später, als er über die wahren Sachverhalte aufgeklärt worden war, widerrief der Professor sein Gutachten – was aber den gräflichen Gutachtenerschleicher nicht davon abhielt, es weiter die Runde machen zu lassen und es 1990, als der Schwindel beim besten Willen nicht mehr zu halten war, noch einmal fast wortgleich einem dubiosen, aber offenbar gut katholischen Professor in den USA unterzuschieben.[81]

Doch damit nicht genug: Graf Magnis behauptet auch noch, es seien, so die Zeitung *Main-Echo* vom 1.6.87, „schon einige Menschen an diesem Ernährungskonzept verstorben ..., nachdem das Heimholungswerk deren Vermögen kassiert habe". Die Nachfolger des Jesus von Nazareth riefen daraufhin die Justiz an, um dem katholischen Verfolgungsexperten diese faustdicke Lüge untersagen zu lassen – was ihnen auch in einer einstweiligen Verfügung zunächst gelang. Doch im Hauptsacheverfahren fand der moderne Inquisitor am Landgericht Würzburg einen ebenso verständnisvollen wie schlauen Richter, der ihm half, den Kopf im letzten Moment aus der Schlinge zu ziehen: Er solle einfach zu Protokoll geben, dass er einen direkten Zusammenhang zwischen den beiden Todesfällen und den Aussagen des *Universellen Lebens* zur Ernährung des Menschen gar nicht habe herstellen wollen und dies auch in Zukunft nicht tun werde. Gesagt, getan – und der Gerichtsprozess wurde flugs für erledigt erklärt. Auf die Justiz einer Bischofsstadt ist eben in der Mehrzahl der Fälle noch immer Verlass. Und: Es bleibt bekanntlich immer etwas hängen.

Damit jetzt beim Leser nichts hängen bleibt: Die genauen Hintergründe der dubiosen „Todesfälle", die Graf Magnis mit geradezu krimineller Energie dem *Heimholungswerk Jesu Christi* unterzuschieben versuchte, sind an anderer Stelle nachzulesen, und zwar in dem Buch „Der Steinadler und sein Schwefelgeruch" unter der Überschrift „Erfundene ‚Sensationen' – oder: Wie Rufmordbeauftragte arbeiten".[82]

Wie werden wir die „Ketzer" wieder los?

Zurück ins Marktheidenfelder Pfarrheim, in dem an diesem Freitag Abend ökumenische Arbeitsteilung herrschte. Nachdem Graf Magnis mit heiserer Grabesstimme seine Schauergeschichten unters Volk gebracht hatte, gab Haack an diesem Abend – man muss als Inquisitor vielseitig sein – eher den sarkastisch plaudernden Intellektuellen. Mit seiner rhetorisch geschulten, aber schneidend kalten Stimme suggerierte er, man müsse dieser „Spiritistensekte" in ihrem „Umsetzungswillen ... Grenzen setzen" – wobei er sehr geschickt die Hemmschwelle für die Diskriminierung einer religiösen Minderheit heruntersetzte: Glaube und Religion seien ja immer „relativ"; man könne sie auch „missbrauchen" – und wenn eine „Maßnahme" gegen die Neuankömmlinge „nicht rechtens ist, dann wird ein Gericht das schon feststellen." Das heißt im Klartext: Der Geist der Verfassung und der Minderheitenschutz der Demokratie sind uns völlig schnurz. Solange ein Gericht uns nicht Einhalt gebietet (und das werden die Richter sich angesichts der Macht der Kirche gut überlegen), ist alles erlaubt!

Am liebsten wäre es ihm, so äußert Haack freimütig, wenn es „irgendwo noch eine Landfläche gibt, wo man Land nehmen und seine Tempel bauen und seine Sachen machen kann und vom Rest der Welt nicht gehindert ist."

Wie großzügig! Wir vernichten euch diesmal nicht, o nein: Wir lassen euch auswandern! – Ein lutherischer Pfarrer bedient hier ungeniert und mit schlafwandlerischer Sicherheit uralte fremdenfeindliche und rassistische Klischees. Wer im Publikum weiß schon, dass wenige Jahrzehnte zuvor, nämlich in den 30er Jahren, die Nationalsozialisten laut darüber nachdachten, ob man die Juden nicht alle nach Madagaskar abschieben könne. Wobei – und das muss man betonen – die heutige Situation natürlich nicht mit der damaligen verglichen oder gar gleichgesetzt werden kann. Aber die Anspielungen gleichen sich.

Es ist dieselbe Spottrede, in der – wie bereits erwähnt – Haack vom „Terror der Harmonie" spricht und den Aufbau eines Friedensreiches auf dieser Erde dem Teufel zuschreibt.[83)] Und der lutherische Pfarrer hat keine Mühe, seine eigene Bibel zu verleugnen, wenn es der Ketzerverfolgung dient: „Von Prophetinnen und Propheten ist im Neuen Testament nicht die Rede." Eine dreiste Unwahrheit – aber es passt einem modernen Inquisitor, der gerade eine auf dem Prophetischen Wort Gottes aufgebaute Glaubensbewegung verhöhnen will, eben nicht ins Konzept, dass Paulus im 1. Korintherbrief (12,28) erwähnt, Gott habe in den Urgemeinden Propheten eingesetzt. Dass Jesus bereits den „Tröster" ankündigt, der uns „in alle Wahrheit führen wird" (Joh 16) – wie anders als durch das Prophetische Wort könnte das geschehen? Oder dass Petrus in seinem zweiten Brief (1, 19) schreibt:

Wir haben desto fester das Prophetische Wort. Und ihr tut wohl, dass ihr darauf achtet als auf ein Licht, das da scheint an einem dunklen Ort, bis der Tag anbreche und der Morgenstern aufgehe in euren Herzen.

Verfassungsfeindliche Parolen

Doch gerade dieses Licht scheint einige derartig zu blenden, dass sie reflexartig dagegen vorgehen, wo immer auch nur ein Strahl davon aufblitzt. In Michelrieth gründete der lutherische Mesner Thomas Müller, ein stadtbekannter Querulant, eigens eine „Bürgerinitiative" gegen die Nachfolger des Nazareners, die jedoch die meiste Zeit über außer ihm selbst kaum Mitglieder umfasste. Dies genügte aber, um die Gemüter im Dorf zeitweise gehörig in Wallung zu bringen – allerdings mit Forderungen, die ein sehr merkwürdiges Demokratieverständnis erkennen lassen.

Ende 1992 sammelte Müller Unterschriften unter dem Motto: „Kein neues Baugebiet in Michelrieth – ... keine weiteren Grundstücksgeschäfte auf kommunaler Basis mit dem Unversellen Leben – ... keinen ‚universellen' Ortssprecher oder Stadtrat."[84)] Dem eifrigen Lutheraner (und auch den Unterschreibern) scheint gar nicht bewusst gewesen zu sein, dass diese Forderungen allesamt verfassungswidrig sind. Denn eine Gemeinde **darf** einen Grundstückskäufer nun mal nicht nach seinem Glauben fragen – und sie darf auch nicht Kandidaten für öffentliche Ämter (um die sich übrigens bis heute in Marktheidenfeld kein Anhänger des *Universellen Lebens* je beworben hat) wegen ihres Glaubens von der Wahl ausschließen.

Müller legte auch Pläne vor, auf denen alle Häuser, die von „denen da" bewohnt wurden, gesondert markiert waren. Menschen wie ihm fehlt offenbar jegliches Unrechtsbewusstsein dafür, in welche Fußstapfen sie hier treten.

Immerhin: Die Ortspolitiker ließen sich diesmal nicht in die Hysterie der Ketzerjäger mit hineinziehen. Der Marktheidenfelder Bürgermeister Dr. Scherg (CSU) bescheinigte Müller, dass seine Forderungen dem Grundgesetz widersprechen. Dr. Scherg blieb auch in der Folgezeit ein Lieblings-Buhmann fanatischer Kirchenvertreter, da er „zu lasch" gegen „die Sekte" vorgehe und z.B. auch nicht verhindert habe, dass einige Nachfolger des Jesus von Nazareth 1992 im Marktheidenfelder Ortsteil Altfeld ein Gewerbezentrum eröffnen konnten. Dabei hatte sich Scherg, der durchaus kein Sympathisant des *Universellen Lebens* ist, lediglich an die Verfassung gehalten, die ihm und seiner Verwaltung diesbezüglich keinen Spielraum ließ. Als der lutherische Verfolgungsexperte Wolfgang Behnk, von dem gleich noch die Rede sein wird, 1997 Scherg öffentlich vorwarf, er habe die Ansiedlung der Betriebe von Sympathisanten des *Universellen Lebens* nicht verhindert, stellte dieser klar, dass auch hier die Grundstücke von Privatleuten verkauft wurden und die Stadt keine Einspruchsmöglichkeit gehabt habe.

Moderne Inquisition braucht moderne Technik

Doch die lutherische Kirche ließ nicht locker. So viele „Ketzer", die offenbar einträchtig mitten unter Katholiken und Protestanten leben und arbeiten – das ist und bleibt für moderne Inquisitoren eine grauenhafte Vorstellung, die ihnen den Schlaf raubt. Mit dem jungen Nachfolger von Pfarrer Bayer, der 1991 die Pfarrei Michelrieth übernommen hatte, waren die Scharfmacher jedenfalls nicht zufrieden. Er hatte ihnen zuwenig „Biss" gegen die „Ketzer", spielte statt dessen lieber Fußball. Sie setzten ihm 1998 einen zweiten Pfarrer vor die Nase, Michael Fragner, der umgehend damit begann, sich lautstark über „die Sekte" zu beschweren, durch die das Dorf, so wörtlich, „verstärkt aufgefressen" werde. Fragner richtete Ende 1998 auch gleich eine Internet-Seite ein, für die er den Namen des Dorfes verwendete –

eine offensichtliche Anmaßung, denn auf die Ortsnamen haben nach der Rechtsprechung die politischen Gemeinden immer den ersten Zugriff.

Der Kettenraucher Fragner nutzte diese Webseite von Anfang an als Kampfplattform gegen das *Universelle Leben*, auf der er alle nur greifbare Giftmunition gegen diese Abtrünnigen, diese Aussteiger aus den Kirchen, ansammelte.

Schon die mittelalterliche Inquisition hatte ihre Basis immer in einer möglichst umfangreichen „Datensammlung" von Denunziationen, Spitzelberichten und Verhörprotokollen, die in Abschriften überallhin weitergegeben wurden – sodass man als „Ketzer" den Maschen dieses Netzwerks auch durch Flucht kaum entkommen konnte. Es ist nur folgerichtig, dass die moderne Inquisition unserer Tage diese „Arbeit" mit den Mitteln der Computertechnologie fortsetzt.

Als Pfarrer Fragner die Pfarrgemeinde Michelrieth nach nur drei Jahren wieder verließ, um eine Pfarrstelle in Uengershausen bei Reichenberg (Landkreis Würzburg) anzutreten, stellte er seine Tätigkeit als fleißiger Kompilator und Briefträger von Verunglimpfungen keineswegs ein, sondern führte sie – noch immer unter dem Dorfnamen – vom neuen Wohnort aus weiter.

Das *Universelle Leben* forderte daraufhin die Stadt Marktheidenfeld auf, die Internet-Adresse von der lutherischen Kirche gerichtlich zurückzufordern. Der Stadtrat lehnte dies jedoch in einer hauchdünnen Kampfabstimmung im Februar 2005 ab. Die knappe Mehrheit wollte offenbar keinen Ärger mit der Kirche, auch wenn sich diese offensichtlich ins Unrecht gesetzt hatte. Und die daraufhin von einigen ortsansässigen Bürgern angerufenen Gerichte befanden zwar, dass die Stadt die Seite zurückfordern könnte – dass sie aber nicht per Gericht dazu gezwungen werden dürfe. So blieben die Rechte einer Minderheit auf Schutz vor Diskriminierung einmal mehr auf der Strecke.

Ein neuer „Stern" am Inquisitorenhimmel

Es zeigt die Bedeutung, die man in der bayerischen Lutherkirche dem *Universellen Leben* zumaß, dass man dieser Glaubensbewegung den ersten und bislang einzigen „Lokalinquisitor" auf den Hals schickte, noch dazu in eines der überschaubarsten Dörfer Unterfrankens. Auf Landesebene gab es die Stelle des offiziellen obersten „Inquisitors" – vornehmer ausgedrückt: des „Beauftragten für Sekten- und Weltanschauungsfragen" – schon fast drei Jahrzehnte früher. Ab 1969 war dies Pfarrer Haack, der im März 1991 im Alter von nur 55 Jahren verstarb. Zu seinem Nachfolger wurde ein vollschlanker und nervöser Anfangsvierziger bestimmt: Wolfgang Behnk, dem als Pfarrer von Gerbrunn, einer Würzburger Vorortgemeinde, die zahlreichen Aktivitäten des *Universellen Lebens* bereits vertraut waren.

Überraschenderweise distanzierte sich der „Neue" kurz nach seiner Ernennung im Juni 1991 in der *Main-Post* vom Stil seines Vorgängers: Dieser sei vielen „zu polemisch" gewesen; er habe oft „mit Fakten gegeizt". Er, Behnk, werde es besser machen, werde „argumentativ und dialogisch" vorgehen, denn er sei beileibe „kein Inquisitor", nein: Er werde „Toleranz" praktizieren und nur „Hilfen zur Urteilsbildung" geben.[85)]

Neuer evangelischer Sektenpfarrer Behnk zu seinen Aufgaben:

In offener Auseinandersetzung für eigenen Glauben werben

Behnks erster Presseauftritt - der Wolf hat noch den Schafspelz angelegt (MAIN-POST, 15.6.1991)

Kann man einem Pfarrer trauen, wenn er so etwas ankündigt? Es ist nicht auszuschließen, dass er es tatsächlich ehrlich meinte. Doch dann begab er sich zur intensiven Einarbeitung in sein neues „Fachgebiet" für mehrere Monate in das umfangreiche Archiv seines kurz zuvor verstorbenen Vorgängers. Man braucht kein Liebhaber von Gruselfilmen zu sein, um sich lebhaft vorzustellen, dass dessen „Geist" dort noch mehr oder weniger leibhaftig präsent gewesen sein könnte. Außerdem konnte sich Behnk den „Sachzwängen" und Erwartungen seiner Landeskirche wohl kaum entziehen. Mit Samthandschuhen kann man nun mal keine Drecksarbeit verrichten. Aber für genau die war er schließlich ausgewählt worden.

Und so kam es, dass Wolfgang Behnk bereits mit seinen ersten öffentlichen Auftritten nach seiner offiziellen Amtseinführung im Dezember 1991 seine eigenen Ankündigungen bezüglich einer „Stiländerung" gründlich Lügen strafte. Es fehlen ihm zwar weitgehend die spontane Spottlust und die stimmfeste Melodramatik seines Vorgängers – Behnk verhaspelt sich öfter beim Sprechen und hat gelegentlich Mühe, die umherjagenden eigenen Gedanken beim Sprechen wieder einzufangen. Doch er versucht dies dadurch wettzumachen, dass er sich besonders pointierte (man könnte, je nach Standpunkt, auch sagen: bösartige) Formulierungen ausdenkt, um sie dann seinen Zuhörern, seien es Journalisten oder Kirchenbesucher, regelrecht einzuhämmern.

Wer hat Angst vor der selbstlosen Liebe?

Die Ergebnisse dieser Bemühungen sind dann schwarz auf weiß in den Zeitungen nachzulesen: Das *Universelle Leben* sei eine „Sekte", die versuche, „Jugendliche in ihre Netze zu treiben"[86], sei zudem eine „finanzstarke Kunst-Religion"[87], eine mit „bewundernswerter juristischer Raffinesse aufgebaute totalitäre Organisation", die von einer „Frau von einer eiskalter Brutalität" geführt werde, „die mit ihren Offenbarungen ... ein gnadenloses System der Selbsterlösung aufgebaut" habe, „das hilfesuchende Menschen in Abhängigkeit führe".[88]

Man muss sich das vorstellen: Dieser Mann kennt Gabriele, die Prophetin Gottes, gar nicht persönlich. Aber er maßt sich an, über sie und das Werk, das sie auf die Erde gebracht hat, auf diese diffamierende Weise den Stab zu brechen. Gabriele antwortet, indem sie in der Zeitung *Der Christusstaat* (7/93) Folgendes schreibt:

Wer urteilt, der hat sich schon verurteilt; er wurde zu seinem eigenen Richter. Zwischen Herrn Behnk ... und mir gab es noch kein einziges Mal eine Begegnung von Angesicht zu Angesicht. Wir haben auch noch nie ein Wort miteinander gewechselt. Seine Aussage ... berührt mich nicht. Mit solchen und ähnlichen verleumderischen Reden hat schon sein Vorgänger, „Pfarrer" Haack, argumentiert und versucht, mich zu provozieren. Das ist ihm nicht gelungen. Und das wird auch Herrn Behnk nicht gelingen, denn ich weiß, wer Herrn Haack und Herrn Behnk gesandt hat, und ich weiß, wohin Herr Haack ging und Herr Behnk gehen wird.

Bei Herrn Behnk erkennt man deutlich den Inspirator. Seine Argumente und Verleumdungen gleichen ganz denen von „Pfarrer" Haack, dessen Manuskripte und Aufzeichnungen er lange Zeit studiert hat. ... Man hat versucht, mich mit allen Farben der katholischen und evangelischen Kirche zu besudeln, vorwiegend mit der Farbsubstanz der beiden Institutionen: schwarz. Ich habe mich nicht verteidigt – und werde mich nicht verteidigen –, noch habe – und werde – ich mich provozieren lassen, einerlei, was über das Werk des Ewigen ausgegossen wird. Mit der Kraft der selbstlosen Liebe habe ich „Pfarrer" Haack ... überwunden. Mit der Kraft der selbstlosen Liebe werde ich auch Herrn Behnk überwinden.

Liebe Leserin, lieber Leser: Wenn Sie möchten, halten Sie einen kurzen Moment inne. Was verstehen Sie unter „selbstloser Liebe"? Und wie deuten Sie, ganz spontan, vor allem den letzten Satz Gabrieles? Und nun vergleichen Sie:

Wolfgang Behnk reagierte nämlich auf diese Aussagen Gabrieles auf seine eigene Weise. Statt über sich selbst nachzudenken, versuchte er, den Spieß sofort wieder umzudrehen – und behauptete, „mit selbstloser Liebe überwinden" könne in diesem Fall nur bedeuten: „dem Tode zuführen". Weshalb? Weil Pfarrer Haack, auf den Gabriele diesen Satz ebenfalls angewendet hatte, schon verstorben war! Hatte der Pfarrer tatsächlich Angst vor der selbstlosen Liebe Gabrieles bekommen? Fürchtete er sie wie eine Art „Voodoo-Zauber"? Oder ging es ihm schlicht nur darum, in alter Inquisitoren-Manier alles, was dem Mund einer „Ketzerin" oder eines „Ketzers" entströmt, sofort wieder gegen diese zu verwenden? Sei es, wie es sei: Rundfunkstationen wie der *Bayerische Rundfunk* oder *Antenne Bayern* griffen die seltsame „Logik" des Pfarrers bereitwillig auf und bezeichneten die Aussagen Gabrieles als „Todesorakel" oder gar „Todesfluch".

Wir werden gleich sehen, **wer** wenig später tatsächlich ein „Todesorakel" von sich geben wird ...

Die Kirche beschreibt sich selbst

So ist das meistens: Wenn ein moderner Inquisitor über eine religiöse Minderheit spricht, dann sagt er im Grunde etwas über sich selbst und seine Kirche. „Eiskalt – brutal – gnadenlos" – beschreibt Behnk damit nicht letztlich seine eigene Gedankenwelt? „Finanzstark" – das ist seine Kirche; eine „Kunst-Religion" ebenfalls, wenn man bedenkt, wie weit sie sich vom ursprünglichen Christentum entfernt und wie viel heidnisches Gedankengut sie aufgenommen hat, angefangen beim „Sühneopfer", das in Gestalt des Jesus von Nazareth einem angeblich „grausamen Gott" dargebracht werden musste. Und die „juristische Raffinesse" – auch diese wendet Behnk selber an, indem er seine geballte Ladung von Schmähungen, Verunglimpfungen und Unwahrheiten so geschickt formuliert, dass sie bei den meist katholischen oder lutherischen Richtern als „Meinungsäußerungen" gerade noch so durchgehen.

Der wachsame Analytiker, der die Kirche in ihrem Machtstreben durchschaut, erkennt hier etwas, das die Psychologie als „Projektion" bezeichnet: Wer sich durch Kritik bloßgestellt fühlt, sich aber partout nicht ändern will, der bekämpft im Nächsten genau das, was er selber noch ist. **Wer** führt denn seit Jahrhunderten „hilfesuchende Menschen in die Abhängigkeit"? **Wer** treibt denn „Jugendliche in seine Netze", indem er bereits Säuglinge der Taufe unterzieht – und sie damit in ein System hineinzwängt, aus dem sie nur unter Androhung der „ewigen Verdammnis" wieder herauskommen?

Doch wie viele Menschen sind in der Lage, diese Zusammenhänge auf Anhieb zu durchschauen? Wie viele lassen sich noch immer durch die „Tradition" einlullen und durch gravitätisches Gehabe, durch Rituale, Zeremonien und Gewänder beeindrucken? Wie viele sind noch immer davon überzeugt, ein Pfarrer könne nicht lügen, nicht absichtlich und böswillig seinen Nächsten herabsetzen? Und überdies ist es ja, das darf man nicht vergessen, sehr bequem, das anstrengende eigene Denken, Abwägen und Beurteilen an andere zu delegieren, die dafür angeblich „zuständig" sind.

Der Leser hat nun, wenn er möchte, einen Schlüssel in der Hand, mit dem er den weiteren Schwall von Anwürfen und Lügenmeinungen, der auf den nächsten Seiten nur ansatzweise wiedergegeben wird, richtig einzuordnen vermag. Wobei es sich bei den zitierten Verunglimpfungen im hier vorliegenden Buch, das sei noch einmal betont, immer nur um die Spitze eines Eisberges handelt – eines Eisbergs, der noch immer, auch nach Jahren, durch den Ozean der öffentlichen Meinung driftet, auf den noch immer ungezählte Medienvertreter und Politiker auflaufen und mit ihrem Urteilsvermögen, soweit überhaupt vorhanden, kläglich Schiffbruch erleiden.

Denn beide Seiten zu hören, das ist hierzulande, auch sechzig Jahre nach Wiedereinführung der Demokratie, noch immer Glückssache – vor allem dann, wenn die kirchliche „Obrigkeit" es nicht wünscht. Die Verdrehungen und Unwahrheiten, die Behnk und seinesgleichen über Jahre hinweg über alle verfügbaren Kanäle verbreitet haben, geistern weiterhin durchs Internet und erreichen über kirchliche und staatliche Filmverleihstellen noch den letzten Schüler im Religionsunterricht. So pflanzt die Hetze sich unterirdisch fort, auch wenn sie in der unmittelbaren Tagespresse nur noch sporadisch auftaucht. Wie viele Jahrzehnte wird es dauern, bis die Köpfe davon wieder frei und in der Lage sind, sich ein eigenes, ungefärbtes Bild zu machen?

„Todesorakel", eine neue Dimension der Rufschädigung

Zurück zu Wolfgang Behnk und seinem Feldzug gegen die Nachfolger des Jesus von Nazareth. Der Leser mag jetzt selbst beurteilen, was davon zu halten ist, wenn der Lutheraner weiter behauptet, im *Universellen Leben* sei „jegliche Kritikfähigkeit ausgeschlossen und keine Gewissenbildung mehr möglich".[89] Es sei hier nur daran erinnert, dass Religionsgründer Luther dem Menschen nicht nur die Kritikfähigkeit, sondern schlechthin den freien Willen absprach. Denn der Mensch sei von Gott entweder zum Bösen oder zum Guten vorherbestimmt.[90] Genau über diese zentrale Lehre Luthers hat Behnk übrigens seine Doktorarbeit geschrieben.[91]

Behnk nützte weiterhin jede Gelegenheit, die Nachfolger des Jesus von Nazareth sinngemäß als gefährliche, unberechenbare, „durchgeknallte" Außenseiter darzustellen. Als am 19. April 1993 in Waco (USA) bei der Erstürmung der Ranch der „Davidianer" durch die Polizei 81 Menschen ums Leben kamen, witterte er die große Chance, dem *Universellen Leben* einen entscheidenden Schlag zu versetzen. Er ließ über den Evangelischen Pressedienst verbreiteten, er halte einen „Massenselbstmord" wie in Waco auch in Deutschland für möglich – „und warnte in diesem Zusammenhang vor der Gruppe ‚Universelles Leben'". Die Massenmedien reagierten sofort, griffen die „Sensationsmeldung", die keine war, begierig auf und schickten Scharen von Journalisten nach Würzburg, um das „Waco in Unterfranken" in Augenschein zu nehmen. Ein Filmteam mietete sogar einen Hubschrauber, um einen von Nachfolgern des Nazareners bewohnten Bauernhof zu filmen. Den entscheidenden Tipp dafür hatten sie nach eigener Aussage von Pfarrer Behnk erhalten.[92)]

*Ein Pfarrer als „Orakelprophet"
(Karikatur aus „Der Steinadler")*

Ein Inquisitor muss Verleumdungen nicht nur erfinden – er muss, was noch viel wichtiger ist, auch dafür sorgen, dass sie verbreitet werden. Es gelang Behnk tatsächlich, in neue Rufschädigungsdimensionen vorzustoßen, die selbst sein Vorgänger noch nicht erreicht hatte. Mit seinem absurden „Todesorakel" schaffte er es schlagartig in die Fernsehkanäle, und zwar bundesweit. Der Mensch, so sagt man landläufig, ist ein „Nachahmungstier". Für Fernsehjournalisten gilt das offenbar in besonderem Maße, denn sie überboten sich nun förmlich mit sensationell aufgemachten Sendungen über das „Waco in Unterfranken", meist mit Bildern des brennenden Waco im Vorspann, wahlweise auch mit Aufnahmen der Toten der „Volkstempler" in Guyana (1978) oder gar der Morde der Bande von Charles Manson (1969).[93]

Man muss sich das vorstellen: Rechtschaffene Bürger, die sich nie haben etwas zuschulden kommen lassen, werden durch suggestive Bilder auf eine Stufe mit Verbrechern gestellt. Sind das nicht satanische Energien, die hier wirken?

Die Lutherkirche verfügt offenbar über sehr gute Medienkontakte – schließlich sitzt sie ja in allen Rundfunkräten. Behnk nützt das weidlich aus: Über Jahre hinweg ist er Dauergast in allen möglichen Talkshows und Magazinsendungen – und doziert dort über die „Gefährlichkeit" von „Sekten" im allgemeinen und des *Universellen Lebens* im besonderen. Die Zeitschrift *Stern* bringt er durch dieses ständige heimtückische Orakeln schließlich soweit, das *Universelle Leben* im April 1997 als „gefährlichste Sekte Deutschlands" zu bezeichnen. Was Behnk dann prompt wieder aufgreift: „ ... laut *Stern* die gefährlichste Sekte Deutschlands".

So kommt eine klassische „Zitier-Spirale" in Gang, die unter Gerüchtemachern aller Art sehr beliebt ist. Doch keiner beherrscht sie so gut wie moderne Inquisitoren: Ich setze etwas in die Welt und berufe mich hinterher ganz „unschuldig" auf die Medien, die meine Hetze dankenswerterweise übernommen haben.

Im erwähnten *Stern*-Artikel vom 10.4.1997 behauptet Behnk unter anderem über das *Universelle Leben*: „Die spielen in gefährlicher Weise mit dem Feuer, weil sie Endzeitängste schüren und geschickt Feindbilder aufbauen. Es ist so, als ob man mit einer angezündeten Lunte in einem Sprengstoffschuppen nach dem Rechten sehen würde."

Wir haben hier wieder die Projektion: In Wahrheit ist es Behnk, der Ängste schürt und Feindbilder aufbaut. Und wenn sich die Nachfolger des Nazareners dagegen zur Wehr zu setzen versuchen, indem sie die Hetzkampagne des Pfarrers öffentlich zum Thema machen, wird ihnen auch hieraus wieder ein Strick gedreht: „'Prophetin' versetzt ihre Anhänger in Panik" lautet dann die Überschrift einer vom Evangelischen Pressedienst lancierten Meldung über einen Vortrag Behnks in Villach.[94)]

„Endzeitapostel"?

Unter Ketzerjägern besonders beliebt war in den Jahren vor der Jahrtausendwende das Klischee der „Endzeitapostel", das auch im erwähnten *Stern*-Artikel nicht fehlen durfte und das dem *Universellen Leben* insbesondere in den Jahren vor dem „ominösen" Jahr 2000 immer wieder angehängt wurde.

Damit versuchten die angeblichen theologischen „Experten", die zahlreichen Warnungen lächerlich zu machen, die der Christus-Gottes-Geist durch das göttlich-prophetische Wort schon seit den 70er Jahren ausgesprochen hatte: Wenn die Menschheit weiterhin so mit der Natur und mit den Tieren umgeht, werden unvermeidlich Katastrophen und Umwälzungen kommen.[95)] Indem nun die Kirchen die Warner als „Endzeitjünger" verspotteten, lenkten sie gleichzeitig davon ab, dass **sie** es waren, die verhinderten, dass diese Warnungen eine breitere Öffentlichkeit erreichen konnten.

Eine Entschuldigung für das Trommelfeuer von Häme und Verächtlichmachung, dem sie aufgrund ihrer leider nur allzu berechtigten Hinweise über Jahre hinweg ausgesetzt waren, haben die Nachfolger des Jesus von Nazareth nie erhalten. Statt dessen tun heute, im Zeitalter des Klimawandels, die Großkirchen so, als wären sie schon immer Naturschützer gewesen.

Rufschädigung mit Zitatenmontage

Die zahlreichen Fernsehauftritte und Interviewtermine, die Behnk absolvierte, erforderten aber auch eine gewisse Vorbereitung. Ein eifriger Inquisitor überlässt nichts dem Zufall. Um herauszufinden, welche seiner Märchen gut ankamen und welche weniger, tingelte der Verfolgungsexperte immer wieder über die Dörfer seiner Wahlheimat Bayern und ließ sich landauf, landab von lutherischen Pfarrgemeinden einladen.

Schon im Mittelalter war es stets ein großes Ereignis, wenn der Inquisitor in die Stadt oder in das Dorf kam. In unseren Tagen finden seine modernen Nachfolger meist ebenfalls gut gefüllte Gemeindesäle und erwartungsfrohe Gesichter vor: Endlich einer, der uns wieder die Sicherheit gibt, dass wir den „richtigen" Glauben haben, der „Gut" und „Böse" wieder zurechtrückt, so wie es seit alters her ist und hoffentlich ewig sein wird ...

Behnk bewaffnete sich bei seinen Auftritten meist mit einer Fülle von Folien, auf die er einzelne Sätze aus Schriften des *Universellen Lebens* kopiert hatte, um sie dann mithilfe eines Lichtprojektors an die Wand zu werfen. Damit wollte er den Zuhörern suggerieren: „Seht her, alles ist belegt und echt!" Die unmittelbar davor oder danach stehenden Sätze, die oft den Sinnzusammenhang erst deutlich machen und das Verständnis ermöglichen, waren allerdings weggelassen worden.

In dem Buch „Der Steinadler und sein Schwefelgeruch" (S. 326 ff.) ist diese „Arbeitsweise" unter der Überschrift „Rufmord mit Zitatenmontage" ausführlich dargestellt. Ein einziges Beispiel, das bis heute immer wieder die Runde macht, möge an dieser Stelle genügen:

Gabriele schreibt im Vorwort zu ihrem Buch „Mit Gott lebt sich's leichter" (1986) unter anderem:

Gott ist euer und mein Leben. Gott ist alldurchdringender Geist. ... Ich habe alles, was hier aufgezeichnet ist, und vieles darüber hinaus selbst erfahren, erlebt und durchlitten. Durch die herrliche Führung unseres Erlösers habe ich zum Ursprung der Quelle gefunden, bin eingetaucht in die göttliche Liebe und Weisheit und hervorgegangen als Kind Gottes, das in Ihm ist und durch dessen Seele und Mensch Er, der eine Geist, spricht. Seine Gnade und Liebe führte mich. Ich bin in meinem Inneren geworden, was ich war und in Seinen Augen ewig bin: das Absolute Gesetz selbst. Das Gesetz der Liebe und Weisheit gibt als Wesen des Lichts, was es im Erdenkleid erlebt, erfahren, verwirklicht und durchlitten hat. Erfüllt von Seinem Geiste lebe und gebe ich.

Gabriele, Würzburg

Liebe Leserin, lieber Leser: Möchten Sie ein Stück weit nachvollziehen, wie moderne Inquisition funktioniert? Dann lesen Sie diesen kurzen Text noch einmal langsam durch, und lassen Sie jeden Satz auf sich wirken.

Was findet hier statt? Ein Mensch berichtet, mit einfachen und klaren Worten, von einer inneren Reise, von Erlebnissen und Erfahrungen seiner Seele und von deren Ergebnis. Dieser Mensch, Gabriele, ist uns einen Weg vorausgegangen und lädt uns nun ein, ihn nachzugehen. Auch wenn man nicht sofort erfassen kann, was „Absolutes Gesetz" bedeutet, so kann man es doch erahnen: Es muss etwas mit „Liebe und Weisheit" zu tun haben.

Und jetzt, wenn Sie möchten, lesen Sie den Absatz noch einmal – diesmal aber mit den intellektuellen, kalten Augen eines Inquisitors. Versetzen Sie sich einmal versuchsweise in seine Lage. Für ihn stellt sich die Aufgabe: Wie kann ich etwas herausgreifen, um die Autorin dieser Zeilen in ein möglichst schlechtes Licht zu rücken?

Und? Haben Sie schon ein Ergebnis? Zugegeben: Es ist für „normale Sterbliche" gar nicht so einfach, eine solche Heimtücke hervorzubringen. Deshalb hier die „Lösung": Der Inquisitor greift das „Absolute Gesetz" heraus, lässt aber die „Liebe und Weisheit" links liegen; die würden nur stören; auch die Vorrede und Nachrede werden vernachlässigt. Und nun behauptet er: Diese Frau will sich in absolutistischer Weise zur totalitären Herrscherin über alle anderen machen. Und zum „Beleg" wirft er den Satz, in dem das „Absolute Gesetz" vorkommt, an die Wand, sodass ihn alle lesen können. So versucht er, den Zuhörern einzutrichtern: Ja, da steht es! Es muss also stimmen!

Tja, da muss man erst mal draufkommen! Eine diabolische Manipulation, eine geradezu satanische Verdrehung der Wahrheit! Aber es ist keineswegs die einzige. Und die zahlreichen Kollegen Behnks, die Verfolgungsbeauftragten der mehr als 20 anderen deutschen Landeskirchen und Bistümer (dazu noch die staatlichen und halbstaatlichen „Experten"), die Gandow, Bussen, Keden, Eimuth, Fragner, Cammans, Rauch, Langel, Göth, Mirbach, Hauth, Wolf und wie sie alle hießen und heißen, sie alle übernahmen und übernehmen gern die lügenhaften Falschdarstellungen ihres Kollegen aus München, die dieser sammelt wie andere Leute Bierdeckel oder Jagdtrophäen.

Und das Jagdfieber lässt einen „Ketzerjäger" so rasch nicht wieder los; es kann zur Sucht werden. So tauchte Behnk eines Abends in der Dämmerung, die Kamera griffbereit, unangemeldet mit einem Begleiter vor dem Bauernhof bei Würzburg auf, der wenige Jahre zuvor durch seine Wühlarbeit zum „Waco in Unterfranken" gestempelt worden war – und gab vor, Gabriele „besuchen" zu wollen. Oder er erschien als Pfarrer in Gabrieles Herkunftsort im bayerischen Schwaben, um sich bei deren nächsten Verwandten nach den verstorbenen Eltern Gabrieles zu „erkundigen" – offenbar in der Absicht, in deren Vergangenheit aufs Geratewohl irgendeinen „dunklen Fleck" auszuspähen, der sich eventuell für weitere Diffamierungen ausschlachten ließe.

Wie weit hat sich die Kirche mit diesem Gebaren ihrer offiziellen Vertreter von Jesus von Nazareth entfernt? Wie gewissenlos und wie sehr getrieben von einer geradezu krankhaften Abwertungssucht muss wohl ein Mensch sein, der sich zu so etwas hergibt? Sein Vorgänger Haack stöberte in den Mülltonnen von Nachfolgern des Jesus von Nazareth, um irgendetwas „Verwertbares" zu finden[96]; Behnk stöbert in der Familiengeschichte der Prophetin Gottes. Was zur Folge hatte, wie bereits geschildert, dass Gabriele seither den Ort ihrer Kindheit und das Grab ihrer Eltern nicht mehr besuchen kann. Ihre Angehörigen wünschen das nicht, weil sie endlich Ruhe haben wollen vor den ständigen Anfeindungen und vor Gesprächen seitens ungebetener „Gäste".

So wurde nicht nur verhöhnt und durch den Schmutz gezogen, was Gabriele an geistigen Schätzen auf diese Erde brachte – es wurde ihr nach und nach auch jeglicher private Bezugspunkt auf dieser Erde vergällt. Wie hat sie das alles durchgestanden? Man kann es nur wiederholen: Sie konnte

es nur aushalten, weil sie mit der Kraft des Allerhöchsten in Verbindung stand – und weil sie wusste: Das Wort, das durch sie gegeben wurde, kommt aus den Himmeln. Wer könnte solche Verleumdungen und Quälereien durchstehen, wenn er nicht wüsste und zutiefst überzeugt wäre: Es ist Gott, der Ewige, der spricht; es sind Sein Sohn Christus und Bruder Emanuel, der Cherub der göttlichen Weisheit.

Doch die Prophetin und Botschafterin Gottes war durch die Misshelligkeiten von außen immer wieder gezwungen, ihre eigentliche Aufgabe, nämlich das Wort Gottes in allen Facetten auf diese Erde zu bringen, zu unterbrechen, um sich mit derartigen Anwürfen zu befassen. Sie tat es, weil sie spürte, dass die kirchlichen Angriffe in den 90er Jahren einen Höhepunkt erreichten. Behnk, inspiriert von seinem Vorgänger Haack, agitierte mit der geballten Medienmacht der Lutherkirche und der Vatikankirche im Rücken – und das alles gegen eine kleine Gruppe von Menschen friedvoller Gesinnung. Das *Unverselle Leben* stand zeitweise mit dem Rücken zur Wand.

Paulus: „Was der Mensch sät, wird er ernten"

In dieser Situation griff Gabriele selbst zur Feder und schrieb im Februar 1996 einen längeren Brief an Pfarrer Behnk. Ihre damaligen Aussagen hätten nicht nur für den lutherischen Theologen Wolfgang Behnk sehr aufschlussreich sein können – so er sie denn in sein Herz hätte fallen lassen. Sie leuchten auch in bis heute gültiger Weise die Hintergründe des Kampfes der Kirchen gegen das wieder erstarkte Urchristentum aus. Und der Leser erfährt ganz nebenbei einige Details über die konkreten Auswirkungen der Hetzkampagnen auf einfachere Gemüter. Gabriele schrieb unter anderem:

Werter Herr Behnk,

die Darlegungen in diesem meinem offenen Brief sind nicht als Abrechnung mit Ihnen gedacht – das steht mir nicht zu –, sondern einzig als Aufklärung und Klarstellung. Die Abrechnung erfolgt durch das Gesetz von Saat und Ernte, von dem Paulus sprach: … „Täuscht euch nicht: Gott lässt keinen Spott mit sich treiben; was der Mensch sät, wird er ernten."

Als Pfarrer sollten Sie sich auch an die sinngemäßen Worte Jesu halten … : „Was ihr den Geringsten Meiner Brüder antut, das tut ihr Mir an." … Möchten Sie verhöhnt, diskriminiert und verspottet werden? Möchten Sie, dass man über Sie und Ihre Familie Lügen verbreitet? … Möchten Sie und Landesbischof Herr von Loewenich, dass Ihre Kinder und Enkelkinder als „Sektenschweine" angepöbelt werden?…

Viele Jahre habe ich das Verhalten und die Vortragsinhalte der Sektenbeauftragten und ihrer Helfershelfer studiert und kam zu der Überzeugung, dass viele Sektenbeauftragte gewissenlos wurden, das heißt, sie wurden ihr Gewissen los. … Wer sein Gewissen los ist, der hat auch kein Gefühl für seinen Nächsten. Er geht bedenkenlos auf seinen Nächsten los, ohne zu fragen, ob das, was er sagt, der Wahrheit entspricht oder nicht. Wer sein Gewissen los ist, der hat auch kein Schamgefühl und verlangt, dass seine Verleumdungen als Meinungsäußerungen zugelassen werden. …

Es ist der größte Schwachsinn, im Hinblick auf 700 bis 800 in Gemeinschaft lebende Urchristen zu behaupten, sie würden den Staat unterwandern und ein Wirtschaftsimperium bilden. 700 bis 800 Menschen können weder einen Staat unterwandern noch ein Wirtschaftsimperium sein. Wer solches glaubt, dem ist nicht mehr zu helfen. ... Den Staat kann keine Gemeinschaft mehr unterwandern. Er ist schon unterwandert, von der katholischen und evangelischen Kirche. ...

Herr Behnk, Sie sollten sich schämen, Ihre Mitmenschen so zu täuschen und sie aufs Glatteis zu führen ... Von Ihnen Aufgehetzte heben dann z.B. Pflastersteine auf und werfen damit Fensterscheiben der Urchristen ein. Letztlich sind es nicht die von Ihnen Aufgehetzten, sondern Sie, der Hetzer ... sind es, der die Steine durch die Aufgehetzten wirft. ...

Von Ihnen Aufgewiegelte waren es vermutlich auch, die auf den Feldern der Urchristen das Heu, die Nahrung der Tiere, anzündeten. ... Zeichen der Urchristen, Kreuze ohne Corpus, wurden von den Aufgewiegelten geschändet und zerstört. ... Die Morddrohungen gegen Urchristen, die durch Sie und Ihren Auftraggeber verursacht wurden, sind Ihr Werk – durch die Aufgewiegelten. Einige der von Ihnen Aufgewiegelten rufen Kindern aus urchristlichen Familien nach: „Ihr Sektenschweine!" ... Die Aufzählung ließe sich lange fortsetzen. ...

Wäre ich eine selbsternannte Prophetin, so hätte ich schon längst aufgegeben. Denn wer lässt sich schon gerne und freudig mit dem Schmutz der Institutionen Kirche, Ihren Helfershelfern und der von Ihnen fehlgeleiteten Presse bewerfen? In meinem Leben hätte ich anderes vorgehabt. Doch meine vorgegebenen Lebensinhalte wurden vom Geist der Prophetie, von Gott, dem Absoluten, durchkreuzt. Er holte mich aus meinen Lebensinhalten – mit denen ich sehr zufrieden war – heraus und stellte mich in das Amt, das mir als Mensch nur Entbehrung, Entsagung und auch Leid durch die Lügen der Sektenbeauftragten brachte. ...

Auch wenn Sie sich noch so sehr vor der selbstlosen Liebe ängstigen, wünsche ich Ihnen von Herzen die selbstlose Liebe. Denn was nicht ist, kann ja noch werden.

*Im Geiste Gottes
Ihre Schwester Gabriele Wittek*

Behnk antwortete darauf ebenfalls mit einem offenen Brief, wobei er keine Mühe hatte, sogleich eine Tageszeitung zu finden, die diesen auszugsweise abdruckte: den *Münchner Merkur* (13.2.96). Behnk forderte Gabriele auf: „Kehren Sie um, Gabriele Wittek!" Und weiter: „Ganz offensichtlich wollen Sie Kritik dadurch mundtot machen, dass Sie den Kritikern alles erdenklich Böse bis hin zu Mordabsichten unterstellen." Es zeuge „von schlimmer Demagogie", wenn Gabriele ihn „als Mordanstifter denunziere".

Mordabsichten? Mordanstifter? Die Passage aus Gabrieles Brief, auf die Behnk hier offensichtlich Bezug nimmt, ist oben mit abgedruckt. Der Leser kann sie gerne noch einmal nachlesen – und wird feststellen, dass Gabriele dies Behnk gar nicht zugesprochen hat, sondern: dass er durch seine Aufwiegelungsarbeit verursache, dass **andere** Morddrohungen aussprechen. Und ein Anstifter zu Morddrohungen ist immer noch etwas anderes als ein „Mordanstifter".

Aber auf solch feine Unterschiede kommt es bei der „modernen" Inquisitionsarbeit nicht an – die stören da nur. Ähnlich steht es um zwei weitere Behauptungen Behnks, die er in diesem Antwortbrief wiederholt und die bis heute immer wieder die Runde machen: „ ... in fast 100 von der Gemeinschaft gegen ihn angestrengten Prozessen sei immer wieder entschieden worden, dass seine Kritik sachlich belegt sei", und: Sein Vorwurf, „das UL sei totalitär", sei ihm „per Gericht bestätigt" worden.

Erstens waren es keine „fast 100 Prozesse" – Behnk hat hier einfach Dutzende von gleichlautenden Strafanzeigen, die einmal gegen ihn erstattet wurden, als jeweils einzelne „Prozesse" gezählt, was juristisch Nonsens ist. Und zweitens haben die Gerichte eben gerade **nicht** inhaltlich „bestätigt", was Behnk alles über die Nachfolger des Jesus von Nazareth zu verbreiten pflegt – sie haben vielmehr lediglich festgestellt, dass solche Äußerungen im Rahmen der Meinungsfreiheit gerade noch zulässig sind.

„Haben sie Mich verfolgt, so werden sie auch euch verfolgen"

Doch ein moderner Inquisitor kann anscheinend nicht anders: Sobald er den Mund aufmacht, erliegt er der Sucht, etwas zu verdrehen oder irreführend darzustellen. Bereits Jesus von Nazareth war offenbar mit diesem Phänomen konfrontiert. Es sei hier an das erinnert, was Er zu den Schriftgelehrten Seiner Zeit sagte:

> *Wenn Gott euer Vater wäre, würdet ihr Mich lieben ... Warum versteht ihr nicht, was Ich sage? Weil ihr nicht imstande seid, Mein Wort zu hören. Ihr habt den Teufel zum Vater, und ihr wollt das tun, wonach es euren Vater verlangt. ... Er steht nicht in der Wahrheit, denn es ist keine Wahrheit in ihm. Wenn er lügt, sagt er das, was aus ihm selbst kommt; denn er ist ein Lügner und ist der Vater der Lüge. Mir aber glaubt ihr nicht, weil Ich die Wahrheit sage. Wer von euch kann Mir eine Sünde nachweisen? (Joh 8, 42 ff.)*

Die Methode Behnks, mit Lügenmeinungen, die ihm Gerichte als gerade noch zulässig bestätigt hatten, hausieren zu gehen und den Eindruck zu erwecken, als seien es bestätigte Tatsachen, griff Gabriele nochmals auf, als sie Behnk antwortete:

> *Mein Leben gehört dem Geist Gottes, den ich verehre. Und Sie? Wie es scheint, sind Sie, Herr Behnk, ein Mensch, ein Pfarrer, der Gerichtsurteile verehrt, um daraus Verheerendes zu machen. ... Herr Behnk, wir sollten die Korrespondenz einstellen. Sie stützen*

sich auf „Meinungsäußerungen", die Sie für Zwecke der Verleumdung aufbereiten. Ich stütze mich auf Gott, auf die Zehn Gebote und die Bergpredigt. Warten wir ab. Eine andere Welt lässt entweder Ihre Stütze zusammenfallen oder die meine.

Behnk hatte sich in seinem Antwortbrief unter anderem darüber ereifert, dass im ersten offenen Brief seine Wohnadresse angegeben war. Auch dies ließ Gabriele nicht unbeantwortet:

Sie führen an, dass in dem Offenen Brief an Sie Ihre Wohnung angegeben ist. Eventuell können Sie so ein wenig von dem ermessen, was wir Urchristen jahrelang zu erdulden haben. Alles, was ich angeführt habe, ist nur ein Abglanz dessen, was wir jahrelang durch sogenannte Sektenbeauftragte, ihre Auftraggeber und ihre Helfershelfer durchzustehen hatten und haben.

Wie schon gesagt: Wenn man nur ein wenig an Ihre Familie antippt, dann schreien Sie auf. Doch was würden Sie sagen, wenn jahrelang immer wieder vor Ihrem Haus die aufgehetzte Presse mit Kamera erscheinen würde, um Ihr Wohnhaus zu fotografieren? ... Ihre Gesellen haben einen Plan erstellt, auf dem die Wohnhäuser von Urchristen gekennzeichnet sind. Und dieser Plan kursiert in der Umgebung von Würzburg und wurde sogar schon im Fernsehen gezeigt. Und Sie schreien auf, wenn Ihre Adresse genannt wird. Was würden Sie sagen, wenn Ihre Kinder in den Bussen zur Schule von aufgehetzten Kindern angepöbelt und, wie es schon vorkam, auch verprügelt würden?

In unseren weiteren Publikationen unseres Offenen Briefes nehmen wir Ihre Adresse heraus. Wir wollten Ihnen damit nur zeigen, wie weh es tut, wenn man, so wie wir immer wieder, öffentlich mit Namen, mit Haus, mit Adresse an den Pranger gestellt wird.

Nachdem Pfarrer Behnk auch jetzt noch nicht bereit war, über seine Vorgehensweise gegen Andersgläubige nachzudenken, schrieb Gabriele im April 1996 den unmittelbaren Vorgesetzten Behnks, den Oberkirchenrat Dr. Hartmut Böttcher, an, um ihn zu fragen, weshalb er es zulässt, dass durch Vertreter seiner Kirche regelrechte Menschenjagden veranstaltet werden. Als dieser nicht reagierte, schrieb sie ihm nochmals und schilderte wenigstens ansatzweise, wie es ihr persönlich zwanzig Jahre lang aufgrund der Hetzkampagnen der Kirche ergangen war und welche Auswirkungen dies auf ihre Familie gehabt hatte – dass z.B. nicht nur ihr Mann unter Druck gesetzt wurde, sondern dass auch ein weiteres Mitglied ihrer Familie seinen Arbeitsplatz in einer kirchlich orientierten Einrichtung verlor. Gabriele schrieb:

Nahezu 20 Jahre wird der Schmutz der evangelischen und katholischen Kirche von kirchlichen Ketzerjägern im Gewand von „Sektenbeauftragten" aufbereitet und auf mich geworfen. Nichts, aber auch gar nichts entspricht der Wahrheit. All ihre neurotischen Verdächtigungen sind geschickt verpackte Meinungsäußerungen, die sie dem ungeschulten Ohr als Wahrheit präsentieren. Keine ihrer schmutzigen Verdächtigungen ist bewiesen. Sie können mir auch nichts beweisen, denn ich habe nichts Unrechtes getan. Ich gab und gebe die Botschaft Gottes an meine Mitmenschen weiter, so, wie es viele Instrumente Gottes, die der Ewige Seine Propheten nannte, taten. Auch hier gelten die sinngemäßen Worte des Jesus von Nazareth: Haben sie Mich verfolgt, so werden sie auch euch verfolgen. ... Reinigt meinen Nachnamen von dem Schmutz der beiden Institutionen Kirche ...

Wenn irgendeiner dieser Briefe – auch der Landesbischof sowie die Synodalen der bayerischen Lutherkirche wurden angeschrieben – einem der Kirchenvertreter wider Erwarten doch ins Gewissen gefallen sein sollte, so hütete er sich jedenfalls, dies zuzugeben. Nach außen hin deckten sämtliche Landesbischöfe – ob sie nun Johannes Hanselmann, Hermann von Loewenich oder Johannes Friedrich hießen – das Vorgehen ihrer Beauftragten und bezeichneten deren Machenschaften sogar als „Seelsorge". Behnk wurde als Zeichen besonderer Wertschätzung von Seiten seiner Vorgesetzten gar zum Kirchenrat befördert. Doch nach all der Mühe, die sich Gabriele mit den ihr nachstellenden Theologen machte, wird zumindest dereinst niemand sagen können, er habe von nichts gewusst.

Treibjagd gegen eine Privatschule

Die Auftraggeber Behnks, die jeweils regierenden Landesbischöfe, deckten auch die jahrelange Treibjagd ihres Verfolgungsexperten gegen die private Weltanschauungsschule in Esselbach (Landkreis Main-Spessart), die die Nachfolger des Jesus von Nazareth 1991 – nach einem fünf Jahre (!) dauernden Prozess gegen die Bayerische Staatsregierung – endlich eröffnen konnten.[97] Die Erziehung und Unterweisung von Kindern und Jugendlichen betrachten die Großkirchen von alters her als ihre ureigenste Domäne. Dementsprechend wütend attackierte

Behnk die neue Einrichtung: Sie sei „verfassungswidrig", weil die Schüler hier einem „Entpersönlichungs- und Entsozialisierungssystem" ausgesetzt seien.

Wohlgemerkt: Behnk hat die Schule mit dem schönen Namen „LERN MIT MIR!" kein einziges Mal besucht und auch nie konkrete Ereignisse an der Schule oder Befragungen von Schülern als Belege für seine Behauptungen angeführt. Hinter hochtrabenden pseudosoziologischen Schlagworten verbirgt er somit einen kompletten Mangel an Faktenkenntnis. Er verunglimpft sozusagen ins Blaue hinein, indem er die Lehre des *Universellen Lebens* nach Gutdünken verdreht und diese von ihm selbst gemalte Karikatur dann auf die Schule überträgt.

Die von Behnk zu besonders scharfen Kontrollen genötigten Schulbehörden fanden und finden jedoch ein ums andere Mal an dieser Schule nichts zu beanstanden, sind im Gegenteil durchweg angetan von den „sehr ansprechend gestalteten Klassenzimmern", der „wohnlichen Atmosphäre" und von Schülern, die „in allen Jahrgangsstufen einen fröhlichen, freundlichen und disziplinierten Eindruck" machen. [98] Was Behnk nicht daran hindert, immer wieder CSU-Politiker gegen diese Schule aufzuhetzen – bis sogar dem konservativ-katholischen Kultusminister Hans Zehetmair einmal der Kragen platzt und er feststellt, der Staat sei „nicht der Büttel der Sektenbeauftragten".

Pfarrer treibt Firma in den Ruin

Auch Pfarrer Fragner aus Uengershausen (s.o. S. 191) beteiligt sich eifrig an der Kampagne gegen die Schule, deren Verfassungstreue auch er, mit wortgleichen Lügenmeinungen wie Behnk, öffentlich in Zweifel zieht. Schulbehörden und Eltern lassen sich dadurch in ihrer positiven Beurteilung der Schule zwar bis heute nicht beeinflussen. Doch andernorts hat Fragner mit seiner Methode größeren Erfolg: Als eine von Nachfolgern des Nazareners geführte Firma im Jahr 2005 eine Umfinanzierung einiger Immobilien plant, platzt ein bereits mit einigen Banken ausgehandeltes Finanzierungspaket in letzter Minute: Die Bankmanager hatten Fragners Sammelsurium im Internet angeklickt. Die Firma klagte auf Schadensersatz.

Die deswegen angerufenen Gerichte untersagten zwar die weitere Verbreitung der beanstandeten Falschaussagen, auf dem angerichteten Schaden ließen die Richter aber das Opfer sitzen. Sie fanden nichts dabei, dass auf „Verbindungen" von Firmen zu Glaubensgemeinschaften hingewiesen werde – und zwar weil „mittlerweile viele Menschen Kontakte zu Glaubensgemeinschaften jeglicher Art und deren Aktivitäten kategorisch ablehnten", so zitiert der *Main-Post*-Journalist Tilman Toepfer aus einem Urteil. Die Überschrift: „Landeskirche darf über UL-Aktivitäten aufklären" (11.12.06).

„Aufklären" – so kann man also Stimmungsmache gegen Andersgläubige auch nennen. **Wer** über Jahre hinweg dafür gesorgt hat, dass „mittlerweile" (ein aufschlussreiches Wort) viele Menschen aufgewiegelt und aufgehetzt sind, das bleibt außen vor. Das könnte den Lesern ja die Augen öffnen.

Fragner ist auch in dieser Beziehung ein eifriger Lehrling des Gesellen Behnk. Denn dieser hat sich längst einen Namen als Geschäftsschädiger im kirchlichen Auftrag gemacht. Im Jahr 1997 sorgt er durch das beharrliche Verbreiten von Gerüchten dafür, dass die Firma *EDV für Sie,* deren Mitarbeiter überwiegend dem *Universellen Leben* nahestehen, schließen muss und zehn Mitarbeiter auf der Straße stehen.[99] Die Firma hatte jahrelang fachkundig und ohne jede Beanstandung die Software von Arztpraxen betreut – bis es dem Inquisitoren Behnk einfiel, er müsse dringend davor warnen, dass diese Firma die Daten von Arztpraxen zu „Sektenzwecken" missbrauchen könnte.

Wie gesagt: Keinerlei Anlass, keinerlei Beweis für eine solch bösartige Unterstellung – nur der Glaube der EDV-Fachleute, der dem Pfarrer nicht passte. Das lateinische Sprichwort: *Audacter calumniare, semper aliquid haeret* (Verleumde nur kühn, es wird schon etwas hängen bleiben) erwies sich einmal mehr als Behnks Wahlspruch für seine „Seelsorgearbeit".

In diesem Fall waren es zwar nicht die Ärzte, die der Firma den Garaus machten – die hätten ihre zuverlässigen Computer-Betreuer gerne behalten. Aber es war der Software-Lizenzgeber, der glaubte, dem öffentlichen Druck nachgeben zu müssen, und schließlich die Kündigung der Lizenz aussprach. Auch hier scheiterte der Versuch der vorsätzlich ruinierten Firma, wenigstens Schadensersatz von der Kirche zu erhalten. Die Gerichte stuften die Verbreitung solcher Gerüchte kurzerhand als „Meinungsäußerung" ein. Offenbar bekommen manche Richter unwillkürlich Angst (Wovor eigentlich? Etwa vor der „ewigen Hölle"?), wenn sie – und sei die Sachlage noch so glasklar – gegen die Kirche entscheiden müssten.

Marktstände der „Ketzer" – beliebte „Zielscheiben" für Pfarrer

Wie notorisch ein Kirchenvertreter wie Behnk versucht, den Angehörigen einer religiösen Minderheit die materielle Basis zu entziehen, sieht man an einem weiteren Beispiel: Noch im März 2006 hetzte Behnk in der Münchner *Bild-Zeitung* gegen einen von Nachfolgern des Nazareners geführten Marktstand auf dem Viktualienmarkt in München. „Viktualienmarkt: Dubiose Sekte betreibt Öko-Stand" lautete die *Bild*-Schlagzeile, die groß auf allen Zeitungskästen der Stadt angeheftet war, natürlich auch rund um den Marktplatz.[100]

Dieses Beispiel zeigt einmal mehr: Scheiterhaufen sind heute überflüssig. Die Flammen des Rufmords können heute statt dessen aus Zeitungs-Kästen züngeln oder aus einer Talkshow, einem Fernsehmagazin, und spielend ein Millionenpublikum erreichen.

Als die Nachfolger des Jesus von Nazareth sich mit einem Flugblatt gegen diese Hetze zur Wehr setzten, bekam der Unterzeichner dieses Handzettels prompt eine polizeiliche Hausdurchsuchung in früher Morgenstunde sowie einen Prozess wegen Beleidigung der Kirche an den Hals. Dieser mag nicht zuletzt deshalb einigermaßen glimpflich ausgegangen sein, weil die Glaubensgemeinschaft sich mit friedlichen Demonstrationen zur Wehr setzte und weil internationale Filmteams auf die wachsende Diskriminierung religiöser Minderheiten in Deutschland aufmerksam machten.

Ein Kirchenvertreter hingegen ist – trotz zahlreicher Strafanzeigen, die diesbezüglich erstattet wurden – noch nie wegen beleidigender Äußerungen gegen das *Universelle Leben* oder die Prophetin Gottes oder wegen Verunglimpfung der urchristlichen Glaubensanschauung vor Gericht gestellt worden. Davor zucken Staatsanwälte bis heute zurück; da haben sie plötzlich Blei in den Fingern.

Übrigens: Die Jagd auf von „Ketzern" betriebene Marktstände und Läden ist unter Theologen bis in unsere Tage zu einem regelrechten „Volkssport" geworden, zu einer Art „Breitensport", bei dem auch sonst völlig unauffällige Pfarrer und Pfarrerinnen einmal richtig „hinlangen" dürfen. Moralische Bedenken brauchen sie keine zu haben, denn „Ketzer" sind ja keine vollwertigen Menschen – das scheint jedenfalls die Einstellung zu sein: Wer wahllos auf sie eindrischt, erwischt immer den „Richtigen". Und der eilfertigen Dienstbarkeit der Lokalpresse (es passiert ja sonst nichts Aufregendes) dürfen sie sich umgehend sicher sein.

In dem Buch „Der Steinadler und sein Schwefelgeruch" ist diesem zweifelhaften Hau-den-Lukas-Vergnügen ein eigenes Kapitel (S. 176 ff.) gewidmet – das freilich nur eine Momentaufnahme darstellt.[101] Eifrige Theologen, Journalisten und Politiker sorgen beständig für „Nachschub" an neuen Beispielen.

Besonders skurril ist das Verhalten des lutherischen Pfarrers und CSU-Stadtrats Peter Bielmeier, der im Frühjahr 2004 allen Ernstes forderte, die Stadt Nürnberg möge einen von Nachfolgern des Jesus von Nazareth betriebenen Marktstand auf dem Hauptmarkt verbieten. Der Lutheraner verstieg sich sogar zu der aberwitzigen „Begründung", Nürnberg, als „Stadt der Menschenrechte" könne sich einen solchen Marktstand „nicht erlauben". Als ob sein Antrag, der an dunkle Zeiten der deutschen Geschichte erinnert, nicht gerade ein Indiz dafür wäre, wie gefährdet offenbar die Menschenrechte in Deutschland noch immer sind.

Vollends lächerlich wird jedoch der Vorstoß der CSU-Fraktion, wenn man weiß, dass auf demselben Markt ein Stand des katholischen Klosters Plankstetten steht. Ein Vergleich der beiden Stände lohnt sich: Bei der „Ketzerfirma" arbeiten keineswegs nur Anhänger des *Universellen Lebens*, sondern Angehörige verschiedenster Nationen und Glaubensrichtungen. In einem Kloster hingegen darf es nur Katholiken geben. Angestellte der „Ketzer" erhalten den vollen Arbeitslohn im tariflichen Rahmen und sind voll sozialversichert – im Gegensatz zu den Insassen von Klöstern, die in der Regel nur ein Taschengeld erhalten und geringfügig pauschal versichert sind. Auf dem Klosterstand wurde zudem des öfteren für Gottesdienste und Einkehrtage im Kloster geworben – was ihnen niemand ankreidete, was aber die „christlichen" Politiker von der CSU dem „ketzerischen" Stand unterstellten, obwohl solches dort nicht vorkommt.

Dementsprechend verlief auch das von der CSU angeregte „Prüfungsverfahren" im Sande – denn eine rechtliche Möglichkeit, einem anständigen Markthändler wegen seines Gebetbuches die Lizenz zu entziehen, gibt es in unserem Land gottlob bislang nicht.

Doch der Irrsinn geht weiter. Noch während das hier vorliegende Buch geschrieben wird (im April 2009), versucht in Bad Homburg, um nur das neuste Beispiel zu erwähnen, ein protestantischer Pfarrer namens Stefan Schrick von sich reden zu machen. Der junge Mann steht gerade vor einer Beurteilung durch das Presbyterium seiner Kirchengemeinde – und da kommt ihm in den Sinn, er könne sich ja auf Kosten einer religiösen Minderheit ein wenig in Szene setzen. Er schaut ins Internet, findet die üblichen Behnkschen Lügenmeinungen, bei Fragner oder anderswo, dichtet einiges hinzu – und die *Taunuszeitung* druckt es umgehend ab. Deren Journalistin ist zuvor am örtlichen Marktstand, dessen Betreiber dem *Universellen Leben* nahe steht, aufgekreuzt, ohne sich jedoch als solche erkennen zu geben. Bringen tut sie von den Aussagen des jungen Marktverkäufers ohnehin fast nichts – das könnte die Anwürfe des Pfarrers ja entkräften.

Doch auch Ketzer Jagen will gelernt sein. Die Zeitung handelt sich prompt eine Gegendarstellung und eine Unterlassungsverpflichtung ein, weil der Pfarrer in seinem Übereifer nicht nur die üblichen – als gerade noch als erlaubte Meinungsäußerungen getarnten – Verunglimpfungen, sondern auch nachweisbar falsche Tatsachenbehauptungen von sich gab, etwa: Das *Universelle Leben* werde vom Verfassungsschutz beobachtet, oder: Das **Universelle Leben** sei der Betreiber des Marktstandes. Einem Profi wie Behnk oder Fragner wäre das sicher nicht passiert.

Aber die Auswirkungen sind dennoch spürbar: So mancher Kunde versteht den Wink mit dem kirchlichen Zaunpfahl, lässt sich einschüchtern und macht um den Stand mit den wohlschmeckenden und bekömmlichen vegetarischen Nahrungsmitteln schweren Herzens erstmal wieder einen Bogen.

Das Klima der Ausgrenzung und seine Aufheizer

Weil wir gerade bei den ganz konkreten Auswirkungen der Hetzkampagnen gegen die Urchristen im *Universellen Leben* sind: Dieses Kapitel ist an anderer Stelle [102] ausführlich nachzulesen. Brandstiftung, Sachbeschädigung, Steinwürfe, ja sogar Schüsse durch Fensterscheiben, Morddrohungen, Rauswurf aus Wohnung oder Arbeitsplatz, Enterbung, Verweigerung von Zeitungsanzeigen, Informationsständen, Saalvermietung ... die Liste ist lang und reißt leider nicht ab. Noch im Jahr 2009 werden mehrfach von Nachfolgern des Nazareners geführte Läden mit unflätigen Parolen besprüht. Doch diejenigen, die über Jahre hinweg Menschen aufgewiegelt, die das Klima im ganzen Land gründlich und nachhaltig vergiftet haben, sie waschen ihre Hände in Unschuld. Was können die Theologen der Kirchen schon dafür, wenn andere auf ihre Hassparolen handgreifliche Taten folgen lassen?

In Wirklichkeit **brauchen** die modernen Inquisitoren das Klima der Ausgrenzung, der Pöbeleien und der immer wieder geschürten Feindschaft gegen das „Fremdartige" wie die Luft zum Atmen. Sie benötigen das alles, um den sozialen Druck aufzubauen, der einerseits die „Abweichler" in ihrer wirtschaftlichen und gesellschaftlichen Entfaltung behindert, der andererseits aber auch die Unentschlossenen aus den eigenen Reihen davon abhält, sich einer solchen Bewegung anzuschließen, weil sie sich dann in die Gefahr begeben, ebenso oder ähnlich behandelt zu werden.

Doch der Mensch trägt in sich nicht nur die Tendenz, sich anzupassen, wenn bei „abweichendem Verhalten" Strafen und soziale Ausgrenzung drohen. Er fragt auch immer wieder nach Neuem, ist angezogen und fasziniert von unbekannten Möglichkeiten, möchte seine Grenzen überschreiten und Neues ausprobieren – zumal dann, wenn er mit dem Bestehenden, z. B.

mit dem „Heilsangebot" der real existierenden Kirchen, auf unheilbare Weise unzufrieden ist.

Der Inquisitor – und das war im Mittelalter nicht anders – steht also nicht nur vor der Aufgabe, jeden Versuch der „Ketzerei" streng zu bestrafen. Er muss auch versuchen, das Faszinierende, das Anziehende jeglicher neuen religiösen Ausdrucksform zu „entzaubern" – indem er den Gläubigen der eigenen Kirche suggeriert: Glaubt mir, die kochen auch nur mit Wasser. Die sind gar nicht so toll, ja schlimmer noch: Die sind im Gegenteil sehr unangenehm, ja sogar böse und gefährlich! Macht nicht den Fehler, euch mit denen einzulassen!

Doch wie vermittelt man das, ohne von vorneherein unglaubwürdig zu wirken? Die Menschen sind ja nicht dumm, jedenfalls nicht alle. Wie kann ein Pfarrer, der in seiner Kirche fest angestellt ist, so genau über die internen Vorgänge anderer Glaubensgemeinschaften Bescheid wissen?

Im Mittelalter hatte man dafür das Inquisitionsverhör: Der „Delinquent" musste unter der Folter genauestens über jede Einzelheit seiner Gruppe berichten – und vieles wurde ihm dabei zusätzlich in den Mund gelegt. War er bereit, abzuschwören und gegen seine ehemaligen Mitstreiter auszusagen, dann wurde er zu einem „Kronzeugen", der die Schlechtigkeit und Bösartigkeit der jeweiligen „Ketzerei" bezeugen sollte. Aus ähnlichen Gründen wurden später auch die Opfer stalinistischer oder maoistischer Schauprozesse dazu genötigt, „Reue" zu zeigen und sich zu einer meist in absurder Weise erdichteten

„Schuld" zu bekennen. Das Feindbild der „Andersartigen", der „Verschwörer" gegen die „gute Sache" wurde dadurch wesentlich effektiver aufgebaut und bestärkt, als wenn die amtlichen Verteidiger des „Systems" dies nur von sich aus getan hätten.

Nun leben wir heute weder im Mittelalter noch im Stalinismus. Und doch gibt es, wie wir gleich sehen werden, auch heute noch Möglichkeiten, die Aussagen von „Ehemaligen" geschickt für Verleumdungszwecke einzusetzen.

KAPITEL 9

Die „Aussteiger": viel Lärm um nichts

Denkt nicht, Ich sei gekommen, den Frieden auf die Erde zu bringen, sagte Jesus von Nazareth laut Matthäus (10.34) zu Seinen Jüngern. *Ich bin nicht gekommen, um Frieden zu bringen, sondern das Schwert. Denn Ich bin gekommen, um den Sohn mit seinem Vater zu entzweien und die Tochter mit ihrer Mutter und die Schwiegertochter mit ihrer Schwiegermutter; und die Hausgenossen eines Menschen werden seine Feinde sein.*

Ein wahrhaft provozierendes, ja verstörendes Wort wird hier dem Nazarener in den Mund gelegt. Nebenbei gesagt: Es ist eine jener Stellen, die man im Handumdrehen so falsch auslegen könnte, so wie es die Schriftgelehrten unserer Tage mit der göttlich-prophetischen Lehre, die durch Gabriele auf die Erde kam und kommt, zu tun pflegen. Dann erschiene Jesus als durch und durch streitlustiger Mensch, als bewusster Zerstörer von Familien, Seine Lehre als gefährlich für die Gesellschaft – und die für heilig gehaltene Bibel als familien- und jugendgefährdendes Buch.

„Aber man muss doch den Sinn erfassen!", werden die Verteidiger der Bibel jetzt sagen, und damit haben sie vollkommen recht. Nur genau daran – nämlich den Sinn zu erfassen – versuchen die Kirchen ihre eigenen Gläubigen systematisch zu hindern, wenn es um Schriften des *Universellen Lebens* geht. Doch das, wie gesagt, nur nebenbei.

An der Gottesprophetie scheiden sich die Geister

Was Jesus wirklich gesagt hat, dem kommt man einen ganzen Schritt näher, wenn man „Das ist Mein Wort" zu Rate zieht, ein Buch, das Christus im Prophetischen Wort durch Gabriele offenbarte. Bereits der Evangeliumstext („Das Evangelium Jesu"), auf dem Christus in Seinem Offenbarungswerk aufbaut und den Er darin Abschnitt für Abschnitt kommentiert, klingt (nicht nur an dieser Stelle) aufschlussreich:

> *Wahrlich, Ich bin gekommen, den Frieden auf die Erde zu senden. Doch siehe, wenn Ich spreche, folgt ein Schwert. Ich Bin gekommen, um zu vereinigen; doch siehe, ein Sohn wird wider seinen Vater sein und eine Tochter wider ihre Mutter und eine Schwiegertochter wider ihre Schwiegermutter. Und eines Menschen Feinde werden seine eigenen Hausgenossen sein. Denn die Ungerechten können nicht mit den Gerechten zusammen sein. (S. 171)*

Christus erläutert dann diesen Text durch Gabriele wie folgt:

> *Doch siehe, wenn Ich spreche, folgt ein Schwert" heißt: Wer das Wort der Wahrheit hört und dieses nicht befolgt und nur davon redet, handelt gegen die Wahrheit und somit wider den Heiligen Geist. Er schafft sich selbst das Schwert, das auch Ursache genannt wird. Und so sind Meine Worte, welche die Wahrheit sind, das Schwert für jene, die sie nicht verwirklichen. ... Wer gegen das Gesetz des Lebens, der Einheit, handelt, der ist auch gegen Gott, der die Einheit ist, und gegen Seinen Sohn, Christus, der Ich Bin. Wer gegen Gott und mein Wirken auf dieser Erde denkt,*

spricht und handelt, der zerstreut und vereint nicht. Er befolgt nicht die Gesetze des Lebens.
Wer nicht für Mich ist, der ist gegen Mich. Wer gegen Mich, das Leben, ist, der ist auch wider seinen Nächsten. So tritt ein, was geschrieben steht: „... ein Sohn wird wider seinen Vater sein ..."
Das Gesetz Gottes sagt: Gleiches zieht zu Gleichem ... (S. 171 f.)

Natürlich muss jeder selbst entscheiden, ob er es für wahr hält, dass Christus solche Worte durch Prophetenmund spricht. Doch auch wer es nicht für wahr hält, der könnte vielleicht folgender These über den Sinn des oben genannten Bibelwortes zustimmen: Die hohe ethische Botschaft des Nazareners, gleich wie und wo sie klar ausgesprochen wird, fordert den Menschen, der sie hört, zur Entscheidung heraus. Einfach so weiterzuleben wie bisher, fällt von nun ab schwer. Und durch die Entscheidung – für oder gegen – kommt in jedem Fall etwas im Menschen in Bewegung – oftmals auch das Negative, das ihn noch daran hindert, diese Entscheidung im täglichen Leben umzusetzen. **An Jesus, dem Christus, scheiden sich die Geister.** Das war vor 2000 Jahren ebenso, wie es heute ist.

Von daher ist es alles andere als verwunderlich, dass sich bis heute Menschen vom Prophetischen Wort Gottes wieder abwenden und auch von denen, die bestrebt sind, es zur Richtschnur ihres Lebens zu machen. Die meisten, doch keineswegs alle, vollziehen diese Abwendung stillschweigend. Und es ist auch nicht verwunderlich, dass die Gegner des Prophetischen Wortes seit alters her, nämlich die Schriftgelehrten und Pharisäer unserer Tage, ganz begierig darauf sind, solche „Aussteiger" für ihre Zwecke einzusetzen.

Hörer oder Täter des Wortes?

Der erste, der mit triumphierendem Unterton auf „Abspaltungen" vom *Heimholungswerk Jesu Christi* hinwies, war „Sektenpfarrer" Haack aus München. Am 30. Juni 1985, als die Stadt Würzburg gerade die Heuchelhofpläne (s.o., S. 116 ff.) der Nachfolger des Jesus von Nazareth abgelehnt hatte, erschien im lutherischen *Sonntagsblatt* für Bayern ein Artikel, wonach Haack sogar „Auflösungserscheinungen" im *Heimholungswerk* zu sehen glaubte. Doch hier war wohl der Wunsch der Vater des Gedankens.

Das *Heimholungswerk Jesu Christi* als Basis des *Universellen Lebens* besteht bis heute weiter. Richtig ist nur, dass in den Monaten vor diesem Artikel einige der aktiven Mitarbeiter des *Heimholungswerkes Jesu Christi* zu diesem auf Distanz gegangen waren. Was war der Hintergrund?

Man erinnere sich: Etwa ein Jahr zuvor, im April 1984, war offiziell durch eine göttliche Offenbarung in Mainz das *Universelle Leben* ausgerufen worden (s.o., S. 71). Erste Betriebe waren entstanden, deren Gründer sich an der Bergpredigt orientierten. Das *Werk des Herrn* trat in eine neue, entscheidende Phase. Der Übergang vom **Hören** zum **Tun** („Seid Täter des Wortes und nicht Hörer allein!", lesen wir im Jakobusbrief) erschien so manchem, der trotz allem noch im passiven Kirchenglauben verhaftet war, fremd und unnötig. Denn es war ja so schön, mindestens einmal wöchentlich neuen göttlichen Offenbarungen zu lauschen und weiteres geistiges Wissen anzusammeln. Dass dies irgendwann tiefergehende Konsequenzen für das eigene Leben haben könnte, erschien nicht wenigen als groteske Vorstellung zu sein. Und auch wenn niemand sie dazu drängte, ihren Wohnort zu verlassen und einen Betrieb mit aufzubauen, so war es für manchen doch eine Art Kränkung seines Egos, dass er sich nun nicht mehr auf der „Höhe der Zeit" fühlen konnte, sozusagen als etwas „Besseres". Denn bis heute meinen ja viele Menschen – in allen Religionen der Erde –, es genüge, das „Richtige" zu glauben, um selig zu werden. Sie setzen geistiges Wissen mit Verwirklichung gleich und geraten dann in Gefahr, sich vor sich selbst und vor anderen damit aufzuwerten.

Dieselben Zeitgenossen „entdeckten" nun, dass die klaren Worte des Christus-Gottes-Geistes über die Kirchen und ihre Machenschaften ihnen noch sie so recht behagt hatten. Wie konnte man nur so „lieblos" sein? (Sie blendeten dabei aus, dass auch der Nazarener gegenüber den Schriftgelehrten Seiner Zeit eine durchaus deutliche Sprache führte, sie als „übertünchte Gräber", „blinde Blindenführer", als „Ottern- und Natterngezücht" und vieles mehr bezeichnete.) Man weiß das aus der Psychologie: Wer sich von etwas distanziert, das für ihn zuvor absolute Wahrheit war, sieht sich meist unter dem Druck, diesen Schritt vor sich selbst und vor anderen zu rechtfertigen. Wie? Ganz einfach: Indem man über das, was man zurückgelassen hat, schlecht denkt und schlecht redet.

Wer kennt das nicht aus eigener Erfahrung oder Anschauung: In einer Ehe geht es einige Jahre gut, doch dann gibt es Streit. Haben die Partner aneinander zuvor fast nur Positives gesehen, so fällt ihnen jetzt nur noch das Negative auf. Und kommt es zur Trennung, dann läuft einer der Partner womöglich zu Freunden – oder, je nachdem, zu Freundinnen – und beschwert sich ausführlich und lautstark über die Schlechtigkeit dessen, den oder die man kurz zuvor noch in den Himmel gelobt hat. Was wird man dem oder der Enttäuschten sagen? Wird man sich seine Tiraden gerne anhören und Wort für Wort für wahr halten? Wird man sich bereitwillig für einen „Rosenkrieg" instrumentalisieren lassen? Oder wird man den Aufgebrachten beim ersten Luftholen möglichst taktvoll, aber bestimmt unterbrechen und ungefähr sagen: „Gewinne erst mal Abstand! Und schau vielleicht auch mal deinen Anteil an, weshalb es so gekommen ist. Es gehören schließlich immer zwei dazu!" Undsoweiter.

Natürlich ist die Zugehörigkeit zu einer Glaubensbewegung etwas anderes als eine Ehe. Jeder Vergleich hinkt immer irgendwo. Und doch mag es verwundern, mit welcher Selbstverständlichkeit dieselben Menschen, die einem enttäuschten Neu-Single im akuten Trennungsschmerz entnervt aus dem Weg gehen oder ihn wie einen Kranken schonend in Watte packen, ihm jedenfalls aber kaum ein Wort glauben – wie dieselben Menschen plötzlich einem „Aussteiger" aus einer kleineren Glaubensgemeinschaft fasziniert an den Lippen hängen und jedes Detail für bare Münze nehmen. Wo bleibt da, bitteschön, der gesunde Menschenverstand?

Den haben die Theologen ihren Gläubigen offenbar erfolgreich ausgetrieben. Darin haben sie schließlich jahrhundertelange Erfahrung.

Wahrheit hängt nicht von Meinungen ab

Doch zurück zu Pfarrer Haack und den ersten „Abspaltungen". Er erhielt nämlich eine Antwort. Im *Christusstaat* (Nr. 9, August 1985) stand zu lesen:

> *Was ... die „Abspaltungen" betrifft, so ist es sicher richtig, dass es Geschwister gibt, und auch immer geben wird, die sich anderen Gruppen zuwenden, vielleicht sogar eigene Gruppen bilden. Das ist für die Verwirklichung der Ziele des Universellen Lebens jedoch ohne Bedeutung und keine „Auflösungserscheinung". ... Pfarrer Haack und alle, die sich auf seine Experten-Meinung berufen, mögen sich aber einmal fragen lassen, was sie eigentlich mit ihrer Aussage ... ausdrücken möchten.*
> *Sind Pfarrer Haack und die, die ähnlich denken, der Meinung, dass Abspaltungen vom Heimholungswerk Jesu Christi dessen Lehre fragwürdig machen? ... Ist eine Lehre deshalb wahr oder nicht wahr, weil die Masse der Menschen sie befürwortet oder ablehnt? ... Jesus von Nazareth hat erleben müssen, dass Ihn alle Seine Jünger verließen und flohen. Möchten Pfarrer Haack und seine Freunde nun sagen, diese Abspaltung zeuge davon, dass die Lehre Jesu falsch gewesen sei?*
> *Die Wahrheit ist nicht von Meinungen abhängig. „Mein Reich ist nicht von dieser Welt", sagte Jesus. Wäre Sein Reich von dieser Welt, dann bräuchten Seine Nachfolger nicht als „Boten" das Licht in die Welt zu bringen, denn es wäre schon da, dieses Licht.*

Und dieses Licht ist klar und geradlinig und hat nichts mit säuselnder Liebe oder Schmuse-Romantik zu tun. Gerade Menschen, die den Schritt in die Tat ablehnen, neigen dazu, dies durch eine Art Schein-Liebe zu kompensieren. Doch Christus bezieht dazu in Seinem Offenbarungswerk „Das ist Mein Wort" klar Stellung:

> *Am Ende der materialistischen Tage, der „Raff- und Gierzeit", werden viele falsche Propheten auftreten. Sie werden viel über die Liebe Gottes reden – und doch sind ihre Werke Menschenwerke. Nicht der ist ein echter Prophet und ein geistig Weiser, der von der Liebe Gottes spricht, sondern allein der, dessen Werke gut sind.*
> *Die Gabe zu prüfen hat jedoch nur derjenige, der zuerst seine eigene Gesinnung prüft: ob er selbst wahrhaft an das Evangelium der selbstlosen Liebe glaubt und auch den Sinn des Evangeliums erfüllt – und was er selbst schon aus selbstloser Liebe an seinem Nächsten verwirklicht hat. (S. 359 f.)*

Zurück zu Pfarrer Haack, der sich so diebisch über „Abspaltungen" vom *Heimholungswerk Jesu Christi* freut. In Wahrheit zeigt sich hier, dass die Menschen, die sich der neuen Glaubensbewegung anschließen, frei bleiben, diese Bewegung jederzeit wieder zu verlassen. Solche Klärungsprozesse gehören zum menschlichen Leben dazu. Auch die Lutherkirche ist im Grunde selbst eine „Abspaltung" (eine „Sekte") von der Vatikankirche, so wie diese eine Abspaltung vom Urchristentum ist. Und die Nachfolger des Jesus von Nazareth, die sich im *Universellen Leben* zusammenschließen, kommen auch nicht aus dem luftleeren Raum. Sie sind fast alle Aussteiger aus den Großkirchen. Sie sind ausgestiegen, weil sie erkannt haben, dass der Nazarener keine Institutionen dieser Art wollte.

Der "Aussteiger des Jahres"

Folgerichtig wurde der Unternehmer Jens von Bandemer, der seine Millionen auf dem Würzburger Heuchelhof investieren wollte, von der Presse zunächst als "Aussteiger", ja sogar als "Aussteiger des Jahres"[103] bezeichnet: Er stieg aus einer scheinbar gesicherten Existenz aus, um etwas Neues zu wagen. Von dieser Ausnahme abgesehen hüten sich die meist kirchlich beeinflussten Journalisten jedoch seitdem, den Begriff "Aussteiger" auf diejenigen anzuwenden, die den Großkirchen den Rücken gekehrt haben. Das würde ja die Frage aufwerfen, ob sie dafür nicht triftige Gründe hatten. Statt dessen werden mit Vorliebe diejenigen zu "Aussteigern" hochstilisiert, die der noch immer jungen Glaubensbewegung mit den urchristlichen Wurzeln wieder den Rücken kehren. So als ob es mit unendlichen Mühen verbunden wäre, mit geradezu abenteuerlichen Anstrengungen, wieder in das alte Leben einzusteigen! Solche "Aussteiger" werden dann mitunter gefeiert, als seien sie Opfer einer gewaltsamen Entführung geworden und hätten sich gerade noch aus eigener Kraft und in letzter Sekunde aus dem kolumbianischen Dschungel oder einem somalischen Piratenboot in Sicherheit gebracht.

In Wirklichkeit behält – im Gegensatz etwa zu den Insassen eines katholischen Klosters – jeder, der den Nachfolgern des Nazareners in die Umgebung von Würzburg folgt und sich entschließt, dort aktiv mitzuarbeiten, die vollständige Verfügungsgewalt über sein Leben. Er hat weiterhin ein geregeltes Einkommen, ein eigenes Konto, sein eigenes Auto, kann selbstverständlich seine Kontakte zu leiblichen Verwandten oder früheren Bekannten pflegen. Niemand kontrolliert seinen Schriftverkehr oder seine Telefongespräche. Und niemand legt ihm einen Stein in den Weg, wenn er wieder gehen will. Natürlich kann ein solcher Schritt innere „Nachwehen" verursachen – aber das ist bei jeder Lebensentscheidung so, insbesondere bei Trennungen jeder Art.

Wie leicht es geht, den Nachfolgern des Nazareners wieder den Rücken zu kehren, zeigt gerade der Fall des eben erwähnten Jens von Bandemer. Nach nur vier Jahren distanzierte er sich 1988 vom *Universellen Leben* – und nahm sein Geld (von dem er ohnehin nur einen kleinen Teil investiert hatte) einfach wieder mit. Nicht umsonst sprach schon Jesus von Nazareth davon, dass es für Reiche besonders schwer sein kann, in das „Himmelreich" zu gelangen. Denn sie sind es mitunter gewohnt, mit ihrem Geld zugleich auch eine gewisse Richtung vorzugeben.

Der „Fall" Bandemer eignete sich also kaum für eine „Gruselstory". Ein Millionär, der sich auf einen Bauernhof nahe Würzburg zurückzieht und sich dem Vernehmen nach um seine Pferde kümmert – da dürfte es selbst dem versiertesten Boulevardjournalisten schwer fallen, eine Mitleid erregende Story über ein ausgebeutetes Opfer einer „bösen Sekte" zu konstruieren.

Doch genau danach lechzt jeder Inquisitor. Die Suche nach in dieser Richtung verwertbarem „Material" gestaltete sich jedoch reichlich mühsam. Es gab und gibt zwar immer wieder Menschen, die den Nachfolgern des Jesus von Nazareth und den von ihnen aufgebauten Einrichtungen nach einigen Jahren der Mitarbeit wieder den Rücken kehren. Doch die allermeisten von ihnen sehen keinen Grund, Steine auf ihre ehemaligen Weggefährten zu werfen. Sie haben einfach einen anderen Lebensweg eingeschlagen, und damit hat es sich.

Wie die Mücke zum Elefanten wird

Aber dazu sind Inquisitoren ja da: Dass sie bei „Bedarf" etwas nachhelfen und aus einer Mücke einen Elefanten machen. Wenn die richtigen „Profis" zusammenkommen, können sie ihre ganze „Kunst" entfalten. Wie war das noch mit dem Millionär als „Opfer"? Wirklich unmöglich? Abwarten!

Im Verlauf des Jahres 1994 ergab es sich, dass eine ältere Dame ihr Geld zurückhaben wollte. Es handelte sich um einige Millionen Mark, die sie fünf Jahre zuvor in ein Haus investiert hatte, das unter anderem das *Universelle Leben* als Mieter nutzte. Ein keineswegs ungewöhnlicher Vorgang. Die Hausverwaltungsgesellschaft, in der das Geld angelegt war, erklärte sich ohne Umschweife grundsätzlich zu einer Auszahlung bereit. Doch das Geld war vertraglich noch gebunden, und es musste erst ein rechtlicher Weg gefunden werden, diesem Wunsch nachzukommen. Allerdings hatte ein Journalist des *Evangelischen Pressedienstes*, Gerhard Lenz, frühzeitig Wind von der Sache bekommen. Lenz, der hinter einer glatt-freundlichen Fassade etwas ganz anderes verbarg, war über viele Jahre hinweg immer dann zur Stelle, wenn er auch nur die kleinste Chance sah, dem *Universellen Leben* oder der Prophetin Gottes irgendetwas anzuhängen. Gerhard Lenz durfte daher ohne strafrechtliche Folgen – dies wurde von der Staatsanwaltschaft festgestellt – als „einer der fleißigsten Verleumder" des *Universellen Lebens* bezeichnet werden.[104]

Lenz gelang es nun mit Hilfe der Medienmacht der Lutherkirche, die Sache über Monate hinweg auf allen möglichen Medienkanälen – unter anderem in Fernsehsendungen und auf dem Kirchentag – so darzustellen, als warte die, so wörtlich, „Sektenaussteigerin" vergebens auf ihre Millionen. Als die Millionen dann wie vorgesehen zurückgezahlt waren, erschien in den Zeitungen, wenn überhaupt, nur noch eine winzige Meldung – doch Lenz hatte wieder einmal seine ganze Palette an Verunglimpfungen unters Volk gebracht.

Ein Spinnennetz zum Denunzianten-Fangen

Wer wissen möchte, wie man Menschen am besten manipuliert und für eine Hetzkampagne instrumentalisiert – bei Kirchenvertretern kann er es genauestens studieren. Doch gerade *weil* die Gelegenheiten für derartige Kampagnen äußerst dünn gesät waren, durfte man nichts dem Zufall überlassen. Es bildete sich daher in dieser Phase der Auseinandersetzung ein regelrechtes „Desinformations-Netzwerk" heraus.

Neben dem Journalisten Lenz, der (Des-)Informationen sammelte und gezielt verbreitete, gehörte dazu der Ingenieur Hans-

Walter Jungen (1946-2008) aus Hettstadt. Jungen, ein Mann von eher grobschlächtigem Aussehen und Auftreten, versuchte seine beruflichen Misserfolge offenbar durch ein fanatisches Sendungsbewusstsein zu kompensieren, das sich gegen alles religiös „Fremdartige" richtete.[105]

Im März 1988, kurz nach Pfarrer Haacks verheerender Volksaufwiegelungsrede, gründete Jungen in Hettstadt eine „Bürgerinitiative gegen die Vorhaben des Heimholungswerks/ Universelles Leben". Später versuchte er sich auch als Buchautor, wobei er dem kircheneigenen Verlag, der ihn unter seine Fittiche nahm, jedoch wenig Freude machte. Aufgrund der vielen Unwahrheiten, die er hineingeschrieben hatte, mussten in seinem Werk zahlreiche Stellen geschwärzt werden. Ausnahmsweise nicht gelogen oder erfunden ist wohl die Schilderung über seine eigene Rolle in dem erwähnten „Netzwerk": Er beschreibt mit sichtlichem Stolz, mit welcher Ausdauer er mögliche „Aussteiger" bedrängte und bearbeitete, doch endlich „rückhaltlos zu reden".

Hans-Walter Jungen
1946 - 2008

Ein Folterknecht der Inquisition hätte sich, wenn auch natürlich unter etwas anderen Umständen, wohl kaum anders ausgedrückt.

Jungen schildert auch, wie er mögliche „Kandidaten" für einen öffentlichen Redefluss nach einigen Wochen der intensiven „Seelenmassage" mit einem „mutigen Pfarrer, der mittlerweile mein Freund ist", bekannt machte. Wir ahnen es bereits: Es ist Wolfgang Behnk, sozusagen der Inquisitor im Hintergrund, der die weitere „Bearbeitung" des „Falles" übernimmt, nachdem „Knecht" Jungen die „Vorarbeit" geleistet hat.

Und wenn sich dann herausstellt, dass irgendetwas Juristisches geklärt werden muss, ist flugs ein weiterer Helfer zur Stelle: Rechtsanwalt Ulrich Heidenreich aus Würzburg, im lutherischen Milieu stark verwurzelt. Auch wenn es sich nur um einfache Rechtsfragen handelt, die man vernünftig und in Ruhe klären könnte – wer der Empfehlung der neuen „Freunde" folgt und Heidenreich einschaltet, kann sicher sein, dass bald aus jedem Gerichtsprozess ein öffentlicher Glaubenskrieg gegen das *Universelle Leben* wird. Wenn es dann etwas länger dauert und etwas teurer wird, als nötig – umso besser für die Publicity! Denn die „Show" muss weitergehen!

Jungen berichtet in seinem Buch von einer Art „Geheimtreffen" zum Thema „Aussteiger", das am 28. Januar 1995 in Marktheidenfeld stattfand und an dem außer ihm auch ein „Journalist" (vermutlich Lenz) und ein hochrangiger Vertreter des Bundesministeriums für Familie, Jugend und Gesundheit teilnahmen. Denn die Kirche versuchte zu allen Zeiten, auch den Staat vor ihren Karren zu spannen und ihn zur Verfolgung religiöser Minderheiten anzuhalten.[106] Pfarrer Behnk war ebenfalls Teil dieses Netzwerks. Graf Magnis hingegen, der katholische Verfolgungsexperte, blieb diesmal auf Distanz, wohl weil er sich nicht ausreichend informiert und einbezogen fühlte und zudem auch etwas eifersüchtig war auf die besseren Medienkontakte der lutherischen Kollegen.

„Eurem Geist haue ich auf die Schnauzen!"

Dieser Anflug von Neid kommt nicht von ungefähr. Denn – dies sei hier eingeflochten – die Lutherkirche zeichnet sich in der Tat im Vergleich zur Vatikankirche durch einen noch größeren Fanatismus und Eifer aus, was die Verfolgung von „Ketzern" angeht. Hubertus Mynarek[107] führt dies unter anderem auf den „Minderwertigkeitskomplex" der protestantischen Kirche gegenüber der viel größeren Romkirche zurück. Es könnte aber auch mit dem von Martin Luther geerbten Hass auf alles „Ketzerische" zu tun haben. Originalton Luther: „Mit Ketzern braucht man kein langes Federlesen zu machen, man kann sie ungehört verdammen. Und während sie auf den Scheiterhaufen zugrunde gehen, sollte der Gläubige das Übel an der Wurzel ausrotten."[108]

Verstärkt wird diese abgrundtiefe Feindschaft im Falle des *Universellen Lebens* noch durch die Tatsache, dass Luther nicht nur die „Ketzerei" im allgemeinen, sondern auch die Prophetie im besonderen bekämpfte, ja verteufelte. Als ihn Ende 1521 die beiden „Zwickauer Propheten" Nikolaus Storch und Markus Stübner aufsuchten, warf er sie wutentbrannt hinaus und schrie dabei: „Eurem Geist haue ich auf die Schnauzen!"[109] Diese massive Ablehnung führt der Theologe Walter Nigg nicht zuletzt darauf zurück, dass Luther sich selbst gerne als Prophet gesehen hätte („Ich bin der Prophet Germaniens!"), ohne jedoch über das Innere Wort Gottes zu verfügen.[110] Gerhard Wehr, ebenfalls Theologe, bedauert, dass bis in unsere Tage sogar jegliche innere Gotteserfahrung, also die christliche Mystik schlechthin, in der Lutherkirche abgewertet, ja sogar rundweg abgelehnt wird, und führt dazu ein Zitat an: „Die Mystik als selbstständige religiöse Lebensform ist der Todfeind biblisch-reformatorischen Christentums." Das schrieb der Erlanger Theologe Paul Althaus (1888-1966), der Hunderte von Pfarrern der bayerischen Landeskirche auf ihr Amt vorbereitete.[111]

„Aussteiger" bleiben Mangelware

Zurück zum Katholiken Graf Magnis, dessen „Stern" im Bistum Würzburg 1995 bereits zu sinken begann. Pater Alfred Singer, der ihn 1998 „beerbte", füllte bald die Lücke im unterfränkischen „Inquisitions-Netzwerk". Im Mai 1999 trat er gemeinsam mit seinem lutherischen Kollegen, dem uns bereits geläufigen[112] Pfarrer Michael Fragner, vor die Presse, um das „Netzwerk UL" der Öffentlichkeit vorzustellen. „Hilfen für Aussteiger" wollten sie bieten. Mit von der Partie war der CSU-Landtagsabgeordnete (und spätere bayerische Staatskanzleiminister) Eberhard Sinner aus Lohr, ein Protestant, der sogar sein Abgeordnetenbüro als Anlaufstelle zur Verfügung stellte.[113] Später stieß dann noch der mittlerweile zum Landrat des Landkreises Würzburg „beförderte" Katholik und Kolping-Bruder Waldemar Zorn (CSU) dazu, der uns bereits als Bürgermeister von

Hettstadt begegnet ist.[114)] Kirche und Staat arbeiteten wieder einmal intensiv Hand in Hand, um die „Ketzerei" auszugrenzen.[115)]

Mit von der Partie war auch der Diplom-Psychologe Alfred Spall, ein Angestellter der Würzburger Caritas, der 1985 im Auftrag von Graf Magnis ein „Gutachten" über die angebliche Wirkung urchristlicher Meditationstexte auf Jugendliche abgeliefert hatte. Spall hat für seine abenteuerlichen Schlussfolgerungen (z.B. dass die Jugendlichen „erheblich psychisch geschädigt werden" könnten) bis heute keinerlei empirische Belege anführen können. Statt dessen interpretierte er in willkürlicher Weise seine negativen Wunsch-Bilder in die Texte hinein[116)]. So etwas als „Gutachten" zu bezeichnen, ist zwar eine Zumutung für jeden Wissenschaftler und eine Peinlichkeit für die gesamte Psychologen-Zunft – doch bis heute wird diese durchsichtige Gefälligkeitsarbeit immer wieder einmal aus der Schublade gezogen, um das *Universelle Leben* öffentlich in Misskredit zu bringen.

Komplettiert wurde das Team durch den *Main-Post*-Journalisten Tilman Toepfer, der für das „Netzwerk" (oder sollte man sagen: „Spinnennetzwerk"?) eifrig die Werbetrommel rührte, nicht ohne jeweils das Spendenkonto mit anzugeben. Da hieß es dann, man wolle keineswegs „verlorene Schäfchen" rekrutieren, nein: Es gehe allein darum, „menschliches Leid zu lindern". [117)]

Vermutlich ging es in Wirklichkeit weder um das eine noch das andere, sondern schlicht darum, an weitere Denunzianten heranzukommen, deren Aussagen man dann, entsprechend eingefärbt und zugespitzt, gegen ihre ehemaligen Kollegen in Stellung bringen konnte. Offenbar waren, trotz jahrelangen Herumschnüffelns – und die Kirchen verfügen gemeinhin über hervorragende „Nachrichtendienste" –, selbst die Mücken Mangelware, aus denen man weitere Elefanten hätte machen können.

Schuld sind immer die anderen!

Eine „Mücke" war ihnen jedoch bereits ins Netz gegangen und wurde bei dem besagten „Geheimtreffen" im Januar 1995 den anwesenden „Experten" präsentiert: Manfred P., damals Mitte 40, der drei Jahre zuvor die Bundgemeinde verlassen hatte. Durch intensive „Bearbeitung" brachte Jungen ihn dazu, an die Öffentlichkeit zu gehen, woraufhin er mehr als drei Jahre lang im Fernsehen durch alle möglichen Talkshows und Magazine gereicht wurde: von *Hans Meiser* und *Arabella Kiesbauer* über *Focus-TV* und *Pro 7* („Die Reporter") bis hin zum *WDR* und *Südwestfunk*. Manfred P. beklagte sich überall bitter über das, was ihm, aus seiner Sicht, von den Nachfolgern des Jesus von Nazareth zugefügt worden war: Seine Ehe sei zerbrochen; er habe Schulden; er habe fast Tag und Nacht arbeiten müssen und sei „ausgebeutet" worden; habe zudem Angst vor dem „Weltuntergang" gehabt ... Hans-Walter Jungen veranlasste ihn schließlich sogar dazu, ein Nachwort für sein Buch zu schreiben und darin in pathetischer Weise die „lieben Geschwister" aufzufordern, es ihm gleichzutun und „auszusteigen".

Ein unbefangener Betrachter (aber wo gibt es den bei diesem Thema noch?), der mit einer gewissen Lebenserfahrung und etwas gesundem Menschenverstand ausgestattet ist, wird Mühe haben anzunehmen, dass bei allem, was in einem Leben schiefgeht, immer nur „die anderen" schuld sind, ganz nach dem Motto: „Wie gut, dass es immer einen Sündenbock gibt." Aber genau diese Art der „Vergangenheitsbewältigung" kommt der Kirche gerade recht – solange die Rolle des Sündenbocks eine „böse Sekte" innehat.

Nun ist das vorliegende Buch nicht geschrieben worden, um Gleiches mit Gleichem zu vergelten oder um Steine auf Menschen zu werfen, die dem *Universellen Leben* oder der *Bundgemeinde Neues Jerusalem* den Rücken gekehrt haben. Deshalb werden die meisten ihrer Namen in diesem Kapitel auch verfremdet. Doch wer sich öffentlich damit profiliert (oder dazu missbrauchen lässt), über seine ehemaligen Freunde und Kollegen herzuziehen, der muss es in Kauf nehmen, dass auch sein eigenes Leben und Verhalten einmal auf den Prüfstand gestellt wird. Oder, wie man vor Gericht fragen würde: „Wie glaubwürdig ist der Zeuge?" Und der Leser kann, wenn er möchte, anhand dieser Beispiele der Frage nachgehen: Wie kommt so ein „Aussteigerschicksal" eigentlich zustande?

Wer beutet wen aus?

Was Manfred angeht: Er stammt aus einer Soldatenfamilie und litt zeitlebens darunter, dass er nicht, wie zahlreiche seiner männlichen Verwandten, als Soldat Karriere gemacht hatte. Statt dessen landete er – immerhin – als Elektromeister bei der Bundeswehr. (Heute arbeitet er dem Vernehmen nach wieder dort.) Als er das *Universelle Leben* kennenlernte, war er zunächst Feuer und Flamme und übersiedelte baldmöglichst mit Frau und Kindern nach Würzburg. Er schloss sich mit drei anderen Elektrikern zusammen, um einen kleinen Elektrobetrieb aufzubauen – keinen Christusbetrieb im eigentlichen Sinne, doch ein solcher wurde angestrebt.

Bald jedoch stellte sich heraus, dass der Arbeitsrhythmus eines Beamten bei der Bundeswehr ein etwas anderer war als derjenige eines Handwerkers an der „frischen Luft" der freien Wirtschaft. Manfred arbeitete zwar sehr gründlich und konnte den Kunden alles haarklein erklären, doch wenn es ans Rechnungsschreiben ging, stöhnten die Kollegen entsetzt auf: So viele Stunden können wir dem Kunden für diese Arbeit unmöglich verrechnen!

Nun wäre das unter Freunden – Christusfreunden zumal – nicht so schlimm gewesen. Jeder hatte und hat noch seine Fehler und Schwächen. Viele knieten sich in Berufe und Tätigkeiten hinein, die für sie sogar völlig neu und ungewohnt waren. Und hier ging es ja gar nicht um die Fachkenntnis; die war ohne Zweifel vorhanden, sondern um den Rhythmus und die Einstellung zur Arbeit, zu den Kunden und zu den Kollegen, die Manfred durchaus wohlgesinnt waren. Doch dieser reagierte auf Kritik mit endlosen Streitgesprächen, suchte immer bei den anderen die Schuld, ließ die Kollegen bei dringenden Aufträgen, bei denen die eine oder andere Überstunde nötig gewesen wäre, schlicht im Stich und pochte auf seine Arbeitszeit. Über die führte er genauestens Buch – und die Wochen, in denen er mehr als 40 Stunden arbeitete, lassen sich gemäß dieser Aufzeichnungen an einer Hand abzählen.

Später wird er sich dann aber im Fernsehen darüber beschweren, dass er viel zu viel arbeiten musste, wobei er die Mithilfe bei öffentlichen Veranstaltungen (in diesem Fall: technische Geräte bedienen), die manche Gemeindeglieder nach Feierabend freiwillig übernehmen, ungeniert zur „Arbeitszeit" dazurechnete, ebenso wie sein privates Gebet am Morgen.

Alles in allem müsste man hier schon die Frage stellen: Wer hat eigentlich wen „ausgebeutet"? Und wo in der „freien Wirtschaft" hätte man so viel Geduld gehabt?

Denn die Kollegen warfen ihn nicht hinaus. Sie boten ihm an, eine eigene Sparte (Funkgeräte) zu gründen, um zu zeigen, dass er aus eigener Kraft etwas auf die Beine stellen konnte, ohne dass die Kollegen ihn mitziehen mussten. Erst als er dies ebenfalls in den Sand setzte, war klar, dass es so nicht weitergehen konnte. Manfred verließ von sich aus den Betrieb und machte sich kurz darauf selbständig – immer mit der Aussicht, wieder in den Betriebsverbund zurückkehren zu können, sobald er auf soliden eigenen Beinen stand.

Und da erst, der aufmerksame Leser wird es erahnen, entstanden dann die Schulden, die er später anderen in die Schuhe schieben wollte. Und diese entstanden auch nicht etwa, weil es Anfang der 90er Jahre unmöglich gewesen wäre, sich als Selbständiger über Wasser zu halten, sondern wohl zum großen Teil deshalb, weil ein größerer Kunde nicht bezahlte.

Und die Ehe? Manfred trug seine Rechthaberei und Streitlust, die er gegen die Kollegen hegte, ständig in die Familie hinein, bis es seiner Frau zuviel wurde. Die ständigen Gespräche belasteten sie, und sie zog aus – zunächst, wie sie betonte, vorübergehend. Doch Manfred unternahm keinen ernsthaften Versuch, mit seiner Frau wieder ins Reine zu kommen, sondern reichte nach zwei Jahren die Scheidung ein.

Auch innerhalb der Bundgemeinde hatte Manfred keine „Karriere" gemacht – schon deshalb, weil es eine solche dort gar nicht gibt. Man kann dort Verantwortung für seine Mitmenschen übernehmen, das durchaus; doch wer sich im vereinsmeierischen Sinne als „Gschaftlhuber" betätigen will, um dann Streicheleinheiten zu ernten, wird rasch enttäuscht sein.

Manfred brachte es zwar zeitweise zum „werdenden Ältesten" – also nicht zum „Ältesten" oder gar „hohen Funktionär", zu dem Lenz, Jungen und Co. seinesgleichen gerne aufplustern. Doch die Schwierigkeiten im Betrieb bremsten sein forsches Auftreten rasch. Und auch die Andeutungen über sein „Geheimwissen" aus seiner früheren Tätigkeit, mit denen er sich wichtig zu machen versuchte, brachten ihm nicht die ersehnte Anerkennung ein.

Verletzte Eitelkeit, Minderwertigkeitsgefühle, Neid – selbst wenn man dies alles in Rechung stellt, bleibt es ein Rätsel, wie ein nicht unsympathischer Mann mittleren Alters zu einem Rachefeldzug aufbrechen konnte, der im Laufe der Zeit immer irrationaler wurde. Wie er – in Jungens Buch – vor faustdicken Unwahrheiten nicht zurückschreckte. Etwa indem er behauptete, im *Universellen Leben* würden Welt und Erde „dämonisch" gesehen. Oder man würde im *Universellen Leben* „dem Bankkonto der UL-Manager" dienen. Er weiß doch, dass Urchristen Tier- und Naturschutz betreiben, weil sie in Tieren und Natur einen Ausdruck der Schöpfung Gottes sehen. Und er weiß auch, wie argwöhnisch eifrige Finanzbeamte darüber wachen, dass der Geldfluss in allen in Frage kommenden Vereinen, Einrichtungen und Betrieben aufs Genaueste den gesetzlichen Vorschriften entspricht.

Was bringt jemanden, der jahrelang scheinbar felsenfest an das Prophetische Wort Gottes glaubte, dazu, plötzlich in Behnkscher Manier von einem „Wirtschaftsimperium" zu halluzinieren, von „Macht und Geld" – und der Prophetin Gabriele das Absolute Gesetz, das sie in sich erschlossen hat, zum Vorwurf zu machen? Gabriele hat die Gesetze Gottes, die Regeln der Friedensreiches auf die Erde gebracht – und jeder ist frei, sie für sein Leben anzunehmen oder nicht. Und hier kommt ein Kleingeist, der ihr, ausgerechnet ihr, vorwirft, seine subjektiv empfundene Unfreiheit verursacht zu haben. Wie absurd! Es ist klar, dass ihm hier einer oder mehrere „Experten" der kunstreichen Wortverdrehung die Feder geführt haben müssen. Doch weshalb ließ er das zu?

Könnte es nicht sein, dass jemand, der immer wieder wertvolle Hinweise für sein Leben erhält, von innen über das Gewissen und von außen über seine Nächsten, diese aber nicht beachtet, irgendwann nicht mehr weiß, wer er ist? Dann wird er zum Spielball derer, denen ein rachsüchtiger Rechthaber gerade recht kommt – denn ein größerer Geist würde sich zu dem, was seine „Betreuer" im Schilde führen, nie hergeben.

Und wenn es nichts gibt, dann erfinden wir was!

Und allzu viele waren es auch gar nicht, die sich dazu hergaben. Doch die „Show", wir sagten es bereits, muss weitergehen. Denn nur durch ständige Wiederholung derselben Klischees baut sich das Feindbild „böse Sekte" dauerhaft in den Köpfen auf. Und „personal-interest stories", also persönliche Erfahrungsberichte über das eigene Leben, das weiß jeder Medienfachmann, sind hier wesentlich wirksamer als theoretische Erörterungen über Glaubensdifferenzen.

Und was tut man nun, wenn man zu wenig „Nachschub" an aussagewilligen „Aussteigern" hat? Man erfindet welche! Was nun folgt, ist geradezu ein Lehrbeispiel dafür, wie man mit der entsprechenden Medienmacht fast alles aus dem Hut zaubern kann.

Da ist zunächst Irene S. aus Baden-Württemberg, die Anfang der 90er Jahre die Natur-Klinik in Michelrieth besucht und danach voll des Lobes darüber ist. Doch fünf Jahre (!) später fällt ihr ein, dass sie dort merkwürdige „Erlebnisse" gehabt habe: Es sei ihr „schummrig" geworden (das soll bei kranken Menschen öfters vorkommen), und sie habe sich „beobachtet" gefühlt – was in einer Klinik in Bezug auf die Patienten auch nicht gerade ungewöhnlich wäre. Das Ungewöhnliche ist eher, dass eine demokratische Partei, in diesem Fall die SPD, diese reichlich verworrene Krankengeschichte aufgreift und Irene S. zu einer „Sektenaussteigerin" hochstilisiert![118]

Dabei war die Frau nie in irgendeiner Weise im *Universellen Leben* aktiv, geschweige denn in der Bundgemeinde. Sie hat lediglich versucht, ihre seelische Instabilität (die sie mit Sicherheit bereits in die Klinik mitgebracht hatte) der „bösen Sekte" in die Schuhe zu schieben. Bestärkt darin wurde sie nicht nur von ihrem Ehemann, sondern auch von der Frickenhausener SPD-Landtagsabgeordneten Carla Bregenzer. Die Politikerin nutzte den angeblichen „Fall" Irene aus, um sich selbst als „mutige und entschlossene Kämpferin" gegen religiöse Minderheiten in Szene zu setzen und ihren „Schützling" durch Zeitungen, Rundfunk und Fernsehen zu schleusen.

Politische Profilierung auf Kosten Andersgläubiger – auch das gehört noch immer zur Realität des Landes, das 2009 seinen 60. Geburtstag feiert.[119]

Stimmungsmache mit Verstorbenen

Doch nicht nur mit Kranken, auch mit Verstorbenen, so makaber das klingen mag, kann man die Stimmungsmache gegen Menschen mit dem „falschen" Gebetbuch in Gang halten. Als im April 1996 Günter Z. aus Norddeutschland stirbt, setzen seine Angehörigen extra eine zusätzliche Todesanzeige in die Würzburger *Main-Post*: „Der ‚Innere Weg' des Universellen Lebens war für meinen Mann ein Irrweg." Günters Sohn behauptet im Fernsehen, sein Vater habe sich wegen des *Universellen Lebens* „zu Tode gehungert".[120] Auch hier geht man wieder den bequemen Weg, einen Sündenbock für alles verantwortlich zu machen.

In Wirklichkeit kam Günter Z. bereits mit hypochondrischen und fanatischen Charakterzügen zu Veranstaltungen des *Universellen Lebens* – wo man diese keineswegs unterstützte, sondern ihm zu mehr Gelassenheit riet. Im *Universellen Leben* wird vor jeglichem Fanatismus ausdrücklich gewarnt, denn er führt nicht zu Gott. Günter, der bis zu seinem Lebensende bei seiner Familie wohnen blieb, magerte schließlich ab, weil er Angst hatte, mit der Nahrung Gift aufzunehmen. Und daran sollen jetzt plötzlich die Nachfolger des Jesus von Nazareth schuld sein?

Laut Aussage seines Sohnes las Günter des öfteren in Büchern des *Universellen Lebens*. Dann war ihm vermutlich auch die folgende Stelle aus dem göttlichen Offenbarungswerk „Das ist Mein Wort" bekannt:

Erkennet: Jegliche Angst ist Zweifel an Gottes Kraft und an Seiner Liebe. Gott ist das tragende und bewahrende Leben. Wer daran zweifelt, der geht unter. (S. 387)

So groß kann die „Beeinflussung" durch die Schriften des *Universellen Lebens* also nicht gewesen sein, sonst hätte Günter solche Sätze beherzigt. Jeder Psychologe weiß, dass ein Mensch mit fanatischen Neigungen oder Phobien sich gegen die Außenwelt verschließt und auf Druck mit noch größerer Abwehr reagiert. Vermutlich haben seine Angehörigen, aufgehetzt durch kirchliche Propaganda, tatsächlich geglaubt, die Ursache für Günters Problem läge in seiner religiösen Neigung, und ihn davon abzubringen versucht. Ein fataler Irrtum – doch wer trägt hierfür die Verantwortung?

Es ist immer wieder dasselbe Schema: Es treten irgendwo Eheprobleme auf, oder ein Mensch wird seelisch krank. Normalerweise hat man für solche Situationen ein gewisses, mehr oder weniger angemessenes und hilfreiches Verhaltensrepertoire. Doch sobald einer der Betroffenen irgendwann einmal Veranstaltungen des *Universellen Lebens* besucht oder ein entsprechendes Buch gelesen hat, ist alles anders: Das Nachdenken über eigene Anteile und das Suchen nach Ursachen und Lösungen erübrigt sich ab sofort: „Hurra, wir haben den Sündenbock! Es hat natürlich was mit der ‚Sekte' zu tun, ist doch klar!"

Kein Mensch will dann mehr wissen, wie viele Katholiken oder Protestanten Eheprobleme haben oder unter Neurosen leiden –

oft genug unter solchen, die tatsächlich etwas mit ihrem Glauben, z. B. an einen angeblich strafenden Gott, zu tun haben. Oder wie viele Kirchenangehörige gar Selbstmord begehen, was man bei Anhängern des *Universellen Lebens* vergeblich suchen wird.

Ein „Ketzer" hat immer unrecht

Welche Gewissenlosigkeit aber legen Kirchenvertreter an den Tag, die verzweifelte Angehörige seelisch kranker Menschen nicht nur in diesem Sündenbockdenken bestärken, sondern sie auch noch an die Öffentlichkeit zerren, nur um der religiösen „Konkurrenz" wieder eins auszuwischen? Moderne Inquisition auf Kosten kranker Menschen und deren Angehöriger – kann man moralisch noch tiefer sinken?

Auch Antje M. aus der Nähe von Würzburg litt seit vielen Jahren unter unregelmäßig auftretenden psychotischen Schüben. Über ihren Mann, der sporadisch Veranstaltungen des *Universellen Lebens* besuchte, kam sie in Kontakt mit entsprechenden Büchern und Schriften. Ihre in Nordrhein-Westfalen lebende Mutter war nun plötzlich der Auffassung („Hurra, ein Sündenbock!"), die seelischen Probleme ihrer Tochter hätten ihre Ursache in der Lehre des *Universellen Lebens* – und überredete sie schließlich, zu ihr zurückzukehren.

Prompt präsentierte Pfarrer Behnk im Herbst 1996 Mutter und Tochter als „Kronzeugen" für die „Gefährlichkeit" dieser Glaubensrichtung. Gerhard Lenz verbreitete über den *Evangelischen Pressedienst* lange Artikel, in denen behauptet wurde, Antjes Mann sei ein „fanatischer UL-Anhänger", der seine Frau an ihrer intellektuellen Entfaltung gehindert habe. Als Vertreter des *Universellen Lebens* diese Lügen richtigstellten – der Ehemann hatte sie sogar ermutigt, ihr Studium fortzusetzen – und auf den frühen Beginn des Krankheitsverlaufs hinwiesen, „empörte" sich Behnk öffentlich: Hier werde eine „Aussteigerin als geisteskrank diffamiert".

So arbeitet moderne Inquisition: Gleich, was ein „Ketzer" von sich gibt – es wird immer gegen ihn verwendet. Auf diese Weise wird ein ständiger Gedankennebel erzeugt, der sich wie eine dicke Wolke auf die Gemüter der Medienkonsumenten legt: „Ja, genau! Schon wieder diese Verrückten, diese gefährlichen Sektierer; was haben sie denn jetzt wieder angestellt?" So werden Feindbilder und Vorurteile weiter gefüttert und verfestigt. Wer fragt noch nach, hört beide Seiten und macht sich selbst ein Bild? Wer misstraut der Stimmungsmache und durchschaut die Strategie?

Die Macht des Tratsches

Indem die Verfolgungsexperten der Kirchen ständig weitere „Aussteiger"-Legenden konstruieren und über die Medien verbreiten, nützen sie eine wenig erfreuliche sozialpsychologische Veranlagung des Menschen gnadenlos aus: „Menschen glauben Gerüchten sogar dann, wenn Fakten erkennbar dagegen sprechen", berichtet die *Süddeutsche Zeitung*[121] unter der Überschrift: „Die Macht des Tratsches". In einem Experiment hatten Wissenschaftler des Max-Planck-Instituts für Evolutionsbiologie in Plön einige Probanden miteinander spielen lassen. Sie sollten sich, in wechselnden Spielgruppen, gegenseitig Geld schenken. Wer wenig schenkte, erhielt auch wenig, weil er bald als „Geizkragen" bekannt war. Nach einiger Zeit streuten die Spielleiter gezielt Gerüchte über einzelne Spieler aus, z. B.: „Der ist ein Geizkragen!" Und nun das Verblüffende: Obwohl die bisherigen Spielverläufe dokumentiert und allen bekannt waren, vertrauten manche der Spieler eher den Gerüchten als den belegten Fakten.

Über die Ursachen für dieses rätselhafte Verhalten können auch die Wissenschaftler nur Vermutungen anstellen: Menschen seien „daran gewöhnt, Entscheidungen auf der Basis mündlich überbrachter Informationen zu treffen ... Dabei spielten Tratsch und Gerüchte eine wichtige Rolle, vor allem in Situationen, in denen Menschen nicht alles selbst beobachten können ... Wahrscheinlich entstehe bei vielen Menschen eben das Gefühl, ihnen sei doch etwas entgangen, wenn sie ein Gerücht hören."

Auf unser Thema übertragen heißt das: Vor allem Menschen, die autoritätsgläubig sind, die zu den Nachahmern und Mitläufern gehören, nehmen Aussagen von angeblichen „Zeitzeugen", die ihre „Erlebnisse" berichten, für bare Münze – vor allem dann, wenn sie von „Respektspersonen" wie Pfarrern oder Priestern in Umlauf gesetzt und von Zeitungen und Fernsehstationen ungeprüft übernommen werden.

Die auf diese Weise systematisch ausgegrenzte und in Misskredit gebrachte Bevölkerungsgruppe – in diesem Fall die Anhänger des *Universelle Lebens* – haben kaum eine Möglichkeit, diesem Trommelfeuer etwas entgegenzusetzen. Denn was richten Flugblätter oder bezahlte Zeitungsanzeigen aus gegen große Zeitungsartikel oder Fernsehsendungen, die eine eindeutige „Schlagseite" zugunsten der milliardenschweren Kirchen aufweisen? Was nützen Gerichtsurteile, über die – Wochen oder Monate später – kaum mehr jemand berichtet?

Die Mediendemokratie, das muss man so eindeutig sagen, hat gegenüber dieser Herausforderung bis zum heutigen Tag schmählich versagt. Solange Minderheiten, gerade auch religiöse Minderheiten, nicht besser geschützt werden, steht die Religionsfreiheit mehr oder weniger nur auf dem Papier. Vor allem die Rundfunkgesetze der deutschen Bundesländer, in denen der Minderheitenschutz hoch und heilig versprochen wird, sind bis heute das Papier nicht wert, auf dem sie geschrieben wurden.

Und solange das so ist, bleiben Minderheiten erpressbar. Man kann fast alles über sie verbreiten, ohne dass sie sich in der Öffentlichkeit wirksam dagegen wehren können. Es war nur eine Frage der Zeit, bis jemand auf die Idee kam, dies auszunützen. Erinnern wir uns: Bisher hatten wir es im wesentlichen mit drei „Typen" von „Aussteigern" zu tun. Da sind die Millionäre, die Mühe haben, sich in ein Team einzufügen. Da sind die Kranken (oder gar Verstorbenen), die an die Öffentlichkeit gezerrt werden, um ihre Gebrechen den „Ketzern" in die Schuhe zu schieben. Und da sind die Naiven, die sich, nachdem Gestalten wie Hans-Walter Jungen sie genügend bearbeitet und gebauchpinselt haben, bereitwillig der bestens geölten Maschinerie zur Verfügung stellen. Vor allem die Naiven sind es, die sich von geschulten „Experten" zu Falschdarstellungen und Lügen verführen lassen – und die sich dann in ihrer Geltungssucht daran berauschen, endlich einmal, und das sogar mehrfach, leibhaftig im Fernsehen auftreten zu dürfen.

Ein Journalist als Sprachrohr der aufgehetzten Masse

Nun betrat ein neuer „Aussteiger"-Typus die Bühne: der Erpresser. Im Herbst 1998 berichtete der *Main-Post*-Journalist Tilman Toepfer mit sichtlicher Genugtuung über einen Landwirt, der sich mit der Glaubensgemeinschaft *Universelles Leben* „überworfen" habe und nun plane, eine regelrechte „Kriminalgeschichte" herauszugeben, eine „Broschüre mit Protokollen, Zeugenaussagen und Erfahrungen ehemaliger Anhänger des Universellen Lebens". Toepfer war dann allerdings sehr enttäuscht, als er ein Vierteljahr später berichten musste: „'Kriminalgeschichte' bleibt in der Schublade".

Was war geschehen? Der bauernschlaue Landwirt – nennen wir ihn „Fritz" – hatte den Journalisten offenbar nur dazu benützt, seine „höchst dubiosen Forderungen" durchzusetzen, wie Dr. Christian Sailer, Rechtsanwalt der Glaubensgemeinschaft, sich ausdrückte.

Toepfer seinerseits nutzt bis heute jeden noch so kleinen Anlass, sich auf Kosten der Nachfolger des Jesus von Nazareth in Szene zu setzen. Der studierte Jurist Toepfer ist zwar, wie man hört, schon lange kein Kirchenmitglied mehr. Doch bis ans Lebensende Lokaljournalist beim Provinzblatt *Main-Post* zu bleiben – das ist für den locker-zynischen, etwas „alternativ" daherkommenden Mittvierziger wohl kaum das ersehnte Karriereziel. Verständlich, wenn er für die fachlich versierten und beruflich erfolgreichen Juristen, die dem *Universellen Leben* ihren Sachverstand leihen, wenig Sympathie zeigt. Da kommt es ihm ganz gelegen, dass er „zufällig" in Hettstadt wohnt, das jahrelang im Brennpunkt der Auseinandersetzung um das *Universelle Leben* stand. Er ernennt sich kurzerhand zum redaktionsinternen „Experten" für dieses „neue religiöse Phänomen". Sich aufzuwerten, indem man mit allerlei Häme auf einer Minderheit herumhackt – das mag zwar charakterlich keine Glanzleistung sein. Aber man kann wenigstens nichts falsch machen – denn gegen die „Ketzer" zu sein, das gehörte im Raum Würzburg immer schon zum guten Ton.

Tilman Toepfer ist geradezu der Prototyp eines Journalisten, der sich in opportunistischer Weise dem Geschmack der Masse anbiedert. Und die Masse ist, wie der protestantische Theologe Prof. Walter Nigg feststellte, einer der größten Feinde der Prophetie. In seinem Buch „Prophetische Denker" schreibt Nigg:

Der bekannteste Feind der Prophetie ist die Masse ... Die Masse ist ein amorphes Gebilde. ... Die Massensuggestion wirkt auf die meisten Menschen demoralisierend, sie verlieren alle guten Eigen-

schaften in dem Augenblick, da sie in der Masse untertauchen und fanatisierte Herdentiere werden. Die Masse ... ist ohne Kopf und ohne Herz und kann deswegen leicht zu allem schlechten Tun missbraucht werden. ...

Zur Masse gehört auch der Mensch der öffentlichen Meinung, der ohne eigene Überzeugung sich allen Modeströmen anpasst und sich so zu dem Heer der Mitläufer gesellt, der kein eigenes Gesicht mehr hat und sich auch seiner unsterblichen Seele gar nicht bewusst wird, der sich höchstens noch für Mode, Sport und Technik interessiert und allen religiös-metaphysischen Fragen in Gleichgültigkeit gegenübersteht. Der mondäne Gesellschaftsmensch, der ohne Konturen ist und ohne Normen dahinlebt, betrachtet den Propheten lediglich als Gegenstand der Neugierde, über den sich bei Tee und Fruchtsalat interessant diskutieren lässt, wenn nicht sogar als bloßen Phantasten, der mit der Wirklichkeit nicht rechnet. Auch der bourgeoise Gebildete geht oft am Prophetenwort ohne Betroffenheit vorüber, er lässt sich von ihm nicht aufrufen, so dass zuletzt alles ins Leere fällt. ...

Die Menge widersteht immer dem Propheten und lässt sich von seinen Worten nie zur Umkehr bewegen. Als Masse kann sie schon gar nicht die innere Sinnesänderung vollziehen, ansonst sie aufhören würde, Masse zu sein. Sie ist allezeit der große Feind des Sehertums, eine Gegnerschaft, die zuletzt immer mit einer Verfolgung der Propheten endigt ... (S. 123 f.)

Schon in seinem ersten größeren Artikel über die Aktivitäten der Nachfolger des Jesus von Nazareth zeigte Tilman Teopfer, wes Geistes Kind er ist. Am 30.6.1987 soll er über die neu eröffnete Naturklinik in Michelrieth (s. o. Kap. 8) berichten. Im Mittelpunkt seines Artikels stehen jedoch die Aussagen einiger Michelriether Dorfbewohner, die von der Kirche aufgehetzt wurden – wenige Wochen zuvor waren Haack und Magnis vor Ort gewesen. Toepfer gibt nun einfach die Diffamierungen der Dorfbewohner wieder, ohne sie groß zu kommentieren: „Die wollen die Macht" – „Die fressen uns auf" – „Denen geht es nur ums Geld" usw. Damit macht er sich zum Sprachrohr der aufgehetzten „Masse", wie sie Walter Nigg beschreibt, und ihrer fremdenfeindlichen Instinkte, denen er als Journalist offenbar nichts entgegensetzt. Gegen den augenblicklichen Mehrheits-Strom der lautesten Schreier zu schwimmen wäre auch viel zu anstrengend. Und so geht es all die Jahre über bis heute weiter. An die Stelle von seriösem Journalismus tritt hier blanker Populismus. Auch ein scheinbarer Biedermann, der häufig zündelt, wird irgendwann zum geistigen Brandstifter.

Erpresser in Aktion

Gerne hätte Toepfer auch exklusiv die von Fritz angekündigten Gräuelmärchen in seinem Blatt ausgebreitet. Doch dieser hatte in Wahrheit nur gebluft und diese Ankündigung als Druckmittel eingesetzt, um von eigenen „Leichen im Keller" abzulenken. Doch der Reihe nach:

Fritz hatte bereits Anfang der 80er Jahre das *Heimholungswerk Jesu Christi* kennengelernt. Er verkaufte Ende der 80er Jahre seinen millionenschweren Bauernhof in Süddeutschland und übersiedelte nach Würzburg. Um hohen Steuerlasten zu entgehen, investierte er den Verkaufserlös umgehend wieder in die ökologische Landwirtschaft, die die Nachfolger des Jesus von Nazareth rund um Würzburg aufbauten und bis heute ständig erweitern. Fritz hatte zwar seinen alten Hof bereits auf biologischen Anbau umgestellt, hatte damit aber noch wenig Erfahrung, da er seine Ausbildung in der Bullenmast gemacht hatte. Und die gibt es im *Friedfertigen Landbau* bekanntlich nicht.

Das Problem war nur: Fritz gab diese Unerfahrenheit nicht zu und reagierte auf dementsprechende Hinweise äußerst unwirsch. Er war Landwirtschaftsmeister und fühlte sich noch immer als „Großbauer", der den Ton angibt. Im turbulenten Aufbau der ersten Jahre fielen die fachlichen Fehler, die er machte, noch nicht so auf. Doch im Laufe der Jahre mehrten sich die Hinweise, dass hohe Summen in den Sand gesetzt wurden, weil z.B. Getreide nach der Ernte unzureichend getrocknet und unsachgemäß gelagert worden war. Oder es wurden riesige Felder bebaut, ohne daran zu denken, wie man später für deren ausreichende Pflege sorgen könnte. Die Situation steuerte auf einen Höhepunkt zu, als Fritz Ende der 90er Jahre mitten in der Ernte – es war ein feuchtes Jahr, und das Getreide drohte ohnehin auf dem Halm zu vergammeln – seelenruhig in den Urlaub abreiste. Die zurückbleibenden Mitarbeiter retteten die Situation unter Aufbietung aller Kräfte, indem sie sozusagen über Nacht eine längst überfällige Trocknungsmaschine organisierten.

Fritz hatte, das stellte sich später heraus, in diesem Urlaub bereits Ausschau gehalten nach einem neuen Standort in einem in der Ferne liegenden Land, in dem es noch riesengroße Felder gibt. Das war schon immer sein heimlicher Traum gewesen. Nach seiner Rückkehr begann er, die Weichen dorthin zu stellen. Dazu wollte er die Gelder wieder locker machen, die er investiert hatte – wohl wissend, dass diese keineswegs auf irgendeiner Bank lagen, sondern dass er sie aus freien Stücken langfristig in Gebäuden, Maschinen und Feldern angelegt hatte, die in einem Betriebsverbund bewirtschaftet wurden, den er selber mit aufgebaut hatte.

Wie man sich vorstellen kann, hatten die Nachfolger des Nazareners große Mühe, seinen Forderungen in so kurzer Zeit nachzukommen. Doch sie schafften es. Auf den Millionenverlusten, die Fritz in den Jahren davor durch unzureichende Planung und fachliche Fehler verursacht hatte, blieben sie allerdings alleine sitzen. Fritz übersiedelte mit seiner Familie in das ferne Land und wusch seine Hände in Unschuld.

Was hätte alles entstehen können?

Damit kein falscher Eindruck entsteht: Fritz war nicht unbeliebt. Die meisten seiner Kollegen mochten ihn trotz allem und kamen gut mit ihm aus. Doch die Art und Weise, wie er seine Freunde am Schluss ausnützte und im Stich ließ, spricht für sich. Und wie muss Gabriele sich gefühlt haben, die immer das Positive in ihm sah und zu fördern versuchte? Aufgrund ihres erschlossenen Bewusstseins sieht sie bei ihren Mitmenschen vieles im Voraus – doch sie verrät ihren Nächsten nicht. Sie wartet geduldig, bis die Angelegenheit von selbst ans Tageslicht kommt. Damit hält sie sich an das, was auch in dem großengöttlichen Offenbarungswerk „Das ist Mein Wort" niedergelegt ist:

Menschen verraten Menschen, ihre Nächsten. Gott jedoch verrät nicht Sein Kind. Auch der Mensch, der in Gott lebt, verrät Seinen Nächsten nicht. (S. 809)

Am Ende beschimpfte Fritz Gabriele, die ihm immer eine Schwester gewesen war und sich für ihn eingesetzt hatte, auf einem Schild, das er vor seinem Haus aufstellte als „Frau Wittek", die „keine gute Geldanlage" für ihn gewesen sei. – Was ist da nur in ihn gefahren? Kann man sich eine größere Niedertracht vorstellen? War er etwa ins werdende Friedensreich gekommen, um eine lukrative „Geldanlage" zu suchen? Sein Geld hatte er ja am Ende zurückerhalten – und keine Bank der Welt hätte ihm dafür so viel Zinsen gezahlt, wie er Verluste eingefahren hatte.

Und was bedeutet es für Gabriele, die sich Tag und Nacht dafür einsetzt, dass das Friedensreich entsteht, wenn Menschen, die dafür ebenfalls Verantwortung übernommen haben, ihre ehemaligen Ideale derart mit Füßen treten?

Der Name Gabriele bedeutet „Streiterin Gottes". Sie kämpft für die Gerechtigkeit und Wahrheit Gottes. Deshalb wurde und wird sie von den Beauftragten der Institution Kirche verfolgt. Deren lügenhafte Meinungsäußerungen waren schlimm genug. Aber schlimmer noch waren die Geschwister, die Gott, dem Ewigen, ihr Ja gaben, auf die man gebaut hatte, denen man vertraut hatte, auf deren Ja zu Gott hin man wirtschaftliche Tätigkeiten aufnahm – und die dann alles hinwarfen, weil man ihrem Ego nicht diente. Das war das Schlimmste. Zurück blieben oft Chaos und Schulden, die von getreuen Geschwistern mühsam aufgearbeitet werden mussten.

In dem Buch „Das Wirken des Christus Gottes und der göttlichen Weisheit" lesen wir: „Was wäre, wenn diejenigen, deren Auftrag es war, ihn auch erfüllt hätten – was wäre heute? Wenn sie sich selbst und ihr Geld nicht herausgenommen hätten – was wäre alles entstanden? Ein Gottesvolk, das in Tausenden gezählt würde. Von dem Vielen, das möglich gewesen wäre und das Gott gewollt hat, ist nur ein Bruchteil realisiert worden. Wäre alles realisiert worden, so hätte das weitere Menschen angezogen. Es gab z.B. über sechzig vom Gottesgeist gerufene Jungpropheten. Sie hätten in der ganzen Welt lehren sollen. Was wäre daraus wohl entstanden? Allen Widerständen zum Trotz ist dennoch etwas entstanden – aber es könnte noch ganz anders sein."

Fast hat man den Eindruck, als ob finstere Mächte sich einen Spaß daraus machen würden, die Prophetin des Herrn zu quälen, indem sie Menschen, in deren Gedanken es finster geworden ist, dazu verführen, ihnen zu Diensten zu sein. Die sie dazu verführen, ihren Süchten nachzugeben, anstatt kontinuierlich an sich zu arbeiten. Aufwertungssucht, Rachsucht, Machtgelüste, Rechthaberei, Sucht nach ständig wechselnden Sexualpartnern, Spielsucht – all diese Süchte trieben Menschen früher oder später aus der Gemeinschaft hinaus. Und an all diesen Beispielen kann man sehen, was es mit sogenannten „Aussteigern" so alles auf sich haben kann. Wie glaubwürdig solche „Zeugen" dann sind – das möge der Leser selbst beurteilen. Mit der Lehre des Nazareners hat all das jedenfalls nicht das Geringste zu tun.

Geiselnahme durch Androhung einer Schmutzkampagne

Doch das Beispiel „Fritz" machte Schule. Im Jahr 2001 kehrte die Millionärin Gudrun K. dem *Universellen Leben* den Rücken – auf die Gründe werden wir gleich noch zu sprechen kommen. Sie hatte – zusammen mit ihrer Schwester – ein großes Vermögen geerbt und brachte es in den 80er und 90er Jahren in Form von Schenkungen und Beteiligungen in verschiedene Betriebe und Einrichtungen von Nachfolgern des Jesus von Nazareth ein. Nun verlangte sie plötzlich ihr gesamtes Geld zurück – wohl wissend, dass die Beteiligungen gemäß der vertraglichen Vereinbarungen noch nicht fällig und die Schenkungen sowie die Spenden an das *Universelle Leben* rechtlich gar nicht rückzahlbar waren.

Man stelle sich vor, was passieren würde, wenn jemand auf die Idee käme, eine Spende oder Schenkung zurückzufordern, die er Jahre zuvor der Kirche hatte zukommen lassen ... Doch die Nachfolger des Nazareners verhalten sich hier anders. Sie sind in solchen Fällen bestrebt, den Forderungen, auch wenn sie rein rechtlich unbegründet sind, so weit wie möglich entgegenzukommen. Denn Geld ist aus ihrer Sicht eine Form von Energie. Und Energie, die von jemandem stammt, der dem Werk des Herrn inzwischen negativ gegenübersteht – welcher Segen kann darauf liegen?

Aber Gudrun K. ging das alles nicht schnell genug. Und sie forderte immer mehr, am Ende sogar die Rückzahlung aller Schenkungen in voller Höhe, obwohl ein Teil dieser Beträge als Steuern an das Finanzamt gegangen war. Außerdem forderte sie zusätzlich die Übernahme alter Erbschaftssteuern, die bei einer Rückerstattung ihrer Einlagen als Nachzahlung fällig werden würden. Um mit dieser Unverschämtheit zum Ziel zu kommen, nahm sie sich einen Rechtsanwalt – der Leser ahnt sicher, welchen: den Lutheraner Ulrich Heidenreich aus Würzburg.

Heidenreich erfasst sofort, dass seine neue Mandantin keine guten Karten hat. Aber er weiß auch, was sein Gegenüber, Rechtsanwalt Christian Sailer, in einem Schriftsatz ausdrückt: „ ... dass es in den Medien Journalisten gibt, die geradezu auf dem Sprung stehen, im Fernsehen, im Hörfunk und in den Printmedien ‚Aussteigerberichte' in kompromittierende Zeitungsartikel umzusetzen." Und wir erinnern uns: In dem Spinnen-Netzwerk, in dem Heidenreich mitarbeitet, gibt es mit Gerhard Lenz und Tilman Toepfer zwei Lokaljournalisten und mit Pfarrer Behnk einen Mann mit hervorragenden Medienkontakten.

In einem Brief vom 19. September 2002 an Rechtsanwalt Sailer kommt prompt der Wink mit dem Medien-Zaunpfahl: Heidenreich erwähnt auf drei Seiten gleich dreimal, dass „eine Auseinandersetzung unter Zuhilfenahme ... der Öffentlichkeit unausweichlich sein wird." Seine Mandantin werde „über das Universelle Leben aufklären".

„Aufklären" – das ist unter Kirchen-Gefolgsleuten die zynische Chiffre für eine Schmutzkampagne. Wie überhaupt der ganze Brief Heidenreichs vom Zynismus und der Arroganz der Mächtigen nur so strotzt, ganz nach dem Motto: Wir sitzen nun mal am längeren Hebel, merkt euch das! So schrieb Heidenreich am 23.4.2003: „Selbstverständlich wird meine Mandantin ihren Fall in der Öffentlichkeit, in den lokalen und überregionalen Medien bekannt machen ..." Und am 13.5.2003 fügt er in einem weiteren Schreiben an den Anwalt der Gegenseite hinzu: „Da Ihre Mandantschaft scheinbar auf eine Veröffentlichung dieses Verhaltens drängt, kann Ihrer Mandantschaft geholfen werden."

Doch die Verhandlungen über die Rückzahlungen ziehen sich in die Länge. Sie sind kompliziert, weil Gudruns Schwester seit einem schweren Verkehrsunfall unter Vormundschaft steht und das Vormundschaftsgericht immer mit einbezogen werden muss. Und sie werden noch langwieriger, weil Gudrun insgesamt sechsmal (!) in geradezu sprunghafter Weise ihre Rechtsanwälte und Berater wechselt.

Ende Februar 2004 schreibt Gudrun plötzlich an Gabriele – obwohl sie doch genau weiß, dass diese mit den wirtschaftlichen Transaktionen der Betriebe überhaupt nichts zu tun hat.

Doch Gudrun droht auch Gabriele: „Du weißt, was auf Dich zukommt, wenn ich mit den vorliegenden Dingen an die Öffentlichkeit gehe."

Was ist dies anderes als eine Art Geiselnahme durch Ankündigung einer Schmutzkampagne? Diese Drohungen Gudruns und des Rechtsanwalts Heidenreichs werden nunmehr der Staatsanwaltschaft übergeben, um zu prüfen, ob sie nicht den Tatbestand der Erpressung erfüllen. Doch die Staatsanwaltschaft winkt ab: Man habe ja die Möglichkeit, gegen unrichtige Behauptungen „zivilrechtliche Schritte wie Gegenvorstellung oder Widerrufs- bzw. Unterlassungsmaßnahmen in die Wege" zu leiten. Als ob das angesichts der Medien-Übermacht der kirchlich beeinflussbaren Öffentlichkeit und der großzügigen Rechtsprechung zu Lügenmeinungen irgend etwas Greifbares bewirken könnte!

Dies sollte sich auch gleich darauf bestätigen. Anfang März präsentiert sich Gudrun auf der Webseite des Lokalinquisitors und lutherischen Pfarrers Michael Fragner als „Aussteigerin" – und verbreitet faustdicke Unwahrheiten. Die erste Welle der Falschaussagen kann noch gerichtlich untersagt werden. Doch wenige Tage später folgt eine zweite Welle von Unwahrheiten – diesmal so geschickt in „Meinungsäußerungen" verpackt, wie es nur „Profis" zustande bringen und wie es die Rechtsprechung in Deutschland seit vielen Jahrzehnten zulässt.[122]

Gudrun behauptet z.B., sie sei zu Vertragsabschlüssen für immer neue Beteiligungen förmlich genötigt worden – obwohl es doch ihr freier Entschluss war, das Vermögen ihres Vaters auf diese

Weise anzulegen. Sie behauptet weiter, sie werde bezüglich der Rückzahlung der Gelder „immer wieder vertröstet" – obwohl doch **sie** es ist, die die Verhandlungen durch immer neue Kapriolen in die Länge zieht. Sie spricht von einem „Wirtschaftsimperium" – obwohl sie weiß, dass dies bei einigen hundert Arbeitsplätzen ein Witz ist. Schließlich wirft sie Gabriele sogar vor, „im Luxus" zu leben.

Auch dies gilt vor Gericht als „Meinungsäußerung" – auch wenn es, Gudrun weiß das sehr wohl, angesichts der bescheidenen Lebensweise Gabrieles eine infame Falschaussage ist. Wer vom Luxus nicht loskommt, das ist Gudrun selbst. Auch hier lohnt sich einmal ein kurzer Blick auf das tatsächliche Leben einer „Aussteigerin":

Gudrun war in all den Jahren, in denen sie sich bei den Nachfolgern des Jesus von Nazareth aufhielt und sich zu ihnen rechnete, nie in der Lage oder gewillt, ihren Lebensunterhalt selbst zu verdienen. Wo sie auch mitzuarbeiten versuchte – binnen kurzem zerstritt sie sich mit allen Mitarbeitern, weil sie wollte, dass alles nach ihrer Pfeife tanzte. Mit subtilen Drohungen – sie könne ja ihre Millionen wieder herausziehen – versuchte sie, sich alle anderen gefügig zu machen. Für ihren aufwändigen Lebensstil – etwa mit neusten Modellkleidern – forderte und erhielt sie regelmäßig außerplanmäßige Rückzahlungen aus dem Geld, das eigentlich langfristig angelegt war. In keiner Wohngemeinschaft hielt sie es lange aus, denn sie überwarf sich mit allen Mitbewohnern. Und ihre auffälligen Avancen gegenüber verschiedenen männlichen Personen schlugen, weil sie unbeantwortet blieben, am Ende meist in Hass um.

Wie gesagt: Keiner der Nachfolger des Nazareners ist ein „Heiliger"; jeder hat noch Fehler und Schwächen. Doch wer daran ernsthaft arbeitet, wird keine Steine auf seine Mitmenschen werfen, die dies ebenfalls tun.

Besonders schwer hat's ein Millionär

Besonders schwer scheinen es tatsächlich die Millionäre zu haben. Ein italienischer Unternehmer mit einem Millionenvermögen hatte bereits in den 80er Jahren versprochen, mit seinem Geld Betriebe und Einrichtungen aufzubauen, in denen nach der Bergpredigt gearbeitet werden sollte. Er zögerte diesen Schritt jedoch immer wieder hinaus. Als er Mitte der 90er Jahre dann tatsächlich erschien, wollte er alles umkrempeln und nach seinen Vorstellungen selbst in die Hand nehmen. Geschähe dies, werde er weitere Millionen locker machen. Die Nachfolger des Jesus von Nazareth hielten sich jedoch an das Prinzip: „Geist vor Geld" und bestanden darauf, dass Entscheidungen immer nur gemeinsam gefällt werden können. Daraufhin verlegte auch dieser Millionär sich aufs Drohen: Er werde eine Kampagne anzetteln. Als auch dies nichts fruchtete, zog er sich grollend mitsamt seinem Geld wieder nach Italien zurück.

Es gibt also unter den verschiedenen „Sorten" von „Aussteigern" auch Mischtypen: den Millionen-Erpresser. Oder die naive Millionärin. Doch was bleibt übrig, wenn man die „Szene" durchleuchtet? Es sind im Grunde überraschend wenige, die weggehen und hinterher den „Racheengel" spielen wollen. Außer den in diesem Kapitel Porträtierten handelt es sich um nicht einmal eine Handvoll weitere – auch wenn Kirchenvertreter und kirchenhörige Journalisten die Zahl dieser Wenigen durch geschickte Formulierungen in anonymer Form („ ... wie Aussteiger berichten ...") aufzubauschen versuchen.

Besonders beliebt sind kurze Einblendungen in Fernsehsendungen mit verdeckten Gesichtern und verstellter Stimme – und dann der Untertitel: „Aussteiger". Das gibt dem Ganzen dann den unnachahmlich geheimnisvollen „Kick", so als ob es um mysteriöse Verbrechen ginge – doch beweisen muss man nichts. Auch die mittelalterliche Inquisition arbeitete übrigens gerne mit anonymen Denunzianten zusammen.

So könnte man also mit Shakespeare zu diesem Thema sagen: „Viel Lärm um nichts!" Gerade die rachsüchtigen Aussteiger, das stellt sich immer wieder heraus, sind diejenigen, die aufgrund ihrer charakterlichen Veranlagung auch in anderen Gemeinschaften oder Betrieben der freien Wirtschaft wohl nur schwer hätten Fuß fassen können. **Wenn** etwas verwunderlich ist an diesen Beispielen, dann ist es die Geduld, mit der ein solcher „Typus" von Menschen über Jahre hinweg von einer Gemeinschaft ertragen wurde. Wie konstruiert und an den Haaren herbeigezogen das ganze Thema ist, sieht man besonders deutlich an unserem letzten Beispiel.

Wie einem „Aussteiger"
zu einem Buch verholfen wird

Ende November 2008 verkündet Tilman Toepfer triumphierend in der *Main-Post*, „das erste Buch eines Aussteigers" aus dem *Universellen Leben* sei erschienen. Es sei „spannend" und gebe „tiefe Einblicke". Ende Februar 2009 folgt das *Main-Echo*. Dort lobt Susanne Dauphin das Buch ebenfalls über den grünen Klee – und offenbart gleichzeitig ihre merkwürdige journalistische Arbeitsauffassung: Während sie die Behauptungen des Buchautors kritiklos übernimmt, lehnt sie es rundweg ab, eine Stellungnahme des Pressesprechers des *Universellen Lebens* auch nur auszugsweise abzudrucken: Diese Stellungnahme sei, so wörtlich, „eine bloße Aneinanderreihung nirgends belegter Anschuldigungen".

Und was ist dann, bitte sehr, das Buch?

Was die Journalistin vermutlich verstimmte: Pressesprecher Sailer hatte darauf verzichtet, zu einer großen Verteidigungsrede anzusetzen und war auf einzelne Punkte der angeführten Verdrehungen und Verunglimpfungen gar nicht näher eingegangen. Sondern er hatte schlicht die Glaubwürdigkeit des Autors aufgrund einiger seiner Verhaltensweisen in Frage gestellt. Das aber haben Menschen mit dem Inquisitoren-Gen nicht gerne: Der freche Ketzer hat auf das zu antworten, was er gefragt wird! Und die Fragen stellen immer noch wir!

Doch wenn das so hochgelobte Buch überhaupt „tiefe Einblicke" gibt, dann bestenfalls in die Denk- und Gefühlwelt seines Verfassers. Und „spannend" ist es auch nicht. Nur mit massiver Unterstützung der Kirche konnte es überhaupt erscheinen. Der „Experte" des Würzburger Bischofs, Pater Alfred Singer, rühmte sich bei einem Vortrag in Hettstadt am 14.11.2008: „Wir haben verzweifelt nach einem Verlag gesucht ... Das Manuskript des Buches ist zweimal von Juristen von hinten bis vorne überprüft worden ..." Und jeder, der den Autor und seine Sprache kennt, bestätigt, dass überhaupt nur ein Teil des Textes von ihm selbst stammen kann.

Doch der Reihe nach: Moritz H. lernt das *Heimholungswerk Jesu Christi* Mitte der 80er Jahre kennen und wird rasch im westdeutschen Raum in einer Inneren Geist=Christus-Kirche aktiv. Im August 1989 lässt er sich in die Bundgemeinde Neues Jerusalem aufnehmen. Er pendelt zunächst noch alle zwei Wochen zu den Gemeindetreffen nach Würzburg – doch bei der Aufnahme wurde ihm wie allen anderen neuen Gliedern erklärt, dass es das Ziel der Bundgemeinde sei, in der Umgebung von Würzburg das Friedensreich mit aufzubauen. Und das kann man nur, wenn man auch dort lebt und arbeitet.

Moritz denkt jedoch nicht im Traum daran, irgendwelche Schritte in diese Richtung zu unternehmen. Er hat einen festen Arbeitsplatz als Beamter bei einer Landesbank. Nachdem seine erste Ehe gescheitert war, hat er im Umfeld der Anhänger des *Universellen Lebens* seine zweite Frau kennengelernt, die er im Sommer 1990 heiratet und zu sich nach Westdeutschland holt. Was sein eigentliches Motiv war, sich den Nachfolgern des Nazareners anzuschließen, das beschreibt er selbst in seinem Buch:

„Kurz danach [nach der Aufnahme in die Bundgemeinde, d. V.] sah ich mir ... in einem großen Kino ... einen Film ... an. Ich sah die vielen Menschen in dem Theater und war von dem Gedanken erfüllt, dass von all diesen vielen Menschen *ich* [Hervorh. d. V.] daran mitwirken durfte, mit Christus sein ‚Friedensreich' auf der Erde aufzubauen. Ein Gefühl der Freude und Dankbarkeit ließ mich erschauern. ... Ich war ... geschmeichelt und fühlte mich als Person aufgewertet, war ich doch etwas Besonderes, hatte etwas, das mich von fast allen Menschen auf der Welt abhob."

Moritz beschreibt hier mit großer Naivität und Offenheit seinen Seelenzustand – offensichtlich immer in der Annahme, er würde damit in allgemeingültiger Weise „aufdecken", was „die" mit Menschen „anstellen", die sie „eingefangen" haben.

Das ist jedoch der typische Irrtum eines Menschen, der sich für den Nabel der Welt hält. In Wirklichkeit beschreibt Moritz sein eigenes Problem: Er leidet offenbar unter massiven Minderwertigkeitsgefühlen und Unsicherheiten und ist geradezu süchtig nach Aufwertung. Doch weshalb hat er das nötig?

Man könnte ja einmal den Versuch machen und verschiedene Nachfolger des Jesus von Nazareth befragen, weshalb sie sich dem *Universellen Leben* angeschlossen und auf den Weg nach Würzburg gemacht haben. Man wird sehr bald feststellen, dass Moritz mit seiner Motivation so ziemlich allein auf weiter Flur steht. Wer sich über andere stellt, nur weil er äußerlich irgendwo dazugehört, der steht – das lernt man auf dem Inneren Weg sehr rasch – noch ganz am Anfang der Selbsterkenntnis.

„Plötzlich hatte ich wieder eine Familie", beschreibt Moritz gegenüber der *Main-Post* (28.12.02) seine, so wörtlich, „Glücksgefühle", als er das *Heimholungswerk Jesu Christi* kennenlernte. Doch die Familie auf Distanz genügt ihm völlig. Als er im August 1990 gefragt wird, wann er denn plane, sein Versprechen einzulösen und nach Würzburg zu kommen, fällt er aus allen Wolken.

In seinem Buch wird er es später so darstellen, als sei er förmlich überrumpelt und gezwungen worden, den Weg nach Würzburg einzuschlagen. Und, mehr noch: Er wird behaupten, die Gemeinschaft sei dabei kaltlächelnd über die Tatsache hinweggegangen, dass er noch Unterhalt an seine Töchter zu zahlen hatte, was bei einer weniger gut dotierten Stellung wohl schwieriger sein würde. Es habe, so schreibt er, sogar einen „Beschluss" der Bundgemeinde gegeben, dass diese es nicht mittragen könne, „dass der Moritz wegen Unterhaltszahlungen nicht binnen Jahresfrist hierher kommt."

Das ist frei erfunden. In der entsprechenden Abstimmung war von Unterhaltszahlungen gar keine Rede. Die Gemeinde bekundete lediglich ihr Unverständnis darüber, dass Moritz sich offenkundig nach Ablauf eines Jahres noch überhaupt keine Gedanken über die Frage einer Ortsveränderung gemacht hatte – und eine Antwort darauf auch jetzt noch möglichst weit hinausschieben wollte.

Andererseits drängte ihn auch niemand, zu kommen, im Gegenteil: Gemeindeglieder bauten ihm goldene Brücken: Er könne ja der Gemeinde zunächst fern bleiben, in Ruhe seine Verhältnisse klären und dann, wenn er wolle, wieder auf die Gemeinde zukommen. Oder er könne sich vielleicht um eine Versetzung bemühen. Und wenn er wirklich ernsthaft kommen wolle, dann werde sich bezüglich des Gehalts schon eine Lösung finden lassen. All diese Hinweise verschweigt Moritz in seinem Buch – denn er will ja anderen die Schuld geben. Interessanterweise gibt er aber eine Seite später selbst zu, dass ihn einige Tage später ein Mitarbeiter des Büros des *Universellen Lebens* anrief, um ihm zu raten, seine Übersiedelung „noch einmal zu überdenken". Dass er nach Aussage eines anderen Mitarbeiters auch noch einen dementsprechenden Brief aus Würzburg erhielt, verschweigt er wiederum.

Wenn man den Gliedern der Bundgemeinde im Zusammenhang mit Moritz einen Vorwurf machen kann, so höchstens den, dass sie seine charakterliche Problematik nicht von Anfang an erkannt haben. Spätestens jetzt aber versuchen sie, gegenzusteuern und ihn möglichst fernzuhalten. Doch zu spät: Moritz, auch das ein merkwürdiger Charakterzug, ist plötzlich durch nichts mehr von seinem neuen Ziel abzubringen. Er gibt seine sichere Beamtenstelle auf und erscheint ein volles Jahr später tatsächlich in der Umgebung von Würzburg – allerdings nicht in einem „Christusbetrieb", sondern in einem privat geführten Betrieb ganz am Rande des Geschehens: in einem Seminarhaus. Wer hätte ihm das verwehren können? Dass er den Unterhalt für seine Töchter ab jetzt nur noch teilweise bestreiten kann, nimmt er in Kauf. Doch es ist, wie alles, einzig seine persönliche Entscheidung.

Angst vor dem „Weltuntergang"

Weshalb nun der plötzliche Sinneswandel? Weshalb konnte er nicht, wie viele andere, der Gemeinde einfach den Rücken kehren, wenn seine Vorstellungen nicht mehr mit denen der Nachfolger des Nazareners übereinstimmten? Wieder ist es Moritz selbst, der Auskunft gibt, diesmal in einer Sendung des *Bayerischen Fernsehens* vom 1.2.2004: „Der Weltuntergang sollte damals nahe bevorstehen. ... Ich hatte damals eine solche Angst, dass ich innerhalb eines Jahres gekommen bin."

Angst vor dem „Weltuntergang"? Auch mit diesem Motiv für den Ortswechsel dürfte Moritz innerhalb der Bundgemeinde so gut wie alleine dastehen. Oder glaubt jemand im Ernst, dass die Nachfolger des Jesus von Nazareth eine trotz allem nicht ganz unbeachtliche Anzahl von Betrieben und Einrichtungen aufgebaut hätten, wenn sie eine verhuschte Schar von Angsthasen wären?

Außerdem weiß jeder Anhänger des *Universellen Lebens*, dass ein bestimmter Ort oder eine bestimmte Zugehörigkeit zu einer Gruppe noch lange keine Garantie darstellen, von den Auswirkungen der von der Menschheit verursachten Umbruchszeit verschont zu bleiben.

Angst als Motiv des Ortswechsels? Auch hier schließt Moritz wieder in irreführender Weise von sich auf andere: Sein ganzes Wesen nämlich ist von Angst geprägt. Weshalb – wir werden es gleich noch sehen.

Als die Leiterin des Seminarhauses verstirbt und dieses aufgelöst wird, „erbarmt" sich die Naturklinik und nimmt den Arbeitssuchenden auf, zunächst in die Küche, dann in den Dienst im Speisesaal. Sie nimmt ihn auf, obwohl sich längst herumgesprochen hat, dass Moritz eher in einem betulichen, langsamen Rhythmus arbeitet. Manche junge Praktikantin räumt den Saal wesentlich rascher auf als er. Moritz scheint aber seine Situation und die Grenzen seines Leistungsvermögens noch immer nicht richtig erfassen zu können. Obwohl oft andere seine Arbeit miterledigen müssen, beschwert er sich immer wieder über die Arbeitssituation – bis ihm eines Tages gesagt wird, er *müsse* hier ja nicht arbeiten. Schließlich ging man getrennte Wege. Und von nun an hat er ein neues Ziel, von dem er wiederum keinen Millimeter mehr abweicht: Rache.

Ein Opfer der „unbarmherzigen Schwestern"

Ein Leserbriefschreiber[123)], der nach eigener Aussage weder mit dem *Universellen Leben* etwas zu tun hat noch Moritz persönlich kennt, bringt mit bemerkenswertem psychologischem Scharfblick die Sache auf den Punkt:

„Mir tut es sehr leid, dass M. beim Universellen Leben gelitten hat. Aber sein angestauter Frust stammt größtenteils nicht aus der Zeit bei UL, sondern vielmehr aus der damaligen Zerrüttung seiner Familie. Deswegen wäre es wohl sinnvoll für ihn gewesen, das Buch eben über dieses Familiendrama zu schreiben, um alte Probleme psychologisch aufzuarbeiten. M. dagegen ist –

wie er selbst aussagt – aus einer labilen Situation heraus vom UL aufgefangen worden. Dass er dann 17 Jahre gebraucht hat, um sich vom UL abzunabeln, spricht nicht gegen diese Gemeinschaft, sondern zeigt lediglich: Er kam als gebrochener Mann und wurde während seiner UL-Zugehörigkeit so stark, dass er eine eigene Meinung entwickelte, die allerdings nicht zur Glaubensgemeinschaft passte. ... Man hat die Vergangenheitsbewältigung eines einzelnen Menschen zu einem Rundumschlag gegen eine Glaubensgemeinschaft aufgeplustert, die sich strafrechtlich noch nichts hat zuschulden kommen lassen."

Von welchem „Familiendrama" spricht dieser wache Zeitgenosse? Er hat sich offenbar der Mühe unterzogen, das besagte Buch zu lesen. Dort steht nämlich:

„Es war für mich als Achtjähriger ein tiefer Einschnitt, als wir nach D. übersiedelten. Wegen der drückenden Wohnungsnot der Nachkriegszeit konnten meine Eltern keine Unterkunft für uns alle finden. So gaben sie mich für einige Jahre in ein katholisches Kinderheim. Dieser Wechsel der gesamten Lebensumstände war für mich ein Kulturschock. Bei den Ordensschwestern herrschte eine eiserne Disziplin; jede Abweichung von der Heimordnung wurde unerbittlich geahndet. Dabei machten die Nonnen selbst keinen glücklichen Eindruck. Dass ich später meinen Glauben an Gott allmählich verlor, hat viel mit meinen Jahren in diesem Waisenhaus zu tun. Auch die Unterstützung, die ich später auf dem Gymnasium gerade durch katholische Geistliche erhielt, konnten diese frühen Erfahrungen nicht ausgleichen."

Auch hier scheint Moritz überhaupt nicht bewusst zu sein, was er da schreibt. Denn plötzlich wird ein Schuh aus der ganzen verworrenen Geschichte: Moritz ist in seiner Seele bis heute noch immer ein gequältes, traumatisiertes Heimkind.

„Die unbarmherzigen Schwestern" („The Magdalen Sisters") – so hieß ein Film über ein katholisches Mädchenheim in Irland, mit dem 2002 (Moritz war zu diesem Zeitpunkt schon „ausgestiegen") die Diskussion über die schauderhaften Zustände in vor allem kirchlichen Heimen der Nachkriegszeit begann.

Während der folgenden Jahren schwappte die Diskussion auf andere europäische Länder über. Auch in Deutschland meldeten sich Hunderte von traumatisierten Menschen, die bis heute unter der Behandlung leiden, die sie als Kinder oder Jugendliche in katholischen oder lutherischen Heimen durchlitten: Schläge, Quälereien, Zwangsarbeit, Sexualverbrechen. Der *Verein ehemaliger Heimkinder* schätzt, dass insgesamt eine halbe Million oder mehr Kinder und Jugendliche in solchen Heimen leben mussten. Viele dieser Menschen sind bis heute kaum arbeitsfähig; viele vegetieren am Rande des Existenzminimums dahin. Bis heute haben sie keinerlei Entschädigung erhalten.

Moritz ging es in seinem weiteren Leben noch vergleichsweise gut. Doch auch er durchlebte eine scheiternde Ehe, weil seine Frau es mit ihm offenbar nicht mehr aushielt. Von seiner Arbeitsstelle bei einer staatlichen Bank wurde berichtet, dass er sich regelmäßig den Schreibtisch voll laden ließ, weil er immer „lieb Kind" sein wollte. Seine verdrängten Aggressionen brachen sich dann woanders Bahn: Gegenüber den Patienten im Klinik-Speisesaal war er bemüht freundlich – doch kaum war er in der Küche, setzte er hinter ihrem Rücken oft zu einer Schimpfkanonade an. Ein sich ungeliebt fühlendes, von den Eltern herumgestoßenes und emotional vereinsamtes Kind, das es dem strengen Vater nie recht machen konnte („Vor allem die Strenge des Vaters fürchteten wir", schreibt er), dieses Kind sucht verzweifelt nach Anschluss, nach Sicherheit, nach Anerkennung – und steckt doch voller Versagensängste und anderer Phobien. Auf depressive Tage folgen aggressive Phasen, dann wieder regelrechte Panikattacken. Einer Mitarbeiterin der Klinik vertraute er einmal zitternd an: „Wir müssen die Türe dort zumachen. Sonst könnte ja einer mit dem Messer kommen und uns umbringen."

Wer weiß: Vielleicht waren es ja die katholischen Nonnen, die dem kleinen Moritz so tiefsitzende Ängste eingeimpft haben – z.B. vor einem „strafenden Gott"?

Ein verbaler „Amoklauf"

Man könnte das Buch, mit dem Moritz an die Öffentlichkeit ging, im übertragenen Sinn auch als eine Art verbalen „Amoklauf" bezeichnen. Dieser Vergleich mag auf den ersten Blick etwas verwundern, da ja auch niemand körperlich zu Schaden kam. Doch andere Parallelen sind frappierend, wenn man bedenkt, was Fachleute über die Psyche von Amokläufern herausgefunden haben. Die Süddeutsche Zeitung fasste dies am 11.3.2009 wie folgt zusammen:

„Etliche der Amokläufer waren nicht in der Lage, mit Kritik und Zurückweisungen oder Enttäuschungen vernünftig umzugehen. Ein immer wiederkehrendes Merkmal ist, dass die Betroffenen einerseits unter einem mangelnden Selbstwertgefühl leiden, sich aber zugleich für etwas Besonderes halten. Die Verantwortung für das eigene Versagen können sie deshalb nicht übernehmen, sondern sie geben einer aus ihrer Sicht ungerechten, feindlichen Umwelt die Schuld. Der Amoklauf ist schließlich ihre Rache für alles Unrecht, das sie ihrer Meinung nach erleiden mussten."

Wie gesagt, hier sollen nicht äußere Abläufe, sondern nur innere Denkstrukturen verglichen werden.

Was wird aus Moritz einmal werden, wenn seine neue „Ersatzfamilie", die freundlichen Kirchenonkel von der „modernen" Inquisitionsbehörde, ihn einmal nicht mehr brauchen und ihn fallen lassen wie eine heiße Kartoffel? Ob er je begreifen wird, dass er das Opfer einer geradezu diabolischen Gemeinheit wurde: Ein Opfer der Kirche, bis an sein Lebensende traumatisiert, wird dazu missbraucht, eine Glaubensgemeinschaft in den Schmutz zu ziehen, die genau diesem Opfer über Jahre hinweg wenigstens noch einen gewissen Rückhalt geboten hat. Und die Kirche kann dabei auch noch von der eigenen Mitschuld ablenken, die sie ohne Zweifel an diesem Schicksal trägt.

Journalisten wie Toepfer oder Dauphin oder Angela Scheele vom Bayerischen Rundfunk klatschen dann dieser abgrundtiefen Bosheit noch Beifall und verbreiten sie mit großem Tamtam. Weshalb eigentlich stürzen sie sich nicht gleichermaßen auf die vielen Aussteiger aus den Großkirchen, die dort wahrhaft schlechte Erfahrungen gemacht haben, die als Kinder von Priestern sexuell missbraucht wurden, die als Frauen von Priestern geschwängert und dann abserviert wurden, oder die als ehemalige Nonnen oder Mönche ohne Rente dastehen?

Statt dessen feiern sie ein Buch, dessen lügenhafte „Meinungsäußerungen" eindeutig aus dem Sprachgebrauch von Verfolgungsexperten wie Behnk oder Fragner stammen. Das meiste von dem, was der Autor z.B. aus der Bundgemeinde hinausträgt, hat er, sieht man näher hin, falsch verstanden, durcheinandergebracht, in seinen Zusammenhängen verwechselt oder aus seiner Erinnerung in verdrehter Weise hervorgeholt – was angesichts seiner Angstzustände und Hemmungen auch nicht weiter verwundern kann. Oder er hat es schlicht erfunden – landläufig würde man sagen: Er fantasiert.

Und wen interessieren schon Richtungskämpfe, die vor fast 20 Jahren innerhalb der Bundgemeinde stattfanden? Gabriele, die der frustrierte und rachsüchtige Moritz, wie manch anderer „Aussteiger" auch, für vieles verantwortlich machen will, hat damit jedenfalls nichts zu tun. Denn sie brachte lediglich die Gesetze Gottes, auch für die Bundgemeinde – doch das Hin und Her, die Unentschlossenheit, aus der dann zahlreiche Kompromisse und Streitigkeiten entstanden, geht gewiss nicht auf ihr Konto.

Wie wenig Moritz trotz vieler Jahre körperlicher Anwesenheit bei den Nachfolgern des Jesus von Nazareth von deren eigentlichen Anliegen verstanden hatte, zeigt sich z.B. darin, dass er den engagierten Einsatz des *Universelles Lebens* für Natur- und Tierschutz verächtlich als „ideologische Umgestaltung ... in eine Art Tierschutzverein" abtut.

So funktioniert Verleumdung

Doch für die „moderne" Inquisition ist es gar nicht so entscheidend, **was** in einem solchen Buch steht oder wie viele es lesen. Im Gegenteil: Je mehr es tatsächlich lesen, desto mehr könnten es frustriert weglegen und sagen: Was soll das eigentlich? Viel wichtiger ist die Tatsache, dass es das Buch **gibt** und dass man darüber große, geheimnisvoll klingende Artikel schreiben kann. **So** funktioniert Verleumdung. Denn diese – das liegt in der Natur der Sache – arbeitet nicht mit Tatsachen, o nein. Die könnte man ja nachprüfen, oder die andere Seite dazu hören wollen. Verleumdung arbeitet mit Schein, mit Andeutungen, mit tiefsitzenden emotionalen Reflexen: „Was?! Sogar ein Buch hat jemand über die geschrieben! Ein Mensch, der Schlimmes durchgemacht hat! Da haben wir's wieder: Das müssen ganz böse Leute sein!"

Die meisten ducken sich dann lieber weg und wollen die Einzelheiten gar nicht so genau wissen – die könnten das bequeme Vorurteil ja in Frage stellen. Sie folgen lieber der kirchlichen Massen-Abkanzelung, die in den Medien mundgerecht serviert wird. Die untergründige Botschaft ist ohnehin längst angekommen: „Wenn du selber kein Außenseiter sein willst, wenn du weiter im großen Strom mitschwimmen willst, dann halte dich von **denen** besser fern!" Ein, zwei hämische Bemerkungen in einem Toepfer-Artikel genügen dann bereits, um diesen Reflex wieder zu aktivieren und das Vorurteil weiter zu bestärken – bis sich die Ausgrenzung wie eine dumpfe Glocke über die Gemüter legt.

Um so wichtiger ist es, dass es noch Bürger gibt, die sich davon nicht beeindrucken lassen und sich ein eigenes Bild machen.

Silberlinge sind vergänglich

Lassen wir zum Ende diese Kapitels diejenige zu Wort kommen, die den Anwürfen und Schmutzkampagnen der Verfolgungsexperten wie auch ihrer Helfershelfer, der von der Kirche in Dienst genommenen „Aussteiger", meist als bevorzugte Zielscheibe diente: Gabriele. Wie ordnet *sie* das Geschehen ein? Wer sie kennt, der weiß, dass sie sich durch persönliche Angriffe, so hinterhältig sie auch sein mögen, nicht in eine persönliche Betroffenheit hineinmanövrieren lässt, sondern mit einer glasklaren Analyse aufwartet. Im Frühjahr 1996 schrieb sie an Pfarrer Behnk:

> *Sie, Herr Behnk, haben sich zum Büttel dieser „ehemaligen UL-Glieder" gemacht und deren Emotionen zu einem Forum verholfen, denn Sie nahmen die Einseitigkeit von deren Beurteilung unbesehen und bereitwillig an und propagierten sie in der Öffentlichkeit als belegte Wahrheit. Das durch die Anforderungen der Bergpredigt*

gekränkte Ego von „ehemaligen UL-Gliedern" brauchte ein Ventil, um angestauten Aggressionen Luft zu machen und eigene Fehler der Vergangenheit zu rechtfertigen. Dafür gaben und geben sich Ihre Gesellen her! ...
Wichtig für Sie und Ihre Gesellen ist nur das eine: Ihre Mitmenschen, die unliebsamen Urchristen, an den Pranger zu stellen, um sie schließlich von den in Staat und Parteien Aufgewiegelten aus der Gesellschaft ausgrenzen zu lassen, wie es die evangelische Kirche schon seit Martin Luther praktiziert hat.

Sieben Jahre später, im März 2003, ging Gabriele erneut auf dieses wenig erbauliche Thema ein. Im Gabriele-Brief Nr. 3 [124)] schreibt sie:

Im Werk des Herrn, im Universellen Leben, gab es von Anfang an Menschen, die die Gemeinschaft derer, die sich entschieden haben, Christus in ihrem Inneren und in Seinem Tatwerk nachzufolgen, wieder verließen. Der eine oder andere nahm also zunächst die Mitarbeit in einem der von Urchristen geführten Betriebe auf, deren Belegschaft sich einig war, im Alltag miteinander nach den Zehn Geboten und nach der Bergpredigt Jesu zu leben und zu arbeiten.
Manch einer stellte dann nach einer Weile fest, dass er sich doch nicht weiter daran halten wollte, und ging. Dagegen ist an sich nichts einzuwenden. Jedoch ging mancher, ohne sich zuvor mit seinen Mitmenschen auszusöhnen. Man nahm oftmals erbitterte Vorwürfe mit – und schuf sich nicht selten noch nachträglich eine willkommene Rechtfertigung und Genugtuung, indem man seinen persönlichen Zündstoff dorthin trug, wo dieser dann als

Munition in Verleumdungskampagnen vielseitig und reichlich Verwendung fand.

Demzufolge wurden auch innerbetriebliche Angelegenheiten zum Anlass genommen, das Universelle Leben anzuklagen, obwohl dieses – als Lehr- und Aufklärungswerk des Ewigen – mit Betriebsführung und der Gestaltung des betrieblichen Alltags nichts zu tun hat.

So manches Geschwister in den Betrieben hält die Lehren der Bergpredigt höher als etliche andere, die einen Christusbetrieb verlassen haben, weil ihnen von Mitmenschen im Betrieb der Spiegel unchristlichen Verhaltens vorgehalten wurde.

Es gab und gibt im Zusammenleben von Menschen immer Ungereimtheiten. Entweder glaubt der eine, es besser zu wissen als der andere, wodurch es dann zur Eskalation, zum Streit, kommt, wenn die Beteiligten unnachgiebig sind und keine Basis zur Vergebung finden – vor allem dann, wenn einer neben seiner Ehefrau, die auch in einem Betrieb arbeitet, noch eine Freundin dazu halten möchte, was der christlichen Ethiklehre entgegensteht. Wenn bezüglich dieses Wunsches und Wollens ein Mitverantwortlicher rät, den Betrieb zu verlassen, weil das nun mal nicht der höheren Ethik und Moral, den Grundsätzen der Bergpredigt Jesu, entspricht, dann schlug man sich in so manchem Fall zu jenen, die stets für boshafte Argumente gegen das Universelle Leben empfänglich waren und sind, um sie für weitere Diskriminierung auszunützen.

Wieder ein anderer machte ohne Rücksprache mit seinen Kollegen im Betrieb große Schulden. Daraufhin wurde er angesprochen. Die Folge war, dass er den Betrieb verließ. Wieder ein anderer brachte Geld ein. Weil er dafür zu wenig gelobt wurde, presste er es über die Öffentlichkeit heraus. Das Geld hätte der Betreffende sowieso bekommen, denn es war eine Beteiligung. Das war für ihn allerdings nicht ausschlaggebend – man wollte sich in aller Öffentlichkeit Luft machen und ehemalige Brüder und Schwestern an den Pranger stellen, wobei immer wieder das Universelle Leben, das Lehrwerk, mit hineingezogen wurde und wird.

Ähnliches erlebten und erleben immer wieder die Menschen, die nicht dulden, dass das Leben im Geiste Gottes von Einzelnen zu Willkürhandlungen missbraucht wird. Manch einer, der zur Versöhnung nicht bereit war und sich im Recht glaubte, ließ sich öffentlich von Experten zur Meinungsbildung als heldenhafter „Aussteiger" verehren, der dann mit ihnen öffentlich seine ehemaligen Geschwister diskriminierte.

Jeder muss für sich selbst, für sein Denken, Reden und Tun geradestehen. Auf jeden Fall kann ich mit gutem Gewissen sagen: Was ich hier geschrieben habe, ist die Wahrheit. Dafür verbürge ich mich, und dafür kann ich vor Gott, dem Ewigen, geradestehen.

Alles in allem kann man sagen: Der Versuch der Kirchenvertreter, mit Hilfe willfähriger „Aussteiger" dem *Universellen Leben* einen entscheidenden Stoß zu versetzen, ist trotz hohen personellen und finanziellen Aufwands fehlgeschlagen. Die Silberlinge, die die Judasse für ihren Verrat erhalten haben, sei es in Form von Geld, sei es von vorübergehender Aufwertung und Anerkennung, sind vergänglich. Gott jedoch ist der Ewige – und Er lässt Sein Werk nicht im Stich.

KAPITEL 10

Trotz alledem: Das Friedensreich entsteht!

Dann wohnt der Wolf beim Lamm,
der Panther liegt beim Böcklein.
Kalb und Löwe weiden zusammen,
ein kleiner Knabe kann sie hüten.
Kuh und Bärin freunden sich an, ihre Jungen liegen beieinander.
Der Löwe isst Stroh wie das Rind.
Der Säugling spielt vor dem Schlupfloch der Natter,
das Kind streckt seine Hand in die Höhle der Schlange.
Man tut nichts Böses mehr
und begeht kein Verbrechen auf Meinem ganzen heiligen Berg;
denn das Land ist erfüllt von der Erkenntnis des Herrn,
so wie das Meer mit Wasser gefüllt ist.

Diese Vision des Jesaja (Jes. 11) gehört zu den Sternstunden der Weltliteratur und (auch ohne entsprechende Auszeichnung der UNESCO) zum Weltkulturerbe der Menschheit. Doch wirklich verstanden und als Ankündigung eines realen zukünftigen Vorgangs aufgefasst wurde und wird sie leider nur selten.

Zu groß war und ist die Kluft zwischen dieser Vorhersage und der Wirklichkeit. Ist es wirklich zu glauben, dass Panther, Bärin, Schlange und Löwe sich einmal ändern werden? „Da können wir ja lange warten!" Generationen von Schriftgelehrten und Theologen haben sich an dieser Textstelle die Zähne ausgebissen – und nicht begriffen, dass nicht das Tier, sondern **der Mensch** sich ändern muss. Dass es die Aufgabe **des Menschen** wäre, friedfertig zu werden – nicht nur gegenüber seinesgleichen, sondern auch gegenüber der Natur und den Tieren. Erst dann kann diese Friedfertigkeit auch auf die Schöpfung übergreifen. In dem göttlichen Offenbarungswerk „Das ist Mein Wort" findet sich dazu folgende Stelle:

Viele Tiere nehmen die Schwingungen der Menschen an und verhalten sich ähnlich wie die Menschen. Ändert sich der Mensch und lebt er nach dem göttlichen Gesetz, dann werden auch die Tiere wieder zutraulich und werden des Menschen Freunde sein. (S. 147)

In „Das ist Mein Wort" sowie auch in zahlreichen apokryphen Schriften, also in Evangelien, die nicht in den Kanon der Bibel aufgenommen wurden, finden sich zahlreiche Hinweise darauf, dass Jesus von Nazareth die Tiere liebte und dass die frühen Christen vegetarisch lebten.[125] Auch in den Seligpreisungen Jesu („Selig sind die Friedfertigen") kommt die Friedensliebe des Nazareners zum Ausdruck. Doch die im 3. und 4. Jahrhundert entstehende Priesterkirche begann die frühchristlichen Vegetarier zu verfolgen[126] und ersetzte die Friedfertigkeit der ersten Christen durch die Rechtfertigung von Krieg, Gewalt und Jagd. Damit hat die Kirche einen ganz entscheidenden Anteil daran, dass die Menschheit sich nicht in eine friedfertige Richtung weiterentwickelte. Die verhängnisvolle Naturverachtung der „modernen" westlichen Zivilisation wurde letztlich durch die Theologen grundgelegt.[127]

Mittlerweile steht die Welt am Abgrund. Der Mensch zerstört seine eigene Lebensgrundlage, und die Mutter Erde leidet unsäglich. Die Warnungen, die über Jahrzehnte hinweg durch im göttlich-prophetischen Wort durch Gabriele an die Menschheit ergingen, verhallten fast ungehört – weil die Priesterkaste die heutigen Nachfolger des Jesus von Nazareth als „Panikmacher" und „Endzeitapostel" verhöhnte.[128)] Nur wenige erfassen wirklich, dass die hereinbrechende Klimakatastrophe im Grunde auf ein gestörtes Verhältnis des Menschen zur Natur zurückzuführen ist – und noch weniger ziehen Konsequenzen daraus.

In dieser Situation ist die Vision des Jesaja aktueller denn je. Ein neuer Anlauf in diese Richtung ist überfällig. Doch **wie** soll er geschehen – und **wo** soll er stattfinden?

Der Bund Gottes mit Natur und Tieren

Große Dinge nehmen ihren Anfang meist in der Stille und im Kleinen. Von der Öffentlichkeit zunächst unbemerkt, wird kurz vor der Jahrtausendwende eine Stiftung gegründet: die *Gabriele-Stiftung*. Sie hat es sich – neben der Sorge für hilfsbedürftige und kranke Menschen – vor allem zur Aufgabe gemacht, Lebensräume für Tiere, Pflanzen und Mineralien zu schaffen. Die in diesen Lebensräumen aufgenommenen Tiere dürfen bis an ihr natürliches Lebensende mit ihren Artgenossen leben und werden liebevoll betreut. Ein Verbund von Hecken, Bauminseln, Feucht- und Steinbiotopen bietet auch Wildtieren und Pflanzen ungestörte Lebensräume. Dadurch, so heißt es in einer

Broschüre der Stiftung, wurde begonnen, „in einem zunächst noch relativ kleinen Bereich gleichsam das aktiv wiedergutzumachen, was wir Menschen seit Jahrtausenden den Tieren und der Natur angetan haben".

In der Stiftungsbroschüre wird des weiteren angeknüpft an das Offenbarungswerk „Das ist Mein Wort", wo zu lesen ist:

Der Löwe soll liegen bei dem Kalbe und der Leopard bei dem Zicklein und der Wolf bei dem Lamm und der Bär bei dem Esel und die Eule bei der Taube. Und ein Kind soll sie führen. Und niemand soll verletzen oder töten auf Meinem heiligen Berge; denn die Erde soll erfüllt werden von der Erkenntnis des Heiligen, ebenso, wie die Wasser bedecken das Bett des Meeres. Und in diesen Tagen will Ich nochmals einen Bund schließen mit den Tieren der Erde und den Vögeln der Luft, mit den Fischen des Meeres und mit allen Geschöpfen der Erde. Und Ich will den Bogen zerbrechen und auch das Schwert, und alle Werkzeuge des Krieges will Ich verbannen von der Erde, und sie sollen weggelegt werden in Sicherheit, damit alle ohne Furcht leben. (S.99)

Und weiter heißt es in dieser Broschüre:

Die Tragweite dieser Worte wird uns heute offenbar durch das Prophetische Wort Gottes in unserer Zeit. **Im Jahre 1999 schloss Gott, der Ewige, den Bund mit den Tieren und der ganzen Natur und somit mit der Mutter Erde.** *Er, Gott, der Unendliche, übergab die Mutter Erde in die Obhut von Geistwesen und göttlichen Wesen der Natur. Gott hat also die Reinigung der vom*

Menschen verunreinigten und malträtierten Erde sowie die Errichtung einer friedvollen Umwelt für ein friedliches Zusammenleben aller Geschöpfe nunmehr in die Hände von Geistwesen und göttlichen Wesen der Natur gelegt. Diese werden so lange für die Gesundung und den Wiederaufbau der Erde in Seinem Geiste verantwortlich sein, bis Er die Erde friedvollen Menschen anvertrauen kann ... Und Gott sprach ...: Wenn geistig-kosmisch friedfertige Menschen die Erde bewohnen, werde Ich die Erde wieder den Menschen geben, so wie es Jesus, der Christus, in der Bergpredigt sagte: Selig sind die Sanftmütigen, denn sie werden das Erdreich besitzen.

Ein „Bund mit den Tieren"? Wer nun glaubt, das sei ein völlig neuer Gedanke, der sollte einmal in der Bibel der Kirchen nachschlagen. Bei Hosea (2,20) finden wir den Vers:

Ich schließe für Israel an jenem Tag einen Bund mit den Tieren des Feldes und den Vögeln des Himmels und mit allem, was auf dem Erdboden kriecht. Ich zerbreche Bogen und Schwert; es gibt keinen Krieg mehr im Land; ich lasse sie Ruhe und Sicherheit finden.

Doch diejenigen, die immer auf die Bibel pochen, haben sie im entscheidenden Moment oft nicht zur Hand. Statt dessen, man kann es sich fast denken, waren wieder die Spötter zur Stelle, die heutigen Schriftgelehrten und ihre Helfershelfer in der Presse, und suchten das „Haar in der Suppe": Erst ein Bund mit den Menschen – und nun ein Bund mit den Tieren ... Schon wieder so eine neue Idee! Ist Gott etwa wankelmütig?

Die Spreu trennt sich vom Weizen

Natürlich ist Gott nicht wankelmütig – aber die Menschen sind es bisweilen. Die Errichtung des Friedensreiches Jesu Christi auf dieser Erde ist und bleibt ein Ziel, das bereits im Vaterunser angekündigt ist: „Wie im Himmel, so auf Erden!" Dass auf einem kleinen Fleckchen Erde dafür ein Anfang gesetzt wird, ist ein folgerichtiger, von langer Hand in der geistigen Welt geplanter Schritt im Aufbau eines mittlerweile weltweiten Werkes. Doch wie und wann genau so ein Schritt getan wird – das hängt immer auch von den Menschen ab, die zu dieser Aufgabe Ja gesagt haben.

Gabriele erfüllte ihren Teil. Oder besser: Sie über-erfüllte ihn. Lebensräume für Tiere und Pflanzen zu schaffen und sich intensiv dafür einzusetzen, dass die Vision des Jesaja Wirklichkeit werden kann, das hätte an sich in der Verantwortung der Bundgemeinde Neues Jerusalem gelegen. Doch diese war (und ist bis heute) erheblich „in Verzug".

Der Leser erinnert sich vielleicht, dass eingangs dieses Buches[129] zur Veranschaulichung von einem „Plan A, B oder C" die Rede war. Womit der Geist Gottes in Seinem Variantenreichtum aber keineswegs eingeschränkt werden sollte. Der neue Schritt, so epochal und aufregend er ist, beinhaltet also einen erheblichen „Wermutstropfen": Der Bund Gottes mit den Tieren musste geschlossen werden, weil sich der Bund der Menschen mit Gott als bisher nicht tragfähig genug erwies. Womit letzterer aber keineswegs aufgehoben ist. Er bleibt in der Seele der Menschen, die ihn geschlossen haben, gespeichert und wird irgendwann, und sei es in weiteren Einverleibungen, erfüllt werden.

Von kirchlichen Verfolgungs-Experten und deren journalistischem Anhang war gewiss nicht zu erwarten, dass sie den neuen Schritt verstehen, geschweige denn gutheißen würden. Spott und Häme gegen Menschen mit dem „falschen" Gebetbuch sind sozusagen Teil ihrer „Arbeitsplatzbeschreibung". Doch auch unter denjenigen, die sich als „Urchristen" bezeichneten, gab es so manchen, dessen Horizont das epochemachende Ereignis überstieg. Der „Aussteiger" Moritz H., den wir am Ende des vorangegangenen Kapitels kennenlernten, war nur ein Beispiel von mehreren. „Gott schließt einen Bund mit den Tieren? Sind die Menschen nicht wichtiger als die Tiere? Tierschutz, schön und gut – aber man sollte es nicht übertreiben!" In gewisser Weise trennte sich nun abermals die Spreu vom Weizen: Wer noch immer nicht begriffen hatte, dass auch der Mensch ein Teil der Natur ist, und dass sein Schicksal gerade in einer Zeit beginnender Umwälzungen und Katastrophen mit dem Schicksal der Mutter Erde steht und fällt, der ging nun innerlich auf Distanz – und wandte sich früher oder später ab.

So erfüllte sich einmal mehr, was Christus 1989 in dem Offenbarungswerk „Das ist Mein Wort" durch Gabriele vorhersagte:

Auch die hohe Frau, das Geistwesen im Erdenkleid, die unter ihnen weilt, um Mir, dem Christus, die Wege zu bereiten, wird, wie Ich als Jesus von Nazareth, nur von wenigen erkannt – nicht von der Welt, auch nicht von allen innerhalb des inneren Kreises.

Viele Söhne und Töchter der Welt sind gegen sie, weil sie standhaft zum Evangelium der Liebe steht und in Mir, dem Christus, lebt – und mit Mir im Vater für die Neue Zeit, die Zeit des Christus, der Ich Bin. (S. 924 f.)

Gabriele, die für die Verzögerungen innerhalb der Bundgemeinde nichts kann, leidet dennoch vermutlich am meisten darunter. Denn mit ihrem weiten Bewusstsein sieht sie, was auf die Erde und ihre Bewohner zukommt. Sie sieht aber auch, was noch möglich gewesen wäre und was weiterhin noch möglich ist, wenn die Menschen, die Ja zu Gott gesagt haben, von sich wegdenken und die Gesetze Gottes in ihrem Leben konsequent umsetzen.

„So mancher hat das Ziel aus den Augen verloren"

Doch, wie Christus, gibt Gabriele nie auf. Auf immer neue Weise versucht sie, ihren Mitmenschen zu erklären, worauf es der geistigen Welt für die Zukunft ankommt – und, wo immer es noch möglich ist, die Begeisterung für die nächsten Schritte hin zum lange angekündigten Reich des Friedens zu wecken.

In der ersten Ausgabe der neu gegründeten Zeitschrift *Das Friedensreich* erläuterte sie im Dezember 2000, was bis dahin geschehen war und was weiter geschehen könnte und sollte. Sie schilderte zunächst *„den großen Bogen des Prophetischen Wortes für das Friedensreich"*, der mit den Stufen des Inneren Weges beginnt – denn dieser *"gehört maßgeblich zum großen Bogen, in den das Friedensreich eingebunden ist."* Gabriele fuhr fort:

Nachdem einige Brüder und Schwestern den Weg längere Zeit, also über mehrere Jahre, gegangen waren, rief der Ewige Menschen auf, sogenannte Christusbetriebe zu errichten. Das sind Betriebe, in denen die Bergpredigt erfüllt wird, die Christus uns ausgelegt hat. Somit gab Er uns aus der Bergpredigt ein Betriebskonzept, das wir anwenden sollten, um die Betriebenergie zu fördern und zu steigern. So können sich aus einem Betrieb durch ein gesetzmäßiges Arbeiten und Wirtschaften weitere Betriebe herausentwickeln, in denen all das an guten Produkten und ehrlichen Dienstleistungen bereitgestellt wird, was den Grundbedürfnissen von Menschen, Natur und Tieren dient, denn im Friedensreich Jesu Christi bedarf es der Nahrung, der Kleidung, des Obdachs und vieler Dinge mehr. Viele Menschen meldeten sich, da sie den Inneren Weg längere Zeit besuchten, und ich betone, dass viele den Inneren Weg besuchten. Sie gründeten Betriebe. Brüder und Schwestern gaben hierfür das materielle Rüstzeug; es war und ist das Geld, das wir in dieser Welt nun mal brauchen, um ein Fundament zu erstellen.

Wir sehen: Dieser Text fasst in prägnanter Weise vieles von dem zusammen, was in den vorausgegangenen Kapiteln beleuchtet wurde. Es lohnt sich daher, ihn in einer längeren Passage weiter zu verfolgen:

So mancher Bruder und manche Schwester gaben ihr Geld nur als Darlehen. Später dann, als gewisse andere Geschwister nicht das taten, was der Darlehensgeber wollte, als sie nicht auf das einschwenkten, was dieser sich vorstellte, zog der Bruder, die Schwester von heute auf morgen das Darlehen zurück, meist mit unerfreulichen Begleitumständen wie üblen Beschimpfungen, Nachreden und dergleichen. Dass solche Eingriffe in einen bestehenden Betrieb Lücken, gleich Löcher rissen, ist jedem verständlich, der schon mal einen Betrieb aufgebaut hat. Hinzu kam, dass so mancher, der nur Besucher auf dem Inneren Weg war und die Lehren und die Hinweise an sich selbst nicht verwirklichte und erfüllte, kaum Strahlkraft entwickelte, so dass er auch den Betrieb nicht führen und somit nicht halten konnte. Mit bösen Vorwürfen und Unterstellungen ging er und ließ die stehen, die sich Tag für Tag redlich bemühten, aus dem Betrieb einen wertvollen Christusbetrieb zu machen.

So zog es sich durch die ganze Reihe von Betriebsgründungen für das Friedensreich Jesu Christi. Die einen kamen und wollten ihre Interessen durchsetzen, die der Bergpredigt zuwiderliefen; andere zogen ihr Darlehen aus den Betrieben zurück, weil sie nicht von außen entsprechenden Einfluss nehmen konnten; weitere wollten zwar einem Christusbetrieb vorstehen, jedoch nicht Christus nachfolgen durch die Umsetzung Seiner Lehre. So gab es einen sehr großen Wechsel unter den sogenannten Urchristen – und ich bezeichne sie bewusst als sogenannte Urchristen, denn so mancher erwies sich vielmehr als Unchrist, der es auf sein Gewissen nahm, das Werk des Herrn nicht nur zu belasten, sondern auch zu schädigen. Und so mancher, der sich großartig als Urchrist der Bergpredigt präsentierte, belastete schließlich durch seine Besserwisserei und seine fachliche Inkompetenz die im Aufbau befindlichen Betriebe schwer und nachhaltig. Es waren immer einige wenige, die die Fahne des Christus und der Bergpredigt hochhielten, die einsprangen, die richtigstellten, die die Betriebe sanierten und voranbrachten. Doch es gab und gibt heute noch Geschwister, die sich nur als Arbeitnehmer sehen und das große Ganze, den großen Bogen, das Ziel aus den Augen verloren haben.

Das Friedensreich steht vor der Tür

Die Gemeindeordnung gilt für den Beginn des werdenden Friedensreiches, für Menschen, die sich ganz allmählich in die Ordnung des Inneren Lebens einfügen wollen. Doch so mancher, der in die Gemeinde kam, reihte sich nicht als wahres Gemeindeglied in die Gemeinschaft derer ein, die sich um Christus und Sein Wort scharten, die sich bemühten, den Balken im eigenen Auge zu finden und zu bearbeiten, um verständnisvolle Brüder und Schwestern zu werden und Christus und dem göttlichen Werk Hilfe und Stütze zu sein. So schädigten die zersetzenden Gedanken und Worte über die Fehler und die vermeintlichen Fehler anderer das Gemeindeleben, denn sie lösten bei vielen weiteren Gemeindegliedern Unzufriedenheit, abträgliche Gedanken und Vorwurfshaltung aus. Die von solchen Störenfrieden produzierten Negativenergien zehrten auch an den Kräften jener, die bestrebt waren, Christus in der rechten Tat nachzufolgen. Vielen kam über persönlichen Ambitionen und Querelen das Bewusstsein abhanden, dass sie mit Gott, dem Ewigen, den Bund für das Friedensreich Jesu Christi geschlossen und ihm das Ja gegeben hatten, die Schritte hin zur höheren Geistigkeit, zu höheren ethisch-moralischen Wer-

ten, zu tun. Etliche bezeichneten sich wohl als Christusfreunde, doch ging die Freundschaft oder gar die Treue nicht so weit, dass sie Seine Lehre wirklich angenommen hätten. Bei so manchen der Gemeindeglieder zog die Trägheit ein, die ihn vergessen ließ, dass das Friedensreich vor der Tür steht und dass der Teilplanet der Erde eine Aspekt des Ewigen Jerusalem ist, der gehoben werden soll, so dass das Neue Jerusalem erscheint, das Friedensreich Jesu Christi.

Die meisten Menschen in der ... Bundgemeinde Neues Jerusalem sprechen wohl vom dem, was geschehen soll, doch sie selbst sind nicht unter denen, die sich voll dafür einsetzen, damit es geschehen kann. Das Neue Jerusalem, dem Menschen sich zugehörig fühlen, die Christus in ihrem Inneren nachfolgen und dem Friedensreich zum Durchbruch verhelfen wollen, umfasst nicht nur Betriebe, sondern auch das Erdreich, aus dem die Strahlung des Ewigen Jerusalem hervortreten soll. Auch dieses muss gesetzmäßig aufbereitet und aufgebaut werden.

Es ist alles offenbart und alles gegeben für das Errichten des Fundamentes für das Friedensreich Jesu Christi. Diesen großen Bogen – das Friedensreich als leuchtender Kristall Inneren Lebens, als großer Evolutionsschritt im göttlichen Plan der Heimführung all dessen, was verloren schien – haben nur wenige in sich erschlossen, weil die meisten nur auf ihr kleines Menschliches blickten und den Inneren Weg als Chance für ein aktives Leben in Christus nicht wahrgenommen haben; trotzdem zeigt der ewige Geist nun den letzten Schritt zur Vollendung des großen Bogens: Das Friedensreich entsteht mit wenigen Menschen, die bereit sind, Gottes

Gesetze für das Friedensreich Jesu Christi zu erfüllen. Es hat begonnen. Menschen, die wahrhaft guten Willens sind, haben sich zusammengeschlossen, um das zu tun, was der ewige Geist schon längst offenbart hat. Der ewige Geist nahm die Mutter Erde zu Sich. Das heißt: Als die ersten Menschen die Erde bewohnten, vertraute Gott den Menschen die Erde an mit den sinngemäßen Worten: Macht euch die Erde untertan. Das sprach Er aus Seiner Liebe, und in Seiner Liebe hätten die Menschen die Erde pflegen und behüten, die Tiere als ihre kleinen Geschwister erkennen und behandeln sollen. Was aber daraus geworden ist, bedarf keiner weiteren Ausführung. Die Erde ist jetzt in den Händen des Ewigen und wird erst wieder an Menschen gegeben, wenn diese das erfüllen, was in der Bergpredigt steht: Friedfertige Menschen werden das Erdreich besitzen.

Der große Bogen ist gespannt

Doch der Ewige baut Sein Friedensreich auf. Bete und Arbeite heißt das Gesetz, und etliche beten, indem sie Schritt für Schritt tun, was Gott ihnen offenbart hat, die Gesetze für das Friedensreich. Sie arbeiten mit dem ewigen Gesetz des Lebens, also mit dem Geist der Liebe, und sind vertraut mit Wesen der Natur und den Geistwesen. Sie wirken zusammen mit den göttlichen Kräften. Sie sind bestrebt, Wälder, Wiesen und Felder zu erwerben, das Land also zu erweitern, wo Tiere in Frieden, ohne Angst leben können, wo sie gute Nahrung finden, wo man für sie sorgt. Sie bauen die Felder gemäß den Gesetzen des Lebens an, es ist der friedfertige Anbau. Sie bemühen sich, mit den Tieren in Kommuni-

kation zu kommen. Menschen, die guten Willens sind, pflegen die Wälder und helfen den Tieren, Frieden zu finden, auch mit den Menschen, denn Jesaja sagte schon: Der Löwe wird beim Lamm liegen, und ein Kind wird beide weiden. Diese Zeit ist angebrochen, leider mit wenigen Menschen, die die Voraussetzungen für das aktive Mitwirken erfüllen.

Wir Menschen können die Aufgabe, als Kinder Gottes die Erde zu bewahren, erst dann erfüllen, wenn wir aus unserem Egoismus heraustreten und verstehen lernen, dass unsere Mitgeschöpfe fühlen und empfinden, ähnlich wie wir. Ein kleines Gärtchen mit einigen Vögeln zu pflegen, kann wohl dem Einzelnen helfen, Kommunikation mit den Naturgeschwistern aufzubauen, doch die Zeit schreitet voran: Das Friedensreich drängt mit Macht aus der Erdseele empor. Die Strahlung der Erde auf dem Eiland bereitet sich vor, dem Friedefürsten, Christus, das Kommen im Geiste zu ermöglichen. Der große Wurf ist angesagt, und er vollzieht sich. Der Bogen ist gespannt. Das Friedensreich entsteht. Der Bogen heißt **Gabriele-Stiftung, Das Saamlinische Werk der Nächstenliebe an Natur und Tieren. Dein Reich kommt, Dein Wille geschieht. Bete und arbeite.**

Jedem, der in seinem Herzen verspürt, dass er dazu beitragen möchte, die Voraussetzungen zum Erstehen des Friedensreiches zu schaffen, steht frei, dies im Rahmen seiner Möglichkeiten zu tun. Ihr fragt mich, wie ich mich fühle. Heute besser. Ich habe unsagbar gelitten unter meinen Brüdern und Schwestern, die Jesus, den Christus, durch ihr Verhalten immer wieder ans Kreuz nagelten. Ich danke Gott, dass einige wenige übriggeblieben sind, die

Seinen Willen erkennen. Und ich weiß: Sein Wille wird getan werden. Jesus sagte sinngemäß: Viele sind gerufen, wenige sind auserwählt. So war es, so ist es. Der Kampf ist jedem gegeben: entweder für oder gegen Christus. Und wer kämpft für die gute Sache, der ist Sieger, Sieger über sich selbst und ein großer Helfer für das Friedensreich Jesu Christi.

Was strahlt dieser Text aus? Es ist ein Rückblick in glasklarer Analyse – direkt, aber nicht verletzend, ein Ausblick in die große Dimension des Friedensreichs, und – trotz des großen Ernstes – ein Strahl der Hoffnung und der absoluten Freiheit: Jeder, der möchte, kann mittun!

Eine kleine Fußnote sei hier eingeflochten: Man soll es nicht für möglich halten, aber ausgerechnet aus diesem Interview las der „Aussteiger" Moritz H. eine Missachtung seiner Person heraus: Er fühle sich ausgeschlossen und herabgesetzt, schreibt er in seinem Buch, weil es „nur wenige" sind, die das Friedensreich mit aufbauen. Dass dies nur eine Momentaufnahme ist und die Tür für jeden ehrlichen Helfer ausdrücklich offensteht, fällt bei ihm unter den Tisch.

Dieses kleine Beispiel wäre an sich gar nicht der Erwähnung wert gewesen – doch es zeigt, dass Gabriele mit jedem Wort, das sie ausspricht und niederschreibt, und sei es noch so klar, Gefahr läuft, dass boshafte Menschen es ihr auf geradezu abenteuerliche Weise im Munde herumdrehen.

Ein Paradies im Kleinen

Gabriele erwähnte das Friedvolle Land, das im Rahmen der Gabriele-Stiftung aufgebaut wird. In den Jahren seither ist dieses friedvolle „Eiland", wie es auch genannt wird, enorm gewachsen. Wälder sind aufgeforstet und Obstgärten angelegt worden; verschiedene Bereiche, sogenannte „Sukzessionsflächen", wurden zudem der natürlichen Bewuchsfolge überlassen. An die zwanzig Kilometer Hecken sind bereits in der zuvor öden und durch die Flurbereinigung ausgeräumten Landschaft in der Nähe Würzburgs gepflanzt worden. Die Hecken werden durch Schnittgut verstärkt („Benjes-Hecken") und beiderseits mit Bäumen bepflanzt. Sie sind, zusammen mit den Feuchtbiotopen, den Trockenbiotopen und den Bauminseln, zu einem kleinen Paradies geworden, in dem sich nicht nur Fuchs und Hase gute Nacht sagen, sondern auch Rehe, Enten und seltene Vögel eine neue Heimat gefunden haben. Mehrere hundert Weidetiere wie Schafe, Rinder und Pferde bevölkern die Weiden

und Unterstände. Die Landschaft ist gegenüber früher kaum wiederzuerkennen.

Was Gabriele in ihrer Erklärung nicht erwähnte, weil sie nicht gerne über sich selbst spricht: Vieles von dem, was diese faszinierende Landschaft ausmacht, geht auf Anregungen von ihrer Seite zurück. In Kapitel 5 wurde bereits geschildert, auf wie vielen Gebieten sie als Botschafterin Gottes kreative Ideen entfaltet. Landschaftsgestaltung gehört auch dazu. Durch die vielen Hecken und Bäume erhält die leicht hügelige Landschaft eine völlig neue Dynamik; die Höhenunterschiede werden sozusagen plastisch herausgearbeitet. Der Blick von Horizont zu Horizont ist, was die Vielfalt der Landschaftselemente angeht, bereits jetzt atemberaubend.

Man mag heute kaum glauben, dass ein Saatzucht-Betrieb mit enormem Chemie- und Gifteinsatz bis vor 20 Jahren an genau dieser Stelle eine regelrechte Agrar-Wüste hinterlassen hatte.

Besonders wohltuend ist es, dass in der wasserarmen Gegend der kalkhaltigen „Fränkischen Platte" wieder Wasser aufgefangen und gespeichert wird, z.B. mit einer Kette von Weihern, die durch kleine Wasserläufe miteinander in Verbindung stehen. Doch auch das Grundwasser kann sich erholen, denn auf den Feldern in der unmittelbaren Umgebung wird Friedvoller Landbau praktiziert – ohne künstliche Dünger, ohne Agrargifte, aber auch ohne Mist und Gülle, was bekanntlich das Grundwasser schädigen würde.

Ein Zeichen der Wiedergutmachung

Natürlich gefällt das alles auch den Tieren. Wasservögel wie Enten haben sich bereits eingefunden, ebenso viele andere Wildtiere. Wie die Weidetiere auf dem Friedvollen Land legen auch die Wildtiere mehr und mehr ihre Scheu ab, weil sie spüren, dass ihnen die Menschen mit Achtung, Verständnis und Liebe begegnen.

Für Gabriele ist es ein besonderes Herzensanliegen, dass es den Tieren gut geht. So regte sie z.B. an, auf den Weideflächen Bauminseln in Halbkreisform zu pflanzen. Auf diese Weise finden die Tiere im Sommer immer Schatten, gleich, wohin die Sonne gerade wandert. Im Wald wurden aus herumliegenden Ästen „Iglus" gebaut, die Rehe und andere Wildtiere oft als Unterschlupf aufsuchen. Rinder erhalten die Möglichkeit, von ihren Weiden aus auch ein Stück weit in den Wald hineinzulaufen – was sie gerne annehmen. Vielleicht erinnert es sie daran, dass auch ihre Vorfahren einst in Wäldern lebten, wie es z.B. die Wisente in polnischen und weißrussischen Naturschutzgebieten bis heute tun. Auf den Weiden sind hier und dort kleine Hügel aufgeschüttet worden, die von Schafen und Rindern mit Vorliebe als „Aussichtspunkte" benutzt werden. Wer einmal miterlebt hat, wie ruhig, ja geradezu andächtig z.B. eine Gruppe Rinder am Abend von dort oben aus den Sonnenuntergang betrachtet, der wird sich fürderhin hüten, von „dummen Tieren" zu sprechen.

Jedes Tier ist ein Geschöpf Gottes – und hat, zumindest wenn es ein Weidetier ist, auf dem Friedvollen Land seinen eigenen Namen. Jedes Tier hat auch Gefühle und natürliche Bedürfnisse,

in die man sich hineinempfinden kann, indem man die Bergpredigt anwendet: Möchte ich z.B. alleingelassen werden, wenn ich krank oder in Not bin? Oder möchte ich alleine bleiben, wenn ich durch einen Schicksalsschlag von meiner Familie getrennt worden bin? Kranke Tiere werden deshalb auf der hofeigenen Krankenstation für Tiere intensiv betreut oder, wenn nötig, in die Tierklinik begleitet. Ein junges Reh (Foto), das mit gebrochenem Bein gefunden wurde, erhält einen Spielkameraden, der dasselbe Schicksal hatte. Später wird es Schritt für Schritt wieder ausgewildert.[130]

Wer weiß, unter welch haarsträubenden Umständen heute Tiere gehalten werden, der sieht sofort den Unterschied: Hier be-

handeln Menschen ihre Übernächsten, die Tiere, so, wie sie selbst an deren Stelle gerne behandelt werden würden. Auch wenn es im Verhältnis zur riesigen Zahl der in der ganzen Welt gequälten Tiere nur wenige sind, so ist es doch ein Zeichen der Wiedergutmachung, das ausstrahlt und seine Wirkung hat – nicht zuletzt dadurch, dass inzwischen auch in vielen Fernsehsendern weltweit regelmäßig darüber berichtet wird.[131] Immer mehr Fernsehzuschauer und Besucher vor Ort können sich mittlerweile mit eigenen Augen davon überzeugen, dass auf dem Friedvollen Land der Wahlspruch Gültigkeit hat: „Tiere können sicher weiden, friedliebende Menschen können sich erfreu'n."

Auch die Pflanzen werden als Lebewesen geachtet. Ehe sie z.B. umgepflanzt oder zurückgeschnitten werden, sprechen die Pflanzenbetreuer mit ihnen, um sie darauf vorzubereiten. Auch von den Pflanzen kann der Mensch so manches lernen. Gabriele erklärte einmal den Obstbauern, dass sich eine ganze Baumreihe freut, wenn ein Bäumchen aus der Reihe, das umgestürzt ist, wieder aufgerichtet wird.

Fast unbemerkt von der breiten Öffentlichkeit ist hier in der Mitte Deutschlands das größte private Biotopverbundsystem Deutschlands geschaffen worden. Im Bundesnaturschutzgesetz wurde im Jahr 2002 das ehrgeizige Ziel festgeschrieben, dass zehn Prozent der Landesfläche Deutschlands durch Biotope, also durch Lebensräume für Tiere und Pflanzen, miteinander verbunden sein sollten. Was bisher vielerorts nur auf dem Papier steht – hier wurde es einmal, zumindest im kleinen Maßstab, tatsächlich umgesetzt: Alle Lebensräume sind durch Hecken miteinander verbunden, sodass Tiere und Pflanzen aller Art ungestört wandern und sich ausbreiten können.

Nicht zuletzt durch eine maßlose Flurbereinigung ist die intensive, industrialisierte Landwirtschaft in unseren Breiten zum „Artenkiller" Nummer eins geworden. Die Artenvielfalt in den Städten ist vielfach bereits höher als auf dem Lande. Hier haben wir eine aktive Gegenbewegung, ein Musterbeispiel, wie man eine zuvor öde, ausgeräumte Landschaft wieder umfassend beleben kann. Und wie man gleichzeitig einen nicht unerheblichen Beitrag zum Klimaschutz leisten kann: Pflanzen binden Kohlendioxid und andere Treibhausgase, und der Friedfertige Anbau auf den Feldern hat im Boden einen höheren Humusgehalt zur Folge, was ebenfalls dem Klima nützt.

Manche finden immer was zu meckern

Und wie reagiert die Öffentlichkeit? Wird das Beispiel geschildert, gelobt, weiterempfohlen? Geben sich Fernsehteams, öffentlich-rechtlich wie privat, die Klinke in die Hand? Wird das ermutigende Beispiel in Fachzeitschriften diskutiert, auf Kongressen vorgestellt?

Nichts von alledem. Im Gegenteil!

Die Leserin, der Leser, möge einmal kurz inne halten und sich das vorstellen: Es passiert tatsächlich das Gegenteil! Die Lokalpresse mäkelt, sofern sie überhaupt von dem Landschafts-Experiment Notiz nimmt, allenfalls an den Zäunen herum, die – von Amts wegen! – um Aufforstungen und Obstanlagen herum errichtet werden mussten. Das Bayerische Fernsehen, traditionell kirchenhörig, erscheint zwar mehrfach, aber nicht, um das krabbelnde und zirpende Leben rund um neu angelegte Hecken aufzunehmen, o nein: Sie rücken als erklärte Gegner an und verhöhnen die Nachfolger des Jesus von Nazareth als „obskure Psychosekte", die sich aus Angst vor dem „Weltuntergang" auf einem Bauernhof „verschanzt" habe. Im Grunde ist es das alte „Waco-Märchen", das hier recycelt wird – und dessen Erfinder, „Pfarrer" Behnk, darf auch gleich persönlich das Fernsehpublikum „warnen": „Obskure Seelenfänger versuchen immer häufiger, über die Esoterik und Ökoszene Menschen anzulocken."[132]

Wenn es noch eines Beweises bedurft hätte, dass die Religionsfreiheit in der Mitte Europas in vielerlei Hinsicht noch immer nur auf dem Papier steht: Hier ist er. Was auch immer ein „Ketzer" tut, ist von vorneherein immer falsch und des Teufels. An diesem ungeschriebenen Gesetz hat sich seit dem Mittelalter kaum etwas geändert. Verwunderlich ist nur, dass immer noch so viele glauben, sie müssten sich unbedingt daran orientieren. Die Seelen, die die Kirchen seit Jahrhunderten durch Angstmache und Psycho-Manipulation gefangen haben, kleben noch immer wie die Fliegen an deren obskuren Dogmen und Verdammungsurteilen.

Und wenn man einmal zugeben müsste, dass das, was die „Ketzer" tun, tatsächlich vorbildlich ist, rettet man sich in die abfällige Bemerkung: Die tun das doch nur, um Mitglieder einzufangen! Sie huldigen einer Modeerscheinung, um ihr Prestige aufzumöbeln und Spenden zu sammeln! Die verkaufen doch nur deshalb hochwertige und wohlschmeckende Nahrungsmittel, weil sie Geschäfte machen wollen!

Merke: Ein „Ketzer" **kann** – aus Sicht der Kirche – gar nichts Positives aus innerer Überzeugung tun. Denn er ist ja entweder selbst durch und durch böse – oder von „bösen" Menschen fehlgeleitet.

Im Grunde schließen die Theologen und ihre Helfershelfer hier wieder von sich auf andere: Wie ist es denn um **ihre** inneren Überzeugungen bestellt? Welche Ideale haben **sie** eigentlich noch? Und wie viele Pfarrer und Theologen gibt es denn, denen Natur und Tiere nicht nur ein Herzensanliegen sind, sondern die dafür auch noch öffentlich eintreten – bis hin zum eigenen Verzicht auf Fleischnahrung?

Schießzwang im Friedensreich?

Wenn Nachfolger des Nazareners aber Plakate aufhängen, auf denen sie im Namen der Tiere darum bitten, dass diese nicht mehr verzehrt werden wollen – dann hetzen Pfarrer und Priester die Lokalpresse dagegen auf; dann intervenieren „Sektenexperten" bei Plakatfirmen, und die Metzger klagen gegen die „Schockwirkung" von Bildern, die doch lediglich zeigen, was **sie** mit den Tieren alles anstellen. Und wenn Nachfolger des

Nazareners Initiativen unterstützen, die eine Abschaffung der Jagd fordern, dann wird prompt die Verschwörungstheorie in Umlauf gesetzt, sie wollten einfach alles unterwandern. „Ketzer" sind eben so!

In dem Buch „Der Schattenwelt neue Kleider" wird detailliert – mit Namen und Fakten – beschrieben[133], mit welcher Penetranz und Kleingeisterei auch dieser neue Schritt, die Entstehung einer Keimzelle des zukünftigen Friedensreiches, auf Schritt und Tritt bekämpft wurde. Von Fernsehteams und Lokaljournalisten war bereits die Rede. Doch das Klima der Verhetzung machte auch vor Bürgermeistern, Gemeinderäten, Behördenvertretern und kirchlich beeinflussten Menschen aus der Dorfbevölkerung nicht Halt. Denn, so schreibt Gabriele in ihrem Buch „Die kirchliche und staatliche Gewalt und die Gerechtigkeit Gottes" auf S. 168:

Die Masse der Menschen hat ihre Verantwortung der Priesterkaste übergeben.

Man traut seinen Augen kaum, wenn man nachliest, dass eine benachbarte Gemeinde sogar eine Hecke roden ließ, die das Pech hatte, von Menschen gepflanzt worden zu sein, die weder katholischen noch lutherischen Glaubens sind.[134] Oder wenn man erfährt, dass rund um das Hofgut, das inmitten des Friedvollen Landes liegt, immer wieder des Nachts Schüsse zu hören sind, woraufhin dann am darauffolgenden Tag angeschossene, grausam verstümmelte und qualvoll verendete Tiere gefunden werden.[135] Wenn geschildert wird, welches Kesseltreiben die örtliche Jägerlobby im Verbund mit der lokalen Jagdbehörde gegen den kleinen Flecken Land veranstaltete, weil sie der Auffassung war, dort müsse mehr gejagt werden.[136] Wie die Behörden sogar eigens einen Hubschrauber über das Gelände fliegen ließ und anschließend ultimativ den Abschuss von 18 Wildschweinen pro Monat forderte. Begründung: Der Hubschrauber habe angeblich einen zu hohen Wildbesatz ermittelt. Der Schießzwang konnte vor Gericht gerade noch abgewendet werden. Die Landwirte des Hofguts beantragten daraufhin vor Gericht das Ruhen der Jagd in ihrem Gebiet und wollen dafür durch alle Instanzen gehen.

Man muss auch hier wieder feststellen: Alles, aber auch alles, was Gabriele in rastlosem Einsatz auf diese Erde brachte, wird angegriffen, um es nach Möglichkeit gleich wieder von der Erdoberfläche zu tilgen. Auch wenn dies nicht gelungen ist und auch auf lange Sicht nicht gelingen wird – die klerikal infiltrierten Quäl- und Kleingeister versuchen es immer wieder und geben keine Ruhe.

„Das Maß ist voll"

Auch nicht an Gabrieles Geburtstag. Anfang Oktober 2003 erscheint in der *Main-Post* ein hämischer Artikel des Journalisten Tilman Toepfer mit der Überschrift „Wie feiert die ‚Prophetin' ihren 70. Geburtstag?" Toepfer benutzt dieses Datum jedoch nur als Aufhänger, um einmal mehr die altbekannten kirchlichen Lügenmeinungen loszuwerden: „Aussteiger aus dem UL berichten von Entmündigung, Angst und Ausbeutung". (Der Leser weiß inzwischen, was davon zu halten ist.) „Den Medien ... werden Einblicke verwehrt." Undsoweiter.

Gerade die letztere Behauptung ist blanker Unfug. Denn wenige Monate vor diesem Artikel waren *Main-Post*-Chefredakteur Reinhard, sein Stellvertreter Sahlender und Artikelschreiber Toepfer zu einem mehrstündigen Gespräch mit Vertretern des *Universellen Lebens* in der Kanzlei von Rechtsanwalt Dr. Christian Sailer zu Gast gewesen, mit anschließendem Mittagessen. Toepfer wurde zusätzlich noch zu einer Besichtigung der Schule eingeladen, der er allerdings nicht nachkam. Statt dessen nun diese ausgesprochen unanständige Breitseite.

Der Mensch, das „Gewohnheitstier", ist in der Regel sehr leidensfähig und gewöhnt sich im Laufe der Zeit an vieles. Zum Beispiel daran, dass religiöse Minderheiten (und das ist nicht erst seit heute so) immer für einen schnellen „Spaß" gut sind, indem man bei jeder sich bietenden Gelegenheit auf ihnen herumhackt. Um sich klarzumachen, was hier wirklich abläuft, kann es hilfreich sein, seine Phantasie etwas anzustrengen und sich solche Geschehnisse einmal in anderen Zusammenhängen auszumalen:

Könnte man sich beispielsweise vorstellen, dass in der Bischofsstadt Würzburg zum 70. oder 75. Geburtstag des gerade amtierenden Bischofs in der *Main-Post* ein Artikel erschiene, in dem – nach kurzer, schnoddriger Einleitung – umgehend die Sexualverbrechen der pädophilen Priester des Bistums zur Sprache gebracht werden, nicht ohne den Hinweis zu vergessen, dass das ansehnliche Gehalt des obersten diözesanen Kirchenmannes und seiner Entourage nicht von der steinreichen Kirche, sondern vom bayerischen Staat, also von unser aller Steuern, bezahlt wird?

Ein wesentlicher Unterschied in dem Gedankenexperiment besteht allerdings darin, dass derartige Berichte über die Kirchen leider der Wahrheit entsprechen – während derartig Skandalöses im Bereich des *Universellen Lebens* de facto bis heute nicht zu finden ist.

Was Gabriele betrifft, so kann man nur sagen: Es blieb ihr in all den Jahren wirklich nichts erspart. Jeglicher Personenkult ist ihr ein ausgemachter Gräuel, und dazu zählen für sie auch Geburtstagsfeierlichkeiten. Und nun dieser ungeniert provozierende Artikel, offenbar als persönlicher Tiefschlag gedacht. Sie, die „nur" die Lehre gebracht hat, die Anregungen und Ideen aus der göttlichen Welt, wird immer wieder als eine äußere „Gallionsfigur" dargestellt – um sie dann umso besser angreifen zu können.

Doch wer Gabriele kennt, der weiß, dass sie sich durch die mediale Übermacht der kirchlich beeinflussten Kesseltreiber nicht beeindrucken lässt. Sie weiß eine höhere Macht hinter sich, die ihr beisteht. Sie weiß: Das Wort kommt aus den Himmeln. Es sind Gott-Vater und Sein Sohn Christus und Bruder Emanuel, der Cherub der göttlichen Weisheit, die zu ihr und durch sie sprechen. Anderenfalls hätte sie angesichts

des nach menschlichem Ermessen aussichtslosen Ungleichgewichts im Kampf David gegen Goliath längst den Mut verlieren müssen.

Statt dessen greift Gabriele erneut zur Feder und veröffentlicht in der November-Ausgabe der Zeitschrift *Das Friedensreich* eine Erklärung mit der Überschrift: *„Das Maß ist voll – der Krug ging lange genug zum Brunnen."* Dieser Text gibt Zeugnis davon, mit welchem Klarblick Gabriele das Treiben der berufsmäßigen Aufwiegler aus den Großkirchen analysiert. Hier nur einige Auszüge:

Liebe Urchristen, liebe Freunde des Universellen Lebens in der ganzen Welt!
Viele von Euch wissen, dass ich meinen 70. Geburtstag hinter mir habe. Seit etwa 30 Jahren diene ich dem Ewigen als Sein Instrument. In diesen 30 Jahren hat Er, der Allmächtige, ein weltweites Werk der Gottes- und Nächstenliebe geschaffen, ein charismatisches Wertzeichen. ...

Durch kirchliche Indoktrination von der Wiege bis zur Bahre haben die kirchlichen Amtsträger viele ihrer Gläubigen weg von dem Ewigen, dem wahren Gott, geführt und somit in die Veräußerlichung gestürzt, was das heutige Bild vieler so genannter Kirchenchristen beweist. ...
Jesus, der Christus, lehrte eine Innere Religion, die des Herzens, ohne kirchliche Hochgestellte, die sich als Götter aufspielen und sich den kirchlich »würdigen« Glanz überstülpen in Gloriolen wie »Exzellenz«, »Eminenz«, »Bischof«, »Pfarrer«, »Priester«. Die

größte Verhöhnung des ewigen Gottes ist der menschliche »Heilige« Vater auf Erden – obwohl Jesus, der Christus, es anders geboten hatte, als Er z. B. sagte: ... »Auch sollt ihr niemand auf Erden euren Vater nennen; denn nur einer ist euer Vater, der im Himmel.« ...

Die Großen füllen ihre Säckel, der kleine Mann muss zahlen

Durch die Veräußerlichung einer Kirche – die mit der Zeit nicht nur machtbesessen wurde, sondern ihre Gläubigen auch mit dem Prügel der ewigen Verdammnis in Angst und Schrecken versetzte und dadurch unter ihre Knute brachte – hielt und hält es diese, wie es nun mal der Satan will. Wer dieser Kirche dient und die kirchlichen Exzellenzen und Eminenzen in Fragen des Glaubens, der Ethik und Moral zu Rate zieht und ihnen in den vordersten Rängen den Platz anbietet, der wird von der »ehrwürdigen« Allianz gefördert und befördert. Der kleine Mann, das Volk, darf Steuern zahlen, damit die »Großen« ihre Säckel füllen und sich dadurch auch immer mehr Ansehen und Macht erobern. Diese globale hinterhältige Strategie – die einen haben das Sagen, die anderen müssen schweigen und zahlen – hielt sich nahezu 2000 Jahre. Wer nicht hörig sein wollte, der wurde verleumdet, diskriminiert und dadurch mundtot gemacht oder umgebracht.

Karlheinz Deschner brachte das ganze scheinheilige Gebäude konfessioneller totalitärer Macht- und Geldhierarchie auf den Punkt. Er schrieb, und das darf man sagen: »Nach intensiver Beschäftigung mit der Geschichte des Christentums kenne ich in Antike,

Mittelalter und Neuzeit, einschließlich und besonders des 20. Jahrhunderts, keine Organisation der Welt, die zugleich so lange, so fortgesetzt und so scheußlich mit Verbrechen belastet ist wie die christliche Kirche, ganz besonders die römisch-katholische Kirche.«

Wenn es einen Gott gibt – glauben Sie, lieber Leser, dass Gott, der Vater, der Schöpfer aller Wesen und Menschen, diesem Treiben, dieser »amtskirchlichen Moral«, auf Dauer gesehen nicht widerspricht? Er, der große Geist, tat es durch Jesus von Nazareth, den größten Propheten aller Zeiten, der der Erlöser aller Seelen und Menschen ist. Er tat es durch viele erleuchtete Männer und Frauen und durch Propheten. Er bringt auch heute wieder Sein Wort, und das schon 30 Jahre lang. Durch das Prophetische Wort – denn Gott hat nicht die menschliche Sprache – klärt Er die willigen Menschen auf und hält unverblümt, mit klaren, unmissverständlichen Worten den kirchlichen Amtsträgern den Spiegel vor, vor ihre Augen der Falschmünzerei.

Der Feldzug der schwarzen Kolonne

Der wahre Gott, der Christus Gottes, Seine Lehre der Liebe, Güte und Freiheit ist den konfessionellen Falschmünzern ein Dorn im Auge. Ausgerüstet mit ihrem Einfluss auf ihresgleichen, auf Politiker, Journalisten und machthungrige Anhänger, die sich ein Pöstchen erhofften und erhoffen, zogen und ziehen sie gegen das Wort Gottes zu Felde, gegen Urchristen und vor allem gegen mich, Sein Instrument. Die kirchlichen Obrigkeiten, deren oberstes Gebot Macht, Ansehen, Vermögen, Geld- und Goldbesitz ist, nahmen sich konfessionelle Beauftragte und benutzten für ihre gegen-

sätzlichen Aktivitäten auch weitere kirchlich Indoktrinierte wie z. B. Politiker, Richter, Journalisten sowie all jene, die von der Lüge profitieren wollten und wollen.

Mehr als bereitwillige Unterstützung für ihr bösartiges Treiben fanden sie bei Menschen, die zunächst von dem Klima jener Betriebe angezogen worden waren, deren Verantwortliche sich zur Aufgabe gemacht hatten, die Gebote Gottes und die Lehren der Bergpredigt Schritt für Schritt zu erfüllen. Weil sie dort jedoch Anderes, Unanständiges, pflegen wollten, verließen sie diese Betriebe dann aber wieder. ...

Das ist die Welt von heute, aber nicht die hochstehende Lehre des Jesus von Nazareth, nicht Sein ethisch-moralisches Wertzeichen, das der große Geist im Universellen Leben lehrt.
Seit rund 30 Jahren ziehen die kirchlichen Obrigkeiten in Tageszeitungen, über Radio- und Fernsehteams, mit Journalisten und unter Duldung seitens der Richter gegen das göttliche Lehrwerk im Universellen Leben zu Felde ...

Universelles Leben – das charismatische Wertzeichen

Wie geht die schwarze Kolonne vor? Konfessionell indoktrinierte »mittelalterliche« Experten sprechen von einem universellen »Wirtschaftsimperium«, wo Menschen – so lautet die Aussage von »Aussteigern« – »ausgebeutet« und wo Spenden »in klingende Münze« umgesetzt werden, wo Bosse ein »totalitäres Regime« führen. Weiter heißt es: Das Werk des Ewigen, das Universelle Leben, sei eine »totalitäre Sekte«, und weitere Anwürfe.

Das Maß ist voll! Der Krug ging lange genug zum Brunnen. Nach 30 Jahren Schweigen und Richtigstellen – was ganz selten eine Resonanz zeigte – beauftrage ich nun Anwälte, die Gerichte anzurufen, um die falschen Behauptungen eines mittelalterlichen Regimes aus der Welt zu schaffen.

Leider muss gesagt werden, dass auch Richter aufgrund ihrer Indoktrination dem haarsträubenden mittelalterlichen Vorgehen und den dazugehörigen Anekdoten Beifall spendeten, um das von Journalisten und von so genannten »Aussteigern« und weiteren kirchlich Hörigen verbreitete Lügengebäude mit dem Befund »Meinungsäußerung« abzudecken.

Daraufhin heißt es dann: Man darf sagen, das Universelle Leben sei ein Wirtschaftsimperium, es sei totalitär, ja gefährlich, und in den Betrieben des Universellen Lebens würden Menschen ausgebeutet, das Universelle Leben entmündige seine Anhänger, einige Wenige brächten andere um ihr Vermögen und ähnliches.
Wie schon gesagt: Das alles und einiges mehr darf man sagen, weil es von indoktrinierten Richtern als Meinungsäußerungen apostrophiert wurde. Doch diese »Meinungsmache« ist gelogen; die Lügen sind im Deckmantel des Begriffs »Meinungsäußerung« verborgen.

Noch einmal sei klar gesagt: Das Universelle Leben ist ein freies Werk. Es besitzt keinen einzigen Betrieb. Das Universelle Leben ist auf die Gaben der Nächstenliebe angewiesen. Es kann daher auch keine totalitäre Herrschaft ausüben, weil jeder Mensch in seinem Denken und Leben frei bleibt. So war es vom Beginn des Werkes Gottes an, und so ist es auch bis heute geblieben. Die

Zuwendungen, die Spenden, werden, nach Maßgabe des Spenders, zur Verbreitung des Wortes Gottes oder für weitere Zwecke zur Förderung des göttlichen Werkes verwendet. Alle anderslautenden Aussagen sind Lügen gegen das Werk des Ewigen und gegen Menschen, die sich als Urchristen fühlen. In den ca. 30 Jahren vom Heimholungswerk Jesu Christi bis zum Universellen Leben heute hat sich kein Mensch am Gotteswerk bereichert. Die Aussagen über Bereicherung am Werk des Herrn sind Projektionen kirchlicher Anhänger auf das Universelle Leben, weil es in den oberen Rängen der Institutionen Kirche so gehalten wird. ...

Wie zu Beginn gesagt, ich bin nun 70 Jahre geworden und möchte das charismatische Wertzeichen, das große Geschenk Gottes an die Menschen, ohne den schmutzigen Mantel der Lüge – so, wie das Werk des Ewigen in Wahrheit geblieben ist, frei und auf das Wort Gottes und die Nächstenliebe bezogen –, als Vermächtnis an wahre Urchristen weitergeben. Das Universelle Leben ist wahrlich ein charismatischer, göttlicher Schatz von unsagbarer Bedeutung für die Menschen, die Gott in Jesus, dem Christus, lieben gelernt haben und lieben lernen. Solange ich im Zeitlichen lebe, werde ich diesen himmlischen Schatz verteidigen. Gott wird mir beistehen.
Ich klage die Lügner im »Gewand« des Rufmordes an. Anwälte werden weltliche Gerichte anrufen, um die Ungeheuerlichkeiten, Böswilligkeiten und Lügen, die sich hinter Meinungsäußerungen« verbergen, aufzudecken. Ich rufe alle wahren Urchristen auf, diese Schritte zu unterstützen. Ich wiederhole: Über Anwälte rufen wir die Gerichte an. Wir wollen nicht, dass Recht gesprochen wird – wir wollen Gerechtigkeit. Beten wir, dass es noch Richter mit

klarem Verstand gibt, die nicht unter die Apostrophierung „Vernebelung durch Indoktrination" fallen. ...

Liebe Urchristen, liebe Freunde des Universellen Lebens in der ganzen Welt, dies war nur ein kleiner Ausschnitt aus fast 30 Jahren Lügen, Diskriminierung und mittelalterlichen Hetztiraden gegen Männer, Frauen und Kinder. ...

In der Gottes- und Nächstenliebe verbunden
Gabriele

Richter unter kirchlicher Beeinflussung?

Wie angekündigt beauftragten daraufhin Vertreter des *Universellen Lebens* Anwälte, die nicht dem *Universellen Leben* nahestehen, vor Gericht den Versuch zu machen, der *Main-Post*, stellvertretend für andere Zeitungen, wenigstens einige der gängigsten lügenhaften Verdrehungen untersagen zu lassen. Dies scheiterte jedoch nach zwei Jahren Prozessführung unter anderem daran, dass das Oberlandesgericht Bamberg bereits die „Aktivlegitimation" des Vereins *Universelles Leben* verneinte. In normales Deutsch übersetzt: Die Richter Köster, Münchmeyer und Herdegen stellten sich auf den bequemen Standpunkt: Der *Verein* Universelles Leben, der nur eine bestimmte Anzahl von Mitgliedern hat (er wurde auch nur gegründet, weil für bestimmte rechtliche Abläufe nun mal eine juristische Person vonnöten ist), könne nicht für die *Glaubensgemeinschaft* Universelles Leben *insgesamt* sprechen.

Wenn Sie, Liebe Leserin, lieber Leser, nun den Kopf schütteln und in sich hineinsprechen: „Das verstehe ich nicht!" – dann liegen Sie goldrichtig. Es ist mit Händen zu greifen, dass dies eine an den Haaren herbeigezogene juristische Ausflucht ist, um nicht über die inhaltliche Berechtigung der Klage näher nachdenken zu müssen. Zahlreiche Gerichte zwischen Hamburg und Passau sehen dies übrigens anders und haben die sogenannte „Aktivlegitimation" nicht in Frage gestellt.

Gabriele hat ja in ihrer Erklärung bereits angedeutet, dass viele Richter befangen sind. Weshalb wurde diese Aktion dennoch durchgeführt? Weil bei solchen Aktionen nicht der vordergründige *Sieg* entscheidend ist – entscheidend ist der *Gewinn*, der oft erst auf den zweiten Blick erkennbar ist. Dieser *Gewinn* kann zum Beispiel darin bestehen, dass der eine oder andere, der von solchen Prozessen hört oder liest, sich darüber Gedanken macht, ob hier nicht tatsächlich einer religiösen Minderheit übel mitgespielt wird. Oder darin, dass die Journalisten der *Main-Post* und auch deren Verleger, der Holtzbrinck-Verlag mit Stefan von Holtzbrinck an der Spitze, mit ihrem eigenen Verhalten konfrontiert werden. Oder darin, dass der „Fluchtreflex" der Richter aufgedeckt wird. In ihrem Buch *„Die kirchliche und staatliche Gewalt und die Gerechtigkeit Gottes"* schreibt Gabriele dazu:

Durch persönliche Erfahrungen und Analysen kamen viele Urchristen zu der Überlegung, dass ein nur geringer Teil der katholisch und lutherisch getauften Richter sich nicht dem kirchlichen Diktat unterordnet. Es entsteht der Eindruck, dass es leider wenige katholische und lutherische Richter gibt, die sich klar und ohne

Beeinflussung, sei es von den Kirchen oder von katholisch und lutherisch geprägten Ministern und Abgeordneten, ihr eigenständiges Urteilsvermögen erhalten haben, so dass sie den von der Kirche angeschwärzten, missliebigen konfessionsfreien Kläger nicht nach kirchlichem Wunsch mit „Meinungsäußerung ist erlaubt" abspeisen, ihn somit nicht brandmarken und folglich weiteren Verunglimpfungen und Schmähungen preisgeben.(S. 38)

Trotz dieser ungünstigen Ausgangslage und geringer Erfolgsaussichten haben die Nachfolger des Jesus von Nazareth im Verlauf der Jahre immer wieder ihre Rechte als Staatsbürger wahrgenommen und haben versucht, vor Gericht der Diskriminierung und Ausgrenzung durch Kirchenfunktionäre und deren Helfershelfer entgegenzutreten.[137] Von den Medien wurden sie deshalb gerne als „prozessfreudig" verschrien – obwohl sie sich damit genau an den Rat des Jesus von Nazareth hielten, wie er uns in der Bibel überliefert ist:

Wenn dein Bruder sündigt, dann geh zu ihm und weise ihn unter vier Augen zurecht. Hört er auf dich, so hast du deinen Bruder zurückgewonnen. Hört er aber nicht auf dich, dann nimm einen oder zwei Männer mit, denn jede Sache muss durch die Aussage von zwei oder drei Zeugen entschieden werden. Hört er auch auf sie nicht, dann sag es der Gemeinde. Hört er aber auch auf die Gemeinde nicht, dann sei er für dich wie ein Heide oder ein Zöllner. (Mt 18, 15-17)

Die „Gemeinde" – das ist in diesem Fall der Staat mit seinen Gerichten. Nur dass heute auch der Staat und seine Richter häufig selber wie „Heiden und Zöllner" sind, weil sie sich von den Kirchen beeinflussen und gängeln lassen. Dennoch muss dieser Schritt versucht werden – zum einen, damit niemand sagen kann, er habe von nichts gewusst. Und zum anderen: Wer weiß, ob nicht alles viel schlimmer wäre, wenn sich die Nachfolger des Jesus von Nazareth nicht durch die Gerichtsverfahren, die sie anstrengen, zumindest hier und da einen gewissen Respekt verschafft hätten.

Und, nebenbei gesagt: Auch Jesus von Nazareth ließ nicht einfach alles stumm über sich ergehen. Er fragte den Knecht des Hohenpriesters: „Warum schlägst du Mich?"

Wahrheit oder „Meinungsäußerung"?

Weil die Justiz sich weigerte, die Nachfolger des Jesus von Nazareth gegen die ständigen Verleumdungen in der Presse zu schützen, veröffentlichten sie im August 2004 in der Zeitschrift *Das Friedensreich* eine »**Klarstellung**«, die bereits 1996 als Großanzeige in der *Main-Post* veröffentlicht worden – aber offensichtlich seither auf taube Ohren gestoßen war:

Seit Jahren führen die Amtskirchen anstelle einer religiösen Auseinandersetzung mit der Lehre des Universellen Lebens einen politischen Kampf gegen Menschen, die sich als Anhänger der urchristlichen Lehre bezeichnen, und gegen Betriebe, in denen diese arbeiten. Verdächtigungen und Unterstellungen gegenüber Einzelnen werden, als Meinungsäußerung getarnt, verbreitet, um die Lehre wegen angeblichen Fehlverhaltens Einzelner in Misskredit zu bringen. ...

Keiner kann für den anderen essen und trinken, und keiner kann für den anderen die Gesetze Gottes, die Bergpredigt, verwirklichen oder für das Verantwortung tragen, was der andere sagt oder nicht sagt. Deshalb soll jeder, der mit Urchristen in nah und fern Schwierigkeiten, gleich welcher Art, hat oder unzufrieden ist, sich mit diesen auseinandersetzen nach den sinngemäßen Worten Jesu: »Wenn dein Bruder sündigt, dann gehe zu ihm und weise ihn unter vier Augen zurecht«, und nicht das Offenbarungswerk und die Lehre, global: das Universelle Leben, beschuldigen.

Das Universelle Leben ist das göttliche Offenbarungs- und Lehrwerk auf der Grundlage der Zehn Gebote und der Bergpredigt Jesu, mit der Inneren Geist=Christus-Kirche, den Schulungen des Inneren Weges, den Seminaren und den weltweiten Radiosendungen. Die Lehre im Universellen Leben ist frei, ohne Zwang und Dogmatismus ...

Soweit einige Urchristen Betriebe gegründet haben und darin arbeiten, geschah und geschieht dies, weil sie mit Gleichgesinnten ihren Lebensunterhalt verdienen und die Ideale der Bergpredigt auch im Arbeitsalltag verwirklichen wollen. Wenn ihnen das nicht immer gelingt, weil sie noch nicht vollkommen sind, tut das der Richtigkeit ihrer Ideale keinen Abbruch. Das Verhalten einzelner Urchristen, soweit wirklich Anlass zur Kritik bestehen sollte und nicht bloß wieder Verdächtigungen im Spiel sind, kann nicht dem göttlichen Offenbarungswort und der Lehre des Universellen

Lebens angelastet werden. Dennoch wird dies bösartigerweise immer wieder versucht ...

Wer trägt die Verantwortung?

Das göttliche Offenbarungswerk und die Lehre, in dem Begriff Universelles Leben zusammengefasst, muss jedoch seit Jahren diesen Unsinn über sich ergehen lassen, obwohl es dort kein »du musst« gibt, und jeder, auch in den Betrieben, vollkommen frei ist, die Lehre anzunehmen oder nicht, weshalb dort auch Katholiken, Protestanten und andere Menschen arbeiten, ohne dass deswegen irgendjemand mit Strafen oder mit der ewigen Verdammnis bedroht wird ...

Die Anhängerschaft des Universellen Lebens setzt sich aus Millionen freier Urchristen in der ganzen Welt zusammen, die keine eingetragenen und somit keine registrierten Mitglieder sind und auch keine Mitgliedsbeiträge bezahlen, die die Lehre hören – ob sie alle danach leben, kann keiner sagen und dafür auch keine Verantwortung tragen.

Wenn in einer katholischen oder evangelischen Kirchengemeinde sich jemand danebenbenimmt, kommt niemand auf die Idee, den Pfarrer oder den Bischof hierfür verantwortlich zu machen. Wenn aber in der Bundgemeinde Neues Jerusalem einer mit dem anderen nicht mehr zurechtkommt und deshalb weggeht, wird nicht gefragt, warum, sondern das Universelle Leben, die Lehre soll daran schuld sein ...

Das göttliche Offenbarungs- und Lehrwerk wird jahrelang verteufelt und beschuldigt, wenn einzelne Urchristen sich nicht vertragen, wenn einzelne Urchristen Betriebe oder die Bundgemeinde verlassen, wenn einzelne Urchristen gegen ihre Nächsten sind. Es ist jedoch der Verantwortungsbereich dieser Einzelnen, das andere ist göttliches Offenbarungsgut und Lehrwerk, das gegeben wird nach dem Prinzip: »Wer es annehmen will, der nehme es an; wer es verwerfen will, der verwerfe es.«

Jeder kann sich mit der Lehre des Universellen Lebens auseinandersetzen. Er kann sie ablehnen; niemand wird ein Glaubensgespräch oder eine Glaubensauseinandersetzung scheuen; jeder kann sagen, wie er es besser machen würde. Es kann auch Einzelnen bezüglich ihres Verhaltens vorgehalten werden, dass sie nicht in Übereinstimmung mit der Lehre handelten. Man kann aber nicht die Lehre im Universellen Leben für das Verhalten des Einzelnen verantwortlich machen.

Wir appellieren an die Vernunft unserer Mitbürger und der Journalisten, sich nicht länger von derart absurden und irreführenden Schuldzuweisungen beeindrucken zu lassen, auch wenn sie aus durchsichtigen Motiven immer wieder verbreitet werden.

Urchristen im Universellen Leben e.V.

Dieser Erklärung schließe ich ausdrücklich folgendes an:
Die Christusbetriebe gehören dem Verein der Mitarbeiter in Christusbetrieben. Die Besitzer der Christusbetriebe haben sich zur Aufgabe gemacht, Schritt für Schritt die Bergpredigt zu erfüllen.

Ich gehöre zu keinem Christusbetrieb, bin kein Mitbesitzer und auch kein Mitverantwortlicher. Ich bin im geistigen Zweig tätig und verantworte das, was ich ausspreche. Was andere aus der Lehre machen, wie sie diese weitergeben, ob sie verwirklicht wird oder nicht, ob sie in den Christusbetrieben angewandt wird oder nicht, dafür bin ich nicht verantwortlich, weil die Lehre im Universellen Leben keinen Zwang ausübt. Ich zwinge niemanden, die Lehre zu glauben oder zu tun. Infolgedessen ist jeder für sein Denken, Reden und Handeln selbst verantwortlich.

Gabriele

Klarer kann man es nun wirklich nicht mehr ausdrücken. Und doch taucht das dummdreiste Klischee vom „Wirtschaftsimperium" immer wieder in den Medien auf. Und auch die *Main-Post* scheint weiterhin nur auf die nächste Gelegenheit zu warten, um den nächsten Kübel Häme über die Nachfolger des Jesus von Nazareth auszugießen.

Die Kampagne geht weiter

Im April 2009, gerade während dieses Buch geschrieben wurde, war es wieder soweit: Die auf dem Friedensland tätigen Landwirte beantragten bei der zuständigen Gemeinde, eine 25 Meter hohe Christusstatue errichten zu dürfen. Diese solle ein Symbol dafür sein, dass das Wort des Christus mittlerweile weltweit durch Prophetenmund über Radio- und Fernsehsender erschallt. Der Dorf-Gemeinderat lehnte dies rundweg ab, ohne mit den Antragstellern auch nur ein Wort gewechselt zu haben. Der „heiße Draht" zur *Main-Post* lief dafür umso besser. Tilman Toepfer machte sich in einem *Main-Post*-Artikel unter anderem über den „Riesen-Jesus" lustig, der geplant sei. Einige Nachfolger des Jesus von Nazareth verfassten daraufhin einen Offenen Brief, den sie im Ort verteilten:

Offener Brief
Zum Artikel: „Christusfreunde wollen Riesen-Jesus"

Der noch katholisch geprägte Tilman Toepfer wird mal wieder von der Leine gelassen, um ehrliche, anständige Mitbürger, denen niemand etwas Schlechtes nachsagen kann, zu verunglimpfen ... Der noch katholisch geprägte Tilman Toepfer schreibt über „Lautsprecheranlagen, die weit hinaus mit dröhnender Musik die Gegend beschallen". Auch hier offenbart sich wieder ... die fehlende Unterscheidungsgabe des noch katholisch geprägten Tilmann Töpfer.

Wahr ist: Ein- bis zweimal im Jahr kommen hunderte Nachfolger des Jesus von Nazareth zu einer Veranstaltung auf das Friedensland. Dabei erklingt für wenige Minuten Musik zu den Worten des Propheten Jesaja. Nur im Ohr der Dunkelheit dröhnt das Wort des Propheten Jesaja und die dazu passende Musik.
Christusfreunde wollen auch keinen Riesen-Jesus, sondern den auferstandenen Christus Gottes als Symbol, weil Er seit über 30 Jahren weltweit durch Prophetenmund zu Millionen und Abermillionen Menschen spricht. Auf der ganzen Erde erschallt das Wort des Christus Gottes, das geht natürlich nicht in einen Tilman

Toepfer ein. Er vernimmt nur das Dröhnen des Vaters der Unwahrheit ...

Ein schlechter Katholik kann noch wägen, ein „guter" Katholik ist der blinde Nachfolger des Katholizismus. Ein noch katholisch geprägter Mensch, wie z.B. Tilman Toepfer, könnte sich den Schriftgelehrten der Bibel zugeordnet fühlen, zu denen Jesus sprach: „Weh euch, ihr Schriftgelehrten und Pharisäer, ihr Heuchler! Ihr seid wie die Gräber, die außen weiß angestrichen sind und schön aussehen; innen aber sind sie voll Knochen, Schmutz und Verwesung. So erscheint auch ihr von außen den Menschen gerecht, innen aber seid ihr voll Heuchelei und Ungehorsam gegen Gottes Gesetz."

Noch einmal sei klargestellt: Durch Gabriele Wittek, die Prophetin Gottes, verkündete der Christus Gottes noch einmal Seine Lehre. Die Menschen, die das fassen können, folgen Schritt für Schritt Jesus, dem Christus, nach. Die Unterzeichneten tragen die Verantwortung der schrittweisen Umsetzung. Alle Einrichtungen im Universellen Leben basieren auf Verantwortungsträgern der Lehre des Jesus, des Christus, gegeben durch Seine Prophetin, Gabriele Wittek. Die Unterzeichneten sind Verantwortungsträger für Bereiche im Universellen Leben und der Betriebe, die Menschen gehören und nicht Gabriele Wittek. Wir hoffen und wünschen, dass Ihr Bewusstsein so weit reicht, das verstehen zu können.

Mit freundlichen und gerechten Grüßen ...

Ein kirchlich beeinflusster Journalist **will** aber gar nicht verstehen, was eine religiöse Minderheit wirklich denkt. Er will auf ihr herumhacken, um sein Prestige auf deren Kosten zu erhöhen. Wenige Tage später legt Toepfer nach und versucht, in einem weiteren Artikel mit einem Verschnitt aus Offenbarungs-Zitaten seinen Lesern nachzuweisen, die Nachfolger des Nazareners würden sich selbst widersprechen, weil sie nun plötzlich „Statuen anbeten" wollten. Davon kann aber keine Rede sein. Der Journalist hatte längst den Hinweis erhalten – auch in dem oben abgedruckten Offenen Brief –, dass die Statue lediglich ein **Symbol** sein sollte. Das Anbeten von Statuen wird in den Schriften des *Universellen Lebens* ausdrücklich abgelehnt.

Man sieht also: Die Kampagnen gehen weiter, auch noch während dieses Buch geschrieben wird. Und das hier Beschriebene ist, wie gesagt, nur die Spitze des Eisbergs.

Der Deutsche Presserat wird eingeschaltet

Angesichts der fortlaufenden massiven Diskriminierung durch die lokale Presse wandte sich der Anwalt des *Universellen Lebens*, Dr. Christian Sailer, an den Konzernherr der *Main-Post*, Dr. Stefan von Holtzbrinck in Stuttgart. Dieser nahm jedoch nicht selbst Stellung, sondern leitete den Brief einfach an den *Main-Post*-Chefredakteur Michael Reinhard weiter – der in einem kurzen Antwortbrief jede Schuld von sich wies: Die *Main-Post* habe immer „korrekt" berichtet; dies hätten auch die Gerichte bestätigt. Das nahm Christian Sailer zum Anlass, der Erinnerung des Zeitungsmanns etwas auf die Sprünge zu helfen:

Sehr geehrter Herr Chefredakteur Reinhard,

für Ihr Schreiben vom 29.5.2009 bin ich Ihnen zu Dank verpflichtet. Es nimmt den Anhängern des Universellen Lebens die letzten Illusionen über das Berufsethos und die Umgangsformen des Großverlegers Dr. von Holtzbrinck und des Chefredakteurs eines seiner Lokalblätter ...

Ich hatte mich an Ihren Verleger im Namen einer Glaubensgemeinschaft gewandt, die von der Main-Post seit über 20 Jahren systematisch schlecht gemacht wird ...

Eigentlich hätte ich wissen müssen, dass aus Ihrem Haus nichts anderes zu erwarten ist, nachdem Ihr Blatt seit Jahren so massiv dazu beigetragen hat, dass die Anhänger des Universellen Lebens in Unterfranken von einem Teil ihrer Mitbürger als Menschen zweiter Klasse behandelt werden ...

Da ich nicht weiß, ob Ihre Selbstsicherheit gespielt ist oder auf Unwissenheit beruht, führe ich Ihnen nachfolgend anhand einiger Beispiele einmal vor Augen, welch giftige Suggestionen Ihre Zeitung allein in Artikelüberschriften immer wieder über die Urchristen im Universellen Leben verbreitet und damit im Lauf der Jahre ein Gesamtbild gezeichnet hat, das die Anhänger und Verantwortlichen dieser Gemeinschaft wahlweise für korrupt oder verrückt oder gefährlich abstempelt ...

– Seelenfang per Biobrötchen (31.1.2004)
– Auf Distanz zu Seelenfängern (6.12.2003)
– Von Propheten und Lügen (11.10.2003)

- *Vor Wölfen im Schafspelz gewarnt (22.11.2002)*
- *Warnung vor sektennaher EDV-Firma ist zulässig (9.2.2002)*
- *Anwälte als Glaubenskrieger (20.6.1998)*
- *Zu Recht vor Missbrauch von Praxisdaten gewarnt (23.4.1998)*
- *Im Sog der Sekte jede Urteilsfähigkeit verloren (7.10.1996)*
- *Pfarrer Behnk: Scientology durch UL bereits überholt (10.7.1996)*
- *Behnk: Religion tarnt einen Wirtschaftskonzern (3.2.1996)*
- *Unselige Allianz von Glaube, Geld und Macht (2.2.1996)*
- *Sektenaussteigerin wartet weiter auf ihre Millionen (19.6.1995)*
- *Marktheidenfeld unter der Knute der Sekte (9.3.1995)*
- *„Knallharte Manager" erwirken Widerruf (10.2.1995)*
- *Maulkorb für die Vertreter Hettstadts (14./15.8.1993)*

Das sind, wie gesagt, nur einige Beispiele ...

Der aggressive und verächtliche Ton vieler Titel erinnert in mancher Hinsicht an die verhängnisvolle Tonart, die in finsteren Zeiten deutscher Vergangenheit praktiziert wurde. Auch damals wurden Menschen publizistisch niedergemacht und ausgegrenzt. Damals wurde die veröffentlichte Meinung von der totalitären Ideologie der Nazis geprägt; heute ist es die totalitäre Ideologie kirchlicher Sektenbeauftragter, die seit rund 30 Jahren Andersgläubige mit

Hilfe des Etiketts „Sekte" als nicht gesellschaftsfähige Außenseiter abstempelt. Und jeder, der die neuen Sündenböcke angreift, kann sich publizistisch profilieren und mit dem Beifall der Masse rechnen. ...

Ihr Hinweis, dass die gerichtlichen Verfahren zu Ihren Gunsten ausgegangen seien (was nicht in jedem Fall zutrifft), bedeutet keinerlei ethische oder moralische Rechtfertigung des von der Main-Post gegenüber dem Universellen Leben praktizierten Kampagnenjournalismus. Und schon gar nicht bedeutet es, dass wahr ist, was Sie verbreitet haben. Sondern lediglich, dass Unwahrheiten geschickt genug formuliert waren, sodass sie als Meinungsäußerungen bei Gericht noch durchgingen. ...

Der Taschenspielertrick, Verleumdungen, die bei Gericht als Meinungsäußerungen durchgingen, anschließend als vom Gericht für zutreffend gehaltene Tatsachenbehauptungen wiederzugeben, ist in Ihrem Blatt hochentwickelt ...

Vielleicht sollten Sie, sehr geehrter Herr Reinhard, zusammen mit Ihrem Verleger, noch einmal darüber nachdenken, ob Sie diese Art von Journalismus wirklich verantworten können und Kritik hieran weiterhin mit einer Handbewegung beiseiteschieben wollen. Die vorliegende Auseinandersetzung ist von grundsätzlicher Bedeutung und öffentlichem Interesse, weshalb mich meine Mandanten gebeten haben, diesen Brief neben dem Deutschen Presserat auch der Öffentlichkeit zugänglich zu machen. Selbstverständlich gilt dies auch für Ihre Reaktion.

Mit freundlichen Grüßen
Christian Sailer

Der volle Wortlaut des Briefes ist im Anhang abgedruckt. Er beinhaltet unter anderem eine genaue Analyse der Tatsachen, die sich hinter den Artikeln mit ihren Überschriften aufgeführten Artikeln verbergen – und der Art und Weise, wie sie von der Zeitung verdreht wurden.

In den 90er Jahren schafften es die Verfolgungsbeauftragten noch spielend, die ganze Meute der bundesweiten Fernsehsender gegen die heutigen Nachfolger des Nazareners zu hetzen. Doch all ihre hysterischen Szenarien von deren angeblicher „Gefährlichkeit" hatten sich im ominösen Jahr 2000 nicht bestätigt. Seither gelingt es den berufsmäßigen Verfolgungs-Funktionären – sieht man einmal vom Bayerischen Fernsehen ab – kaum noch, überregionale Kampagnen zu starten. Als umso wichtiger ist die Rolle einer Provinzzeitung einzuschätzen, die noch immer kirchliche Feindbilder nährt und dadurch das Klima einer ganzen Region zu vergiften versucht. Es ist, als ob die Provinz-Journalisten auf ihre Weise die alte Weisheit bestätigen wollten, dass ein Prophet im eigenen Land nichts gelten darf ...

Der Gottesgeist gab und gibt den Takt vor

Vor fast 35 Jahren entstand dieses weltweite Werk in einem Wohnzimmer, in dem nur zwei Menschen saßen. Schon wenige Jahre später, nach einer kurzen Phase des versuchten „Totschweigens", begannen die Serien von Verleumdungen und Lügen, die bis heute nicht abrissen. Gabriele, die Prophetin und Botschafterin Gottes, hat trotz massiver persönlicher Angriffe bis heute durchgehalten. Wie hätte sie dies schaffen können, wenn sie nicht zutiefst überzeugt wäre, ja wüsste: Es ist der Geist Gottes selbst, der zu ihr spricht? Wer anders als Gott kann einem Menschen die Kraft geben, diesem Trommelfeuer über Jahrzehnte standzuhalten?

Und wer anders als der Christus-Gottes-Geist konnte und kann sie befähigen, diese Angriffe nicht nur auszuhalten, sondern auch im Augenblick des Angriffs geistesgegenwärtig darauf zu reagieren? In all den vielen Jahren war Gabriele trotz des ungleichen Kräfteverhältnisses zwischen David und Goliath nie verzagt oder mutlos. Im Gegenteil: Mit bewundernswerter Souveränität wusste sie spontan, wie man den Theologen und ihren Mediengefolgsleuten antworten, wie man den Kirchen den Spiegel ihres eigenen Fehlverhaltens vorhalten könnte. Und diese Antworten waren immer von verblüffender Frische, Treffsicherheit und Originalität – und oft sogar gewürzt mit einer Prise göttlichen Humors. So bezeichnete Gabriele die Lügengeschichten des Pfarrer Behnk einmal als „Angstschrei aus der Kajüte des sinkenden Schiffs evangelisch".

Die vielen, oft wütenden Angriffe der Kirche gegen das Werk des Herrn waren aber immer nur Reaktionen auf Aktionen der geistigen Welt, die durch Gabriele übermittelt wurden. Der Geist gab den Takt vor, mit immer neuen Schritten im Aufbau eines inzwischen weltweiten Werks – und die Kirchen hechelten hinterher, um noch möglichst viel davon zu torpedieren. Doch immer dann, wenn sie ihrerseits die nächste Bosheit planten, konnte man sicher sein, dass Gabriele bereits ein halbes Jahr vorher genau **das** Thema für eine öffentliche Offensive vorschlug, das den Kirchen zielsicher den Wind aus den Segeln nahm.

Wenn man diese vielen Jahre im Überblick betrachtet, dann kann man nur erstaunt die Frage stellen: Wenn ein Mensch in der Lage ist, aus einer so aussichtslosen Lage heraus die mächtigen Institutionen Kirche fast im Alleingang aufs Kreuz zu legen – muss das nicht ein Prophet Gottes sein?

Die Kirchen haben durch ihre heimtückischen Angriffe allerdings auch vieles verhindert. Die frühzeitigen Warnungen des Christus-Gottes-Geistes vor den Katastrophen, die wegen der Misshandlungen der Mutter Erde auf die Menschheit zukommen würden, haben sie als „Panikmache" von „Endzeitaposteln" lächerlich zu machen versucht.[138] Allein schon dadurch haben sie unermessliche Schuld auf sich geladen – denn vieles von dem, was heute als „Klimakatastrophe" auf uns zukommt, hätte bei rechtzeitigem Gegensteuern womöglich verhindert oder zumindest abgemildert werden können. Was der Christus-Gottes-Geist durch das Prophetische Wort für den Fall ankündigte, dass die Menschheit nicht umkehrt, nimmt heute in Form der Klimakatastrophe mehr und mehr Gestalt an. Und wohl erst im Jenseits wird offenbar werden, wie viele Menschen durch die fortwährende Stimmungsmache der Kirchen gegen die neue religiöse „Konkurrenz" davon abgeschreckt wurden, sich auf das Prophetische Wort Gottes einzulassen, ihre Lebensgewohnheiten zu überdenken und sich näher mit dem Weg nach Innen zu befassen.

Trotz allem: Vieles ist entstanden

Die beiden Großkirchen haben wirklich alle Register gezogen, all ihre wahrlich nicht geringe Boshaftigkeit aufgeboten, die neue Bewegung so rasch wie möglich wieder zum Verschwinden zu bringen. Gerade angesichts dieser Tatsache grenzt es an ein Wunder, was im Laufe der Jahre alles entstanden ist: Ein weltweites Werk mit starken Gruppen von Christusfreunden in fast allen Ländern dieser Erde.

Eine Fülle von Büchern und Schriften, die in über 20 Sprachen übersetzt wurden und weltweit kursieren. Eine mächtige vegetarische Bewegung, die sich mit Plakaten und Broschüren dafür einsetzt, Tiere am Leben zu lassen. Der *Friedfertige Landbau* als umfassende Alternative zur industrialisierten Landwirtschaft, die dabei ist, unsere Lebensgrundlage auf Spiel zu setzen. Die Ansätze eines lange angekündigten Friedensreiches auf dieser Erde, in dem Mensch und Tier friedfertig zusammenleben. Ein *Internationaler Begegnungsort des Universellen Lebens aller Kulturen weltweit*, wo Menschen aus aller Welt gemeinsam Gott anbeten und über Auswege aus den Krisen sprechen, in die sich der Mensch in seinem Egoismus selbst hineinmanövriert hat.

Was hier um die Welt geht, ist die Botschaft der fünf Prinzipien Gleichheit, Freiheit, Einheit, Brüderlichkeit und Gerechtigkeit, die Botschaft der Friedfertigkeit, die aus der Bergpredigt resultiert und die in den Gedanken und Gefühlen jedes Einzelnen beginnt. Diese Botschaft geht nicht nur in Büchern und Tonträgern, sondern längst auch über Radio- und Fernsehstationen weltweit hinaus. Es ist die uralte Botschaft, dass Gott, unser Vater, uns Menschen, die wir Seine Kinder sind, nicht alleine lässt. Und starke Seelen, die sie vernehmen, sind eingeladen, mitzutun!

Trotz aller Widerstände und Anfeindungen: Es ist alles eingetreten, was Gabriele vor fast 35 Jahren vom Gottesgeist angekündigt worden war. Stufe um Stufe wurde es aufgebaut. Ist nicht allein das schon ein Beweis dafür, dass dies alles kein bloßes Menschenwerk sein kann?

Christus hat es in Seinem Offenbarungswerk „Das ist Mein Wort" so ausgedrückt: „

> *Es ist die übermenschliche Leistung einer Frau, die im Vater und in Mir, dem Christus, lebt, dass in wenigen Jahren das Werk der Erlösung weltweit geworden ist. Sie steht im göttlichen Auftrag, zusammen mit den Pionieren für die Neue Zeit alle Menschen, die guten Willens sind, zu rufen und sie zu lehren, damit sie das Innere Licht der Liebe und das wahre Leben finden, das ewige Gesetz des Alls. Denn die Wahrheit, das Gesetz des Alls, ist inwendig in jedem Menschen.*

Lassen wir am Ende dieses Buches noch einmal diejenige zu Wort kommen, die diese übermenschliche Leistung vollbracht und uns allen damit neue Möglichkeiten eröffnet hat, das Innere Licht und das wahre Leben in uns wieder zu finden. Gabriele zieht für uns folgendes Fazit:

Liebe Mitmenschen, es ist eine grausame Tatsache, dass Menschen, die sich christlich nennen und die Gebote Gottes und die Lehren des Jesus von Nazareth in ihren Kirchen predigen, jene Menschen verfolgen und Übles über sie reden, jene Menschen in der Öffentlichkeit peinigen und brandmarken, die die Zehn Gebote Gottes und die Lehren des Jesus, des Christus, vor allem die zentrale Lehre, die Bergpredigt, Schritt für Schritt erfüllen und ihren Mitmenschen nahebringen.

Gott, der Ewige, und Sein Sohn, Christus, der Erlöser aller Seelen und Menschen, haben mich, Gabriele, in das Prophetische Dasein berufen. Nicht ich habe mich in dieses Joch begeben – es war und ist der Auftrag des Geistwesens in mir von oben, aus dem Reich Gottes, als Mensch die Wortträgerin des Allmächtigen zu sein. Nicht ich, der Mensch, habe mich zur Prophetin Gottes gemacht. Ich wiederhole: Das Geistwesen in mir, im Menschen Gabriele, hat als Mensch die Aufgabe, der Menschheit Gottes Wort zu bringen.

Ich bin Mensch und musste die Sprache der Himmel lernen, um sie gerecht in meine Muttersprache übersetzen zu können. Das ist Gottesprophetie von oben. Als Mensch, Gabriele, habe ich Gott, dem Ewigen, versprochen, das Wort des Allerhöchsten auszusprechen und mit Gottes Hilfe ein weltweites Christus-Gottes-Werk auf- und auszubauen. Das Geistwesen in mir erfüllte und erfüllt Seinen Auftrag durch mich, den Menschen, Gabriele.
Ich, der Mensch, musste lernen, mich an den Geboten Gottes und an der Bergpredigt Jesu zu orientieren, mich also an das Gesetz Gottes zu halten, indem ich die Gebote Gottes und die

Bergpredigt Jesu erfülle. Denn diese Gesetzesauszüge aus dem allumfassenden Gesetz Gottes, des Allmächtigen, sind die zentrale Botschaft aus dem Reich Gottes, sind das Wort Gottes für uns Menschen, erneut dargebracht durch mich, Gabriele, die Gott, der Ewige, und Sein Sohn Seine Prophetin und Botschafterin nennen.

Als Gottesinstrument stehe ich auch im Auftrag mit vielen Urchristen, um die Basis für das Friedensreich Jesu Christi zu schaffen, von dem Jesus von Nazareth kündete und viele Propheten des Alten Testamentes. Weil Gott durch mich das Leben der Himmel verkündete und verkündet, das die Christen im Vaterunser herbeibeten – „Dein Reich kommt, und Dein Wille geschieht" –, und weil ich somit Gottes Wille erfülle, wurde und werde ich von den Kirchenmännern verfolgt, diskriminiert, werde dem Rufmord durch sie und ihresgleichen ausgesetzt. Auf diese Weise wird durch sie die Himmelsbotschaft lächerlich gemacht.

Hätte ich nicht gewusst, dass Christus an meiner Seite ist, der mich gestützt und der mir beigestanden hat, so hätte ich das satanische Trommelfeuer, die satanische Ignoranz, nicht überstanden. Ich hielt und halte mich an die Gebote Gottes und an die Bergpredigt Jesu, und so kann ich sagen: Gott, der Ewige, und Sein Sohn standen mir bei, und das bis zum heutigen Tag.

Solange ich Mensch bin, tue ich, was ich dem Ewigen versprochen habe: Sein Wille geschieht! Der Mensch, Gabriele, hält sich an die Gebote Gottes und an die Bergpredigt Jesu. Der Christus Gottes ist der Sieger. – Der Satan offenbart sich selbst.

Liebe Mitmenschen, ein Beweis für die Wahrheit sind die Gebote Gottes und die Lehren des Jesus, des Christus, und auch ich, die ich mich daran gehalten habe. Dieses satanische, hinterhältige und

menschenverachtende Trommelfeuer habe ich mit der Hilfe des Jesus, des Christus, durchgestanden.
Die Gebote Gottes und die Lehren des Jesus, des Christus, sind der Weg in das Vaterhaus, die Wahrheit und das Leben im ewigen Reich, in unserer wahren Heimat.
Die Liebe zu Gott und zu unseren Nächsten ist das höchste Gebot. Diese Liebe ist auch die höchste Kraft im Universum, denn sie überwindet – durch Christus – alles Ungute.
Mögen Spott, Hohn und Verleumdung sich noch so sehr aufbäumen, mag der Aggressor sich auch stark fühlen in seiner blinden Vernichtungswut – wer sich davon nicht verleiten lässt, mit gleicher „Münze" zurückzuzahlen, also zurückzuschlagen, der ist es, der im Gesetz Gottes, in der Liebe, bleibt. Er geht aus diesem Kampf unbeschadet – und letztlich als Sieger – hervor.
Die Finsternis und ihre Vasallen muss derjenige nicht fürchten, der über die innere Stärke der göttlichen Liebe verfügt und sie anwendet.

Jesus von Nazareth lehrte uns sinngemäß:
Liebe Deine Feinde. Tue Gutes denen, die dich hassen. – Nicht die Sünde des Einzelnen, nicht das Satanische am Menschen, sollen wir lieben, sondern das Innerste im Urgrund jeder Seele, das Geistwesen, das im Reich Gottes unser Bruder, unsere Schwester ist.
Auch in diesem Sinne hielt und halte ich es, denn es ist die selbstlose Liebe aus Gottes ewigem Gesetz der Liebe.

Liebe Mitmenschen, ich möchte Ihnen ans Herz legen: Was auch kommen mag: Halten Sie sich an den Geboten Gottes und an der

Bergpredigt Jesu fest! Erfüllen Sie diese Hoheitslehren Schritt für Schritt! So werden Sie vieles Üble überwinden, und es wird Ihnen von Tag zu Tag besser gehen.

Dann haben Sie Christus bewusst an Ihrer Seite, der uns lehrte: „Wer diese Meine Worte hört und danach handelt, ist wie ein kluger Mann, der sein Haus auf Fels baute. Als nun ein Wolkenbruch kam und die Wassermassen heranfluteten, als die Stürme tobten und an dem Haus rüttelten, da stürzte es nicht ein; denn es war auf Fels gebaut.

Wer aber Meine Worte hört und nicht danach handelt, ist wie ein unvernünftiger Mann, der sein Haus auf Sand baute. Als nun ein Wolkenbruch kam und die Wassermassen heranfluteten, als die Stürme tobten und an dem Haus rüttelten, da stürzte es ein und wurde völlig zerstört."

Leben Sie Schritt für Schritt im Geiste unseres himmlischen Vaters, und Sie werden auch der Aussage Jesu näher kommen: „Was du willst, dass dir andere tun sollen, das tue du ihnen zuerst", oder, anders formuliert: „Was du nicht willst, dass man dir tu', das füg' auch keinem anderen zu."

Liebe Mitmenschen, Sie sind gefragt, das auszuprobieren, was mich, Gabriele, standhaft gemacht hat und macht, denn auch ich bin Mensch, Ihr Nächster.

Darf ich Ihnen das innere Glück wünschen, die Sicherheit in und mit Christus, dem Erlöser aller Seelen und Menschen?

In geistiger Verbundenheit, Gabriele

Nachwort

Dieses vorliegende Buch von Matthias Holzbauer und Gert-Joachim Hetzel gehört zu den wirklich wichtigen Büchern, die geschrieben wurden. Es ist wichtig, weil es wahr ist. Es ist sehr gut, weil es das Wesentliche dieser Geschichte mit einem Minimum an notwendigen Informationen erzählt und dem Leser einen vollständigen Überblick über ein schier unglaubliches Zeitgeschehen verschafft, ohne ihn dabei zu überfordern.

Dieses Buch kommt zu den richtigen Schlüssen. Dieses Urteil kann ich abgeben, weil ich selbst über lange Zeit dabei war und vieles aus eigener Anschauung weiß. Ich habe die hier berichteten Geschehnisse selbst miterlebt, habe die genannten Personen persönlich gekannt, und es hat sich alles so ereignet, wie die Autoren es beschrieben haben – alles.

Zuerst dachte ich, es sei eine sehr traurige Geschichte, die hier erzählt wird.

Dann aber wurde mir bewusst, wie unverständlich, absurd, ja lächerlich die Aktionen und Reaktionen der beiden Kirchen, der Journalisten und der politischen Vertreter doch eigentlich auf die zunächst kleinen und zaghaften Bemühungen der vergleichsweise wenigen Menschen im *Universellen Leben* waren und sind. Genau besehen, hatten die Kirchen nie, zu keinem Zeitpunkt, auch nur ein sachliches Argument gegen die Urchristen parat gehabt, weder in Fragen der Lehre des *Universellen*

Lebens, noch Fragen bezüglich der äußeren Aktivitäten, der Betriebe einzelner Urchristen. Darum mussten sie Argumente erfinden – Lügen; etwas anderes hatten sie nicht.

Am Ende dieses Buchers ist mir klar, dass Prof. Dr. Walter Hofmann, ein langjähriger Kenner der Prophetin und des Werkes Gottes, der altersbedingt nicht mehr in die Öffentlichkeit tritt, recht damit hat, als er kürzlich sagte: „Die Kirchen wissen ganz genau, wer Gabriele ist!" Nicht jeder Dorfpfarrer und jeder Provinzjournalist weiß es, aber die Kirchen wissen es. Anders lässt sich deren Verhalten nicht erklären, denn es gibt Hunderte von spirituellen Büchern und von Autoren, die ihre geistigen Lehren unbehelligt von den Sektenbeauftragten schreiben, seien sie medial oder durch channeln oder durch Erkenntnis gewonnen. Um all diese kümmern sich die Kirchen so gut wie gar nicht. Wenn sie nicht überzeugt wären, dass Gabriele eine echte Gottesprophetin ist, dass es also wirklich Gott, der Ewige, ist, der durch sie seit 35 Jahren spricht, hätten sie keinen Grund gehabt, sie so ernst zu nehmen und sie mit aller Gewalt ihres Machtapparates derart massiv und fortgesetzt anzugreifen. Das wurde mir beim Lesen dieses Buches bewusst.

Man muss sich vergegenwärtigen, wogegen diese beiden Kirchen und ihre Hörigen überhaupt anrennen, gegen was sie überhaupt seit 35 Jahren ankämpfen:
- Eine Lehre, die in allen wesentlichen Punkten identisch mit der Lehre des Jesus von Nazareth und aller wahren Gottespropheten ist. Es geht um die Zehn Gebote und die Bergpredigt.

- Eine Vielzahl positiver Anregungen für ein besseres Leben für alle Menschen auf der Erde, schon vor 25–30 Jahren gegeben, die heute völlig übereinstimmend von namhaften Politikern und Wissenschaftlern unserer Zeit dringend eingefordert werden, um noch zu retten, was sich noch retten lässt.
- Einen Beitrag zum Tier- und Naturschutz, wie er andernorts prämiert wird.

Dagegen also kämpfen die katholische und evangelische Kirche in Deutschland an. Jeder, der diesen absurden Kampf mit etwas Abstand beobachtet, muss sich doch fragen: Warum tun die Kirchen das? Meiner Ansicht nach: weil sie Angst haben und wissen, dass es richtig ist, was Gabriele lehrt und tut, und weil sie selbst es seit 2000 Jahren weitgehend versäumt haben, das zu tun. Sie wollen von ihrem eigenen Versäumnis ablenken, damit es nicht offenbar wird.

Aber was haben sie, die Kirchen mit ihren Beauftragten in 35 Jahren eigentlich erreicht? Nichts, bei näherem Hinsehen. Die einen sind frühzeitig erfolglos verstorben, die anderen schlittern in die Bedeutungslosigkeit, und die Mitgliederzahlen der Kirchen schrumpfen immer weiter. Was also haben sie alle zusammen erreicht?

Und ich glaube, nicht einer von diesen, die über Gabriele geschrieben, gerichtet und geurteilt haben, hat sich die Mühe gemacht, die Lehre, die durch Gabriele gegeben wurde, wirklich zu lesen, geschweige denn, diese zu verstehen. Keiner hat sich bemüht, diesen Menschen, Gabriele, überhaupt nur ansatzweise kennen zu lernen. Aber steht denn nicht in ihren Bibeln, auf die sie immer pochen: „Seinen Nächsten verachten ist Sünde"?

Nichts von all dem, was man Gabriele und dem *Universellen Leben* in 35 Jahren an Schlechten angedichtet und nachgesagt hat, hat sich bestätigt; nichts von all dem, was an die Wand gemalt wurde, ist eingetroffen – weil alles nur frei erfunden war.

Eine Frau hat allein durch ihren Mut, mit außerordentlichem Geschick und beachtlichem Durchhaltevermögen, den beiden Kirchen 35 Jahre lang die Stirn geboten. Damit hat sie Zivilcourage bewiesen. Sie ist als Siegerin aus diesem unfairen Kampf hervorgegangen, und gewiss wird sie vor der „Preisrichterbühne Christi" stehen, wo jeder für sich selbst Rechenschaft ablegen wird – ebenso wie die anderen auch. So steht es in ihren Bibeln.

Alfred Schulte

Anhang

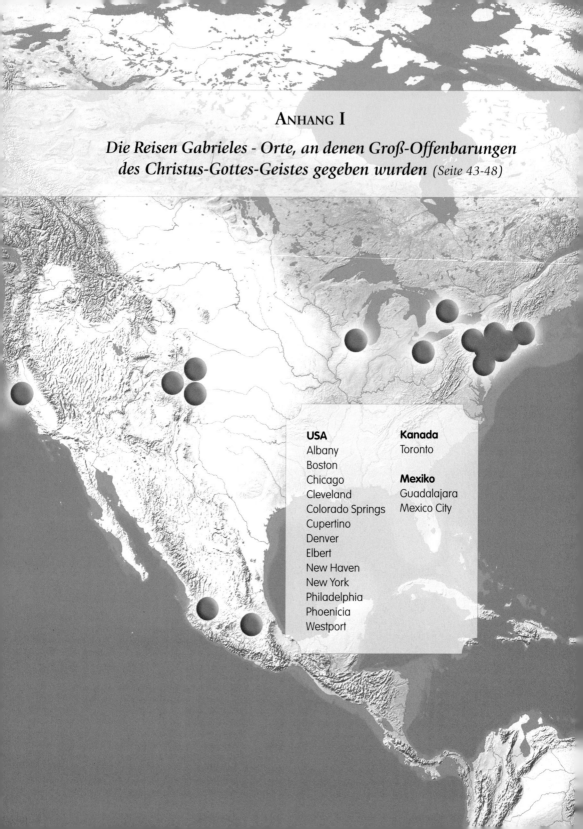

Anhang I

Die Reisen Gabrieles - Orte, an denen Groß-Offenbarungen des Christus-Gottes-Geistes gegeben wurden *(Seite 43-48)*

USA
Albany
Boston
Chicago
Cleveland
Colorado Springs
Cupertino
Denver
Elbert
New Haven
New York
Philadelphia
Phoenicia
Westport

Kanada
Toronto

Mexiko
Guadalajara
Mexico City

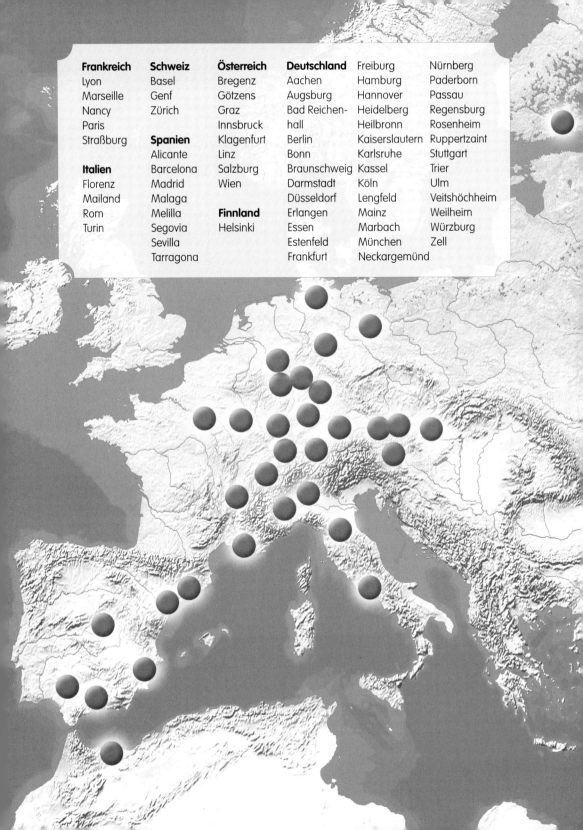

Anhang II
Die Prinzipien Inneren Lebens, die göttlichen Gesetzmäßigkeiten für das Friedensreich Jesu Christi, für das Reich Gottes auf Erden

Gleichheit, Freiheit, Einheit und Brüderlichkeit, woraus sich die Gerechtigkeit ergibt

Die göttlichen Prinzipien für unser Leben sind die Gleichheit, die Freiheit, die Einheit, die Brüderlichkeit – und aus ihrer Verwirklichung ergibt sich die Gerechtigkeit. Diese göttlichen Prinzipien sollen von Menschen auf die Erde gebracht werden. Was bedeuten diese Prinzipien für uns als Menschen in unserem Leben?

Gleichheit

Gleichheit bedeutet, dass es weder Höhergestellte noch Untergebene gibt.
Gott hat jedem einzelnen Seiner Kinder die ganze Unendlichkeit als Essenz in seine Seele gelegt. Da jeder Mensch, jede Seele das ganze Sein als Erbe in sich trägt – wer ist dann größer als der andere, wer ist dem anderen untergeben? Da Gott, unser Vater, Sein ganzes Erbe auftgeteilt hat und nichts allein für sich behalten hat –, welcher Mensch kann sich dann über den anderen Menschen stellen, und wer ist dann Untergebener? Niemand.
Nach dem Gesetz Gottes sind alle Menschen gleich. Alle Menschen sind Brüder und Schwestern in Christus. Als Christen glauben wir, dass wir alle einen Vater haben – Gott, unseren Vater im Himmel.

Ist Gott mein Vater, dann ist jeder Mensch mein Bruder oder meine Schwester, denn wir sind alle Kinder dieses einen Vaters.
Was bedeutet für uns die Aussage: „Alle sind Brüder und Schwestern in Christus"? Christus gab uns als Jesus von Nazareth das Vorbild, wie wir leben sollen und wie wir die Gesetze in unserem Leben verwirklichen können.
In Christus zu leben heißt, dass wir Ihn nicht nur angenommen, sondern auch aufgenommen haben, dass wir also die Gebote des Lebens, die Zehn Gebote und die Gesetzmäßigkeiten der Bergpredigt, in unserem Leben weitgehend verwirklichen.
Nur durch ein Leben nach den Zehn Geboten und nach den Gesetzmäßigkeiten der Bergpredigt finden wir als Brüder und Schwestern in Christus zusammen. Dadurch ist jeder mit jedem verbunden; es gibt keine Trennung mehr, niemand ist mehr allein. Jeder erkennt jeden als einen Teil von sich selbst. Jeder steht jedem entsprechend seinen Fähigkeiten und Talenten hilfreich und brüderlich zur Seite. Das führt uns in die Gleichheit. Gleichheit bedeutet auch, dass wir untereinander die Aufgaben rotieren lassen.
Wir haben keine Ämter, die uns auf Lebenszeit gegeben sind, denn jeder dient dem Nächsten gemäß seinen Fähigkeiten und Talenten.

Freiheit

Frei wird der Mensch, der die göttlichen Gesetze erfüllt.
Ein kleiner Vergleich aus der Natur möge den Aspekt der Freiheit verdeutlichen. Denken wir an ein Tier, vielleicht an einen Vogel, der in einem Käfig, also in Gefangenschaft lebte und nun in die Freiheit entlassen wird. Dieses Bild lässt uns nachempfinden, was es bedeutet,

wenn unser Bewusstsein sich weitet und wir mit der Hilfe von Christus in wahre Freiheit gelangen. Wie verhalten wir uns gegenüber unserem Nächsten, wenn wir frei sind? Wir nehmen in dieser Freiheit unseren Nächsten an und auf. Das bedeutet: jeden Fehler, den wir entdecken und der uns stört, betrachten wir zunächst bei uns selbst und bereinigen ihn. Danach können wir dann anders auf unser Geschwister zugehen, wenn es uns bittet, ihm bei der Überwindung seiner Schwierigkeit zu helfen.

Ein weiterer Aspekt: Wer frei ist, setzt seinen Nächsten nicht unter Druck oder Zwang. Denn was mein Nächster tut, geht nur den Vater und Sein Kind etwas an. Das ist das Gesetz der Freiheit.

Freiheit bedeutet auch Vertrauen. Wer frei ist, vertraut seinem Nächsten. Diese Freiheit spricht sodann eine andere Sprache; es ist nicht mehr nur das gesprochene Wort, sondern es ist die Herzenssprache, mit der wir unserem Nächsten begegnen.

Ein Aspekt dieses Vertrauens ist die Treue – Treue in Partnerschaft und Ehe, auch die Treue im täglichen Miteinander, in der großen Gemeinschaft. Wir erlangen diese Treue, indem wir durch tagtägliche Verwirklichung das Gottvertrauen aufbauen. Wer frei ist, hat nichts zu verbergen. Wer ehrlich ist zu sich selbst, kann auch offen zu seinem Nächsten sein. So gibt es keine Geheimnisse.

Ein weiterer Aspekt der Freiheit ist, dass ich meinen Nächsten nicht abwerte, über ihn nicht abfällig denke oder spreche. Denn der Freie hat Achtung vor sich selbst und vor seinem Nächsten. Ein freier Mensch hat das Selbstwertgefühl erlangt, weil er spürt, dass er ein Kind Gottes ist; und so behandelt er auch seinen Nächsten.

Ein weiterer Aspekt: Der freie Mensch spricht aus, was es auszusprechen gibt, um dort Klarheit zu bringen, wo Unklarheit vorliegt. So ist er kein Duckmäuser, sondern aufrecht, geradlinig und klar.

Einheit

Die Einheit ist das tragende Prinzip für das kommende Friedensreich, das sich schon jetzt auf Erden aufbaut. Einheit im Geiste Christi heißt, dass Einer für alle ist – Christus, und alle für den Einen sind – Christus.
Die Einheit ist das Miteinander in geschwisterlicher Offenheit. Offenheit pflegen auch die reinen Geistwesen im Himmel. Diese sind das Gesetz, sie werden vom Gesetz durchstrahlt und leben das Gesetz. Deshalb sind sie völlig transparent. Einheit heißt, in jeder Situation füreinander da zu sein. Das wiederum bewirkt das Miteinander. Wenn wir wirklich füreinander sind und miteinander leben, dann freuen wir uns über jeden positiven Aspekt, über jeden geistigen Erfolg unseres Nächsten; wir werden ihn fördern und unterstützen.
Wenn wir uns aufeinander verlassen können, wenn wir wissen, dass das, was unser Bruder tut, in Ordnung ist; dass das, was unsere Schwester tut, so ist, als ob ich es tun würde – dann ist dies die Einheit. Einheit bedeutet, dass in Freude und Leid, in jeder Not und Schwierigkeit der Bruder und die Schwester an unserer Seite stehen und uns entsprechend den Gesetzen Inneren Lebens beistehen und helfen, soweit es ihnen möglich ist. Diese Hilfe hat jedoch nichts mit Schönreden oder Zum-Munde-Sprechen zu tun. Es wird dem geholfen, welcher der Hilfe bedarf.

Wer in der Einheit lebt, weil er die Gleichheit und Freiheit in sich entwickelt hat, bewahrt nichts für sich. Keiner verfügt über größere materielle Werte oder Besitz; jeder entwickelt innere Werte als geistigen Besitz. Dadurch erlangt er auch das, was er als Mensch benötigt und darüber hinaus.

Jesus von Nazareth sagte sinngemäß: Die Vögel des Himmels sammeln nicht in Scheunen, und ihr himmlischer Vater ernährt sie doch. Das ist eine Wahrheit, in die wir – als einen Aspekt der Einheit – hineinwachsen sollen. Denn wer in der Gemeinschaft und für die Gemeinschaft lebt, den ernährt auch die Gemeinschaft, er braucht sich um sein leibliches Wohl keine Sorgen zu machen.

Die Einheit führt auch zum gemeinsamen Wohnen in Wohngemeinschaften als großen Familien, wo einer für den anderen da ist. Zwar hat jeder darin seinen eigenen Wohnbereich, sein kleines Reich für sich, alle erfüllen jedoch im Wechsel Aufgaben für die Gemeinschaft und bilden so eine lebendige und zufriedene Großfamilie.

Es geht also darum, über die Parzelle der Kleinfamilie hinauszuwachsen. Denn Einheit bedeutet auch: Wer in der Einheit mit seinem Nächsten lebt, der erfüllt mehr und mehr die kosmischen Gesetze der selbstlosen Liebe. Erst dadurch erwächst das wahre Gemeinschaftsleben, in dem Harmonie, Frieden und geschwisterliche Liebe herrschen. Aus der gemeinsamen Kraft entsteht dann auch der Kampfesgeist für Christus und für Sein Friedensreich.

Brüderlichkeit

Ist unser Lebensziel, wieder göttlich zu werden, dann erfüllen wir die Gesetze der Gleichheit, Freiheit, Einheit und gelangen so zur Brüderlichkeit. Brüderlichkeit bedeutet Geschwisterlichkeit: Menschen im Geiste Christi sind Brüder und Schwestern, die miteinander die ewigen Gesetze erfüllen. Sie haben Vertrauen zueinander, denn dies ist in unserem ewigen Wesen begründet. Jedem Menschen voll vertrauen zu können, ist wohl die Sehnsucht vieler Menschen seit Jahrtausenden. Brüderlichkeit bedeutet weiter, dass sich jeder für jeden mitverantwortlich fühlt. Es gibt nur das aufrichtige, vertrauensvolle Miteinander.

Die Geschwister helfen sich untereinander und schaffen dadurch eine breite Basis für das Hinzukommen weiterer Menschen, die wie sie denken und leben wollen. Brüderlichkeit heißt aber auch, sich nicht nach außen abzukapseln, sondern den Menschen zugetan sein und ihnen nach den Gesetzen Gottes zu helfen.

Wenn wir diese göttlichen Prinzipien: die Gleichheit, die Freiheit, die Einheit und die Brüderlichkeit erfüllen, dann wachsen wir hin zu Größerem.

Gerechtigkeit

Gleichheit, Freiheit, Einheit und Brüderlichkeit sind die Gesetzmäßigkeiten und zugleich die Prinzipien für das Friedensreich Jesu Christi, für das Reich Gottes auf dieser Erde. Aus diesen vier Prinzipien erwächst die Gerechtigkeit. Die Gerechtigkeit Gottes für das Friedensreich ist zugleich das Auge Gottes und die Waage Gottes.

Die Gerechtigkeit wägt alles ab, um jedem und allem gerecht zu werden. Die Gerechtigkeit legt alles in beide Waagschalen und strebt danach, die Gleichheit, die Freiheit, die Einheit und die Brüderlichkeit zu erlangen in allem, was geschieht. So wachsen wir allmählich in die Gesetzmäßigkeiten des Lebens hinein, und uns tun sich dann weitere Gesetze Inneren Lebens auf. Denn diese vier Prinzipien, aus denen die Gerechtigkeit hervorgeht, sind Schritte hin zur Ganzheit, zu dem Gesetz, das alles in allem ist.

Anhang III
Brief von Rechtsanwalt Dr. Christian Sailer

MAIN-POST
zu Hd. Herrn Chefredakteur
Michael Reinhard
Bernerstraße 2
97084 Würzburg
Per Telefax voraus: 0931/6001-396
In Abdruck an: 10. Juni 2009
Dr. Stefan von Holtzbrinck   s-h

Missbrauch der Pressefreiheit durch die *Main-Post*

Sehr geehrter Herr Chefredakteur Reinhard,

für Ihr Schreiben vom 29.5.2009 bin ich Ihnen zu Dank verpflichtet. Es nimmt den Anhängern des *Universellen Lebens* nicht nur die letzten Illusionen über das Berufsethos und die Umgangsformen des Großverlegers Dr. von Holtzbrinck und des Chefredakteurs eines seiner Lokalblätter, sondern gibt ihnen mit Ihrem missglückten Rechtfertigungsversuch auch ein Dokument für ihre TV-Sendungen und Publikationen in die Hände, das für die öffentliche Wahrheitsfindung dringend benötigt wird. Zur vollständigen Illustration wäre freilich noch ein Foto von Ihnen erforderlich, worum Sie meine Mandanten bitten.

Ich hatte mich an Ihren Verleger im Namen einer Glaubensgemeinschaft gewandt, die von der *Main-Post* seit über 20 Jahren systematisch schlecht gemacht wird. Zuletzt war ich auch selbst Gegenstand unseriöser Berichterstattung, weshalb ich mich auch im eigenen Namen beschwere. Von Herrn Dr. von Holtzbrinck erhielt ich überhaupt keine Antwort und von Ihnen ein paar oberflächliche Zeilen, bei denen Sie sich auf gewonnene Prozesse hinausreden, obwohl Sie genau wissen, dass es in meinem Brief nicht um Juristisches ging, sondern um die Bitte um Fairness, die man auch bei Beachtung der juristischen Grenzen der Pressefreiheit ungeschoren verletzen kann und bei der *Main-Post* auch in einer Vielzahl von Fällen verletzt hat.

Eigentlich hätte ich wissen müssen, dass aus Ihrem Haus nichts anderes zu erwarten ist, nachdem Ihr Blatt seit Jahren so massiv dazu beigetragen hat, dass die Anhänger des *Universellen Lebens* in Unterfranken von einem Teil ihrer Mitbürger als Menschen zweiter Klasse behandelt werden. Das hat die Reputation Ihres Blattes in kirchlichen Kreisen sicherlich erhöht. Vielleicht sollte ich ja sogar noch ein gewisses Verständnis für die weltanschauliche Schlagseite der *Main-Post* haben, wenn es um eine urchristliche Bewegung geht, die von Kirchenfunktionären bekämpft wird. Andernfalls könnte man im katholischen Würzburg allzu leicht kapitalkräftige Inserenten und das Wohlwollen führender gesellschaftlicher Kräfte verlieren, worauf man beim Verlagsgeschäft eben angewiesen ist. Aber muss deshalb das Niveau gleich derart ins Rutschen kommen, dass manches wie bei einer bedauernswerten Provinzzeitung anmutet? Ist es vorauseilender

Gehorsam oder Inkompetenz? Oder kann man sich aus Mangel an finanziellen Mitteln keinen besseren Journalismus leisten?

Da ich nicht weiß, ob Ihre Selbstsicherheit gespielt ist oder auf Unwissenheit beruht, führe ich Ihnen nachfolgend anhand einiger Beispiele einmal vor Augen, welch' giftige Suggestionen Ihre Zeitung allein in Artikelüberschriften immer wieder über die *Urchristen im Universellen Leben* verbreitet und damit im Lauf der Jahre ein Gesamtbild gezeichnet hat, das die Anhänger und Verantwortlichen dieser Gemeinschaft wahlweise für korrupt oder verrückt oder gefährlich abstempelt.

– *Universelles Leben: Druck von Bürgern, Behörden und Justiz / Gericht: Zweifel an Christusschule erlaubt / Petition gegen Kameras und Zäune der Christusfreunde (10.11.2005)*

– *Michelriether sind beunruhigt (5.6.2004)*

– *Seelenfang per Biobrötchen (31.1.2004)*

– *Auf Distanz zu Seelenfängern (6.12.2003)*

– *Von Propheten und Lügen (11.10.2003)*

– *Vor Wölfen im Schafspelz gewarnt / Tierschützer gehen auf Distanz zum Universellen Leben (22.11.2002)*

– *Warnung vor sektennaher EDV-Firma ist zulässig (9.2.2002)*

– *Anwälte als Glaubenskrieger (20.6.1998)*

- *Zu Recht vor Missbrauch von Praxisdaten gewarnt (23.4.1998)*
- *Im Sog der Sekte jede Urteilsfähigkeit verloren (7.10.1996)*
- *Pfarrer Behnk: Scientology durch UL bereits überholt (10.7.1996)*
- *Behnk: Religion tarnt einen Wirtschaftskonzern (3.2.1996)*
- *Unselige Allianz von Glaube, Geld und Macht (2.2.1996)*
- *Sektenaussteigerin wartet weiter auf ihre Millionen (19.6.1995)*
- *Marktheidenfeld unter der Knute der Sekte (9.3.1995)*
- *„Knallharte Manager" erwirken Widerruf (10.2.1995)*
- *Maulkorb für die Vertreter Hettstadts (14./15.8.1993)*

Nennen Sie solche Überschriften noch eine „korrekte Berichterstattung"?

Das sind, wie gesagt, nur einige Beispiele, und wir wollen uns nun bei einigen davon anschauen, was hinter dem Trommelfeuer solcher Überschriften in Wirklichkeit steckt:

- *„Universelles Leben: Druck von Bürgern, Behörden und Justiz"* mit den fett gedruckten Zwischenüberschriften: *„Gericht: Zweifel an Christusschule erlaubt"* und *„Petition gegen Kameras und Zäune der Christusfreunde"*: Die erste Überschrift suggeriert beim Leser, dass die staatlich genehmigte Weltanschauungsschule des *Universellen Lebens* aufgrund einer gerichtlichen Untersuchung zu Zweifeln Anlass gebe. In Wirklichkeit wurde lediglich der Versuch eines evangelisch-lutherischen Pfarrers hinsichtlich der Verfassungsmäßigkeit dieser Schule, Zweifel zu säen, beurteilt und als bloße Meinungsäußerung für zulässig erklärt. Eine gerichtliche Überprüfung der Schule fand überhaupt nicht statt – übrigens einer Schule, die aufgrund ihrer langjährigen Tätigkeit später sogar die besondere staatliche Anerkennung mit eigener Prüfungshoheit erhielt.

Die zweite Artikelüberschrift erweckt in Verbindung mit der Generalüberschrift beim Leser den Eindruck, dass eine Vielzahl unerlaubter Kameras und Zäune errichtet worden seien. Die Petition war von einigen Rädelsführern alter Gegner des *Universellen Lebens* eingereicht worden und führte lediglich dazu, dass die zuständige Datenschutzbehörde die Kameras überprüfte und mit zwei kleinen Ausnahmen insgesamt genehmigte, während sich die Zäune als Schutz von Aufforstungen und Obstkulturen im Rahmen eines verwaltungsgerichtlichen Verfahrens weitgehend als rechtmäßig erwiesen – was der *Main-Post* selbstverständlich keine Zeile wert war.

Nennen Sie das eine „ordentliche Berichterstattung"?

– *„Michelriether sind beunruhigt"*: Suggestiv und demagogisch „beunruhigt" wurde vor allem der Leser, der nun sucht, was passiert sei und im Artikel die Bemerkung findet, dass die Kritiker einer Baulandausweisung in der Nachbargemeinde „den unkontrollierbaren Weiterverkauf" von Grundstücken „an Betriebe der Glaubensgemeinschaft Universelles Leben" fürchten. Wenn man bedenkt, dass Michelrieth zur Hälfte aus Sympathisanten des *Universellen Lebens* besteht und die andere Hälfte friedlich mit diesen zusammenlebt, reduziert sich die „Unruhe" auf den Ortssprecher von Michelrieth, der in einem Brief an die Nachbargemeinden unter mehreren Gesichtspunkten auch das *Universelle Leben* erwähnte.

Ist das eine „verantwortungsvolle" Unterrichtung der Öffentlichkeit?

— *„Vor Wölfen im Schafspelz gewarnt/Tierschützer gehen auf Distanz zum Universellen Leben"*: Das *Universelle Leben* war bereits damals durch seinen religiös motivierten aktiven Tierschutz bekannt und von den Tierfreunden Europas geschätzt. Die Leute, die in dem Artikel der *Main-Post* zitiert werden, kennt in der internationalen Tierrechtsszene niemand und in Deutschland nur ein enger Zirkel von Internet-Chattern. Die Zwischenüberschrift „Tierschützer gehen auf Distanz" ist deshalb ausgesprochen irreführend.

Nennen Sie auch das eine „seriöse Berichterstattung"?

— *„Warnung vor sektennaher EDV-Firma ist zulässig"*: Der Leser der Überschrift hat sofort den Eindruck, dass Unkorrektheiten oder gar Verstöße gegen den Datenschutz vorliegen. In Wirklichkeit hat die Firma 10 Jahre lang völlig korrekt die

Computersoftware von Arztpraxen in Unterfranken betreut. „Gewarnt" hat lediglich ein besonders aggressiver Kirchenfunktionär, nämlich der evangelisch-lutherische Pfarrer Behnk, in einer Pressemitteilung, die außer einer demagogischen und verleumderischen Warnung und Verdächtigung keinen einzigen Verstoß der EDV-Firma nennen konnte.

Ist das Ihre „verantwortungsvolle Nutzung der Pressefreiheit"?

– *Anwälte als Glaubenskrieger*": Als die Enquete-Kommission des Deutschen Bundestags die Einrichtung einer „Informations- und Dokumentationsstelle" über „neue religiöse und ideologische Gemeinschaften und Psychogruppen" beschloss, war dies ein verfassungsrechtlich fragwürdiges Unterfangen und wurde entsprechend in der Fachliteratur kritisiert. Dass sich zwei Anwälte, von denen der eine eine religiöse Minderheit und der andere eine gesellschaftskritische Weltanschauungsgemeinschaft vertrat, hiergegen mit deutlichen Worten wandten, war völlig legitim und wurde von einem der bedeutendsten deutschen Soziologen, dem inzwischen verstorbenen Prof. Erwin Scheuch, unterstützt. Die Anwälte, die die Interessen ihrer Mandanten wahrnahmen, deshalb als „Glaubenskrieger" zu diskriminieren, zeugt von einem merkwürdigen Verständnis unserer Rechtsordnung. Die Überschrift des Artikels ist nicht mehr Journalismus sondern Agitation.

Halten Sie auch das für „korrekte Berichterstattung"?

– *"Zu Recht vor Missbrauch von Praxisdaten gewarnt"*: Auch hier wurde bereits, wie vier Jahre später erneut, suggeriert, dass tatsächlich Praxisdaten missbraucht worden seien. In Wirklichkeit war es lediglich so, dass der ev.-luth. Pfarrer Behnk geäußert hatte, der Datenschutz sei gefährdet, weil eine EDV-Firma von Anhängern des *Universellen Lebens* betrieben wurde. Die Zeitschrift *Medical Tribune* hatte diese Verdächtigung übernommen und war damit bei Gericht durchgekommen, weil die Richter die Äußerung Behnks und deren Wiedergabe in der Zeitschrift als Meinungsäußerung für zulässig hielten. Nur als solche, aber nicht, weil etwas inhaltlich Richtiges gesagt worden sei, wurde sie erlaubt, denn Meinungsäußerungen sind nach der Rechtsprechung, unabhängig davon, ob sie richtig oder falsch sind, zulässig. Aus diesem Recht zu einer Meinungsäußerung, die eine auf ihre Richtigkeit hin nicht geprüfte Warnung vor dem Missbrauch bestimmter Daten enthielt, wurde in der Zeitungsüberschrift das „Recht vor Missbrauch von Praxisdaten" zu warnen. Es handelt sich um einen exemplarischen Fall, wie durch eine Verkürzung bzw. einen Formulierungstrick der Eindruck erweckt wird, dass das Gericht nicht nur eine Meinungsäußerung, sondern deren inhaltliche Richtigkeit gebilligt habe.

Ist das „seriöser" Journalismus?

– *"Pfarrer Behnk: Scientology durch UL bereits überholt"*: Wenn man bedenkt, dass im ganzen Land bekannt ist, dass Scientology vom Verfassungsschutz beobachtet wird und als besonders gefährlich und geldgierig in Verruf ist, handelt es sich bei dieser Artikelüberschrift schlicht um eine Gemeinheit. Die Zeitung kann sich nicht darauf hinausreden, dass sie lediglich den Pfarrer Behnk zitiert. Im Gegenteil: Durch den Hinweis auf einen Pfarrer wirkt die Aussage für manche Leute (immer noch!) besonders glaubwürdig.

Ist das „verantwortungsvolle Nutzung der Pressefreiheit"?

– *„Maulkorb für die Vertreter Hettstadts" und „'Knallharte Manager' erwirken Widerruf"*: Die Überschriften diskreditieren, was in unserer Rechtsordnung selbstverständlich ist: dass sich jemand gegen Verleumdungen zur Wehr setzen kann. Nichts anderes tat das *Universelle Leben*. Dass es hierbei gegen den Hettstadter Bürgermeister Erfolg hatte, wird öffentlich als „Maulkorb" denunziert – frei nach dem alten kirchlichen Motto, dass man Ketzer zwar beschimpfen darf, aber dass sie sich nicht dagegen wehren dürfen. Wenn sie es dennoch tun, werden sie einfach als „knallharte Manager" verunglimpft.

Nennen Sie das „seriöse Berichterstattung"?

– *„Sektenaussteigerin wartet weiter auf ihre Millionen"*: Auch hierbei handelt es sich um eine demagogische Irreführung der Öffentlichkeit. Nachdem sich Frau K. vom *Universellen Leben* getrennt hatte, wurde ihr unverzüglich die Auszahlung ihres Anteils an der Gesellschaft angeboten, an der sie beteiligt war, obwohl der Gesellschaftsvertrag längerfristig abgeschlossen war. ...

Ist das Ihre „engagierte Recherche"?

— *„Marktheidenfeld unter der Knute der Sekte"*: Hier wird der Unsinn eines fanatischen Kirchenanhängers zu einer bösartigen Überschrift, die geeignet ist, Ängste zu schüren. Es handelt sich nicht mehr um seriösen Journalismus, sondern (erneut) um Agitation, die im Zusammenhang mit der Naturklinik in Michelrieth bereits im Jahr 1987 begann, als das Blatt Äußerungen aus der Bevölkerung zitierte, die zuvor von kirchlichen Demagogen aufgewiegelt worden war. All das wurde von der *Main-Post* bedenkenlos kolportiert, zum Beispiel: „Die wollen die Macht." – „Die fressen uns auf." – Die Keimzelle „wuchert und verdrängt alles" usw. Die Wiedergabe solcher Zitatensammlungen ist nicht nur blanker Populismus, sondern hat geradezu volksverhetzenden Charakter und erinnert in mancher Hinsicht an Parolen, die in der Nazizeit im „Stürmer" zu lesen waren. Bereitwillig gab sich die Zeitung und der auf derartige Hetzartikel spezialisierte Journalist Toepfer dafür her. Positive Stimmen, die es auch gab, wurden unterdrückt.

Nennen Sie auch das „verantwortungsvollen" und „korrekten" Journalismus?

Sie sehen also, sehr geehrter Herr Chefredakteur, wie demagogisch und irreführend viele Artikelüberschriften waren. Der aggressive und verächtliche Ton vieler Titel erinnert in mancher Hinsicht an die verhängnisvolle Tonart, die in finsteren Zeiten deutscher Vergangenheit praktiziert wurde. Auch damals wurden Menschen publizistisch niedergemacht und ausgegrenzt. Damals wurde die veröffentlichte Meinung von der totalitären Ideologie der Nazis geprägt; heute ist es die totalitäre Ideologie kirchlicher Sektenbeauftragter, die seit rund 30 Jahren Andersgläubige mit Hilfe des Etiketts „Sekte" als nicht gesellschaftsfähige Außenseiter abstempelt. Und jeder, der die neuen Sündenböcke angreift, kann sich publizistisch profilieren und mit dem Beifall der Masse rechnen. Der bekannte Staatsrechtslehrer Prof. Martin Kriele charakterisierte die Situation in der *Zeitschrift für Rechtspolitik* einmal so:

„Die Sektenbeauftragten verfügen über ein erstaunlich großes Heer von willfährigen Journalisten. Es liegt anscheinend in der Natur des Menschen, die kollektive Isolierung und Diskriminierung kleiner und schwacher Außenseiter mit Lust zu betreiben. Man kennt das aus Schulklassen, Internaten usw. An sich gehört es zum Ethos des Journalisten, denjenigen zu Hilfe zu kommen, denen Unrecht getan wird, Sachverhalte aufzuklären und die größten und mächtigsten Institutionen zur Rechenschaft zu zwingen. Hier nun bietet sich – erstmals seit der Nazizeit – die Gelegenheit, genau umgekehrt zu verfahren, also wie der Volksmund sagt, „die Sau rauszulassen", d.h. mit den Mächtigen auf die Illegitimen einzudreschen. Appellieren diese an Chefredakteur, Intendant oder Presserat, stellen die sich selbst in übelsten Fällen noch schützend vor die Verleumder und sehen in der Beschwerde einen nicht hinnehmbaren Angriff auf die Pressefreiheit."

Vielleicht erkennen Sie sich teilweise wieder. Ihr Hinweis, dass die gerichtlichen Verfahren zu Ihren Gunsten ausgegangen seien (was nicht in jedem Fall zutrifft), bedeutet keinerlei ethische oder moralische Rechtfertigung des von der *Main-Post* gegenüber dem *Universellen Leben* praktizierten Kampagnenjournalismus. Und schon gar nicht bedeutet es, dass wahr ist, was Sie verbreitet haben. Sondern lediglich, dass Unwahrheiten geschickt genug formuliert waren, sodass sie als Meinungsäußerungen bei Gericht noch durchgingen. Lassen Sie mich noch einmal den erfahrenen Verfassungsjuristen Kriele zitieren, der über den Rechtsschutz religiöser Minderheiten unter anderem folgendes schreibt:

„Vor Gericht haben die Angegriffenen kaum Chancen gegen die Presse und gegen die kirchlichen Beauftragten. Nicht nur Wertungen, sondern auch falsche Tatsachenbehauptungen, die mit Wertungen vermengt sind, fallen unter die Meinungs- und Pressefreiheit. Kein professioneller Verleumder wird falsche Tatsachenbehauptungen nackt und bloß aufstellen, sondern sie stets mit Ausdrücken der Abscheu, der Verachtung, der Empörung usw. würzen. Damit macht er sich unangreifbar. Das Persönlichkeitsrecht tritt zurück, die übelsten Verleumdungskampagnen haben freie Bahn."

Dass Sie bei Gericht durchgekommen sind, bestätigt also keineswegs eine wirklich „ordnungsgemäße Berichterstattung", sondern in erster Linie, dass einige Ihrer Spezialisten für die „Berichterstattung" über das *Universelle Leben* in der Kunst unangreifbarer Hetze zu Experten herangereift sind. Der Taschenspielertrick, Verleumdungen, die bei Gericht als Meinungsäußerungen durchgingen, anschließend als vom Gericht für zutreffend gehaltene Tatsachenbehauptungen wiederzugeben, ist in Ihrem Blatt hochentwickelt, wie ich oben beispielhaft anhand der Artikelüberschrift „Zu Recht vor Missbrauch von Praxisdaten gewarnt" aufgezeigt habe. Neben dieser Kunstfertigkeit hat Ihnen bei Gericht sicherlich auch der Umstand geholfen, dass die Richter in Würzburg und Bamberg dem katholischen Milieu innerlich näherstehen dürften als einer von den Kirchen verteufelten religiösen Minderheit.

Die Berichterstattung Ihrer Zeitung über diese Gemeinschaft trug wesentlich dazu bei, dass sie eine gesellschaftliche Ausgrenzung und Benachteiligung sondersgleichen erfuhr – bei der Vergabe von Handwerkeraufträgen, bei der Anmietung von Vortragssälen, bei der Vergabe von Subventionen und vielem anderen mehr. Die von der Verfassung garantierte Religionsfreiheit wird auf diese Weise faktisch unterlaufen. Wenn die Macht der Presse, die sich so gerne als „Vierte Gewalt" versteht, legitim bleiben soll, darf sie gegenüber Minderheiten nicht auf diese Weise eingesetzt werden. Sie wurde im vorliegenden Fall auf gefährliche Weise missbraucht – gefährlich nicht nur für die betroffene Glaubensgemeinschaft, sondern auch für die Gesellschaft, für die es schädlich ist, wenn gegen einen Teil ihrer Mitbürger in der Tagespresse systematisch Stimmung gemacht und Intoleranz geschürt wird.

Vielleicht sollten Sie, sehr geehrter Herr Reinhard, zusammen mit Ihrem Verleger, noch einmal darüber nachdenken, ob Sie diese Art von Journalismus wirklich verantworten können und Kritik hieran weiterhin mit einer Handbewegung beiseite schieben wollen. Die vorliegende Auseinandersetzung ist von grundsätzlicher Bedeutung und öffentlichem Interesse, weshalb mich meine Mandanten gebeten haben, diesen Brief neben dem Deutschen Presserat auch der Öffentlichkeit zugänglich zu machen. Selbstverständlich gilt dies auch für Ihre Reaktion.

Mit freundlichen Grüßen

Dr. Sailer

Anhang IV

Päpste bei der „Arbeit" für Toleranz und Menschenrechte

Papst Leo I. („der Große", 440-461) verbot Katholiken „jeden Umgang" mit Nichtkatholiken. „Er fordert zu ihrer Verachtung, zu der ihrer Lehren ausdrücklich auf. Er befiehlt, sie zu fliehen ‚wie todbringendes Gift! Verabscheut sie, weicht ihnen aus und vermeidet es, mit ihnen zu sprechen.' ‚Keine Gemeinschaft mit denen, die Feinde des katholischen Glaubens und nur dem Namen nach Christen sind!'" „Er wünschte die Vertreibung Andersgläubiger aus Amt und Würden, wünschte insbesondere ihre Verbannung, rechtfertigte aber auch leidenschaftlich die Todesstrafe für sie, verlangte, ihnen unmöglich zu machen, ‚mit einem solchen Bekenntnis weiterzuleben.'" (Karlheinz Deschner, „Kriminalgeschichte des Christentums", Band 2. S. 265, 260)

Gregor VII. (1073-1085): „Verflucht sei der Mensch, der sein Schwert von Blut zurückhält!" (Karlheinz Deschner, „Opus diaboli", S. 17f.)

Innozenz III. (1198-1216): „Benutzt gegen die Häretiker das geistliche Schwert der Exkommunikation, und wenn dieses nicht hilft, so gebraucht gegen sie das eiserne Schwert!" „Erhebt euch, Soldaten Christi! Rottet diese Gottlosigkeit mit allen Mitteln aus, die Gott euch eröffnen wird! ... Verfahrt mit ihnen schlimmer aus mit den Sarazenen, denn sie sind noch schlimmer als jene!" (Aufruf zum Kreuzzug gegen die Katharer, Grigulevic, „Ketzer, Hexen, Inquisitoren, S. 86, 80)

Bonifaz VIII. (1294-1303): „Wir erklären, verkünden und definieren, dass es für jedes Geschöpf zur Erlösung unbedingt erforderlich ist, dem römischen Oberhirten untertan zu sein." (Peter de Rosa, „Gottes erste Diener", S. 99)

Leo X. (1513-1521): „Wieviel die Fabel von Christus Uns und den Unsern genützt hat, ist bekannt" (Horst Hermann, „Kirchenfürsten", S. 142)

Julius II. (1550-1555) „Wenn Sankt Peters Schlüssel nicht helfen, so helfe mir sein Schwert!" (Karlheinz Deschner, Opus diaboli, S. 18)

Pius V. (1566-1572): „Ein gemeiner Mann, der seine Geldstrafe nicht bezahlen kann, soll beim ersten Mal mit auf den Rücken gefesselten Händen einen Tag lang vor der Kirchentür stehen, beim zweiten Mal durch die Stadt gegeißelt werden, beim drittenmal wird man ihm die Zunge durchbohren und ihn auf die Galeeren schicken." (Horst Hermann, „Kirchenfürsten", S. 18)

Pius VI. (1775-1799) verurteilte „die in der Erklärung der Menschenrechte proklamierten Grundrechte der Gleichheit aller vor dem Gesetz, der Gedanken-, Rede- und Pressefreiheit, zumal in religiösen Dingen ... als ‚Ungeheuerlichkeiten' (monstra) ... ‚Kann man etwas Unsinnigeres ausdenken ...', schreibt dieser Papst ..." (Karlheinz Deschner, „Abermals krähte der Hahn", S. 483)

Gregor XVI. (1831-1846) „verurteilte Gewissensfreiheit als ‚Wahnsinn' (deliramentum)". (ebenda)

Pius IX. (1846-1879) „verwarf ... ausdrücklich jenen ‚Indifferentismus', der jedem gestattet, die Religion zu ergreifen, die er für wahr hält. Der Staat habe vielmehr das Recht, alle anderen Religionen als die katholische auszuschließen." (ebenda)

Leo XIII. (1878-1903) verkündete, „dass es niemals erlaubt ist, die Gedankenfreiheit, Pressefreiheit, Lehrfreiheit, sowie die unterschiedslose Religionsfreiheit zu fordern, zu verteidigen oder zu gewähren, als seien dies ebenso Rechte, welche die Natur dem Menschen verliehen". (ders., „Die Politik der Päpste im 20. Jahrhundert" Teil 1, S. 176)

Pius X. (1903-1914) bekämpfte die „Zeitirrtümer der Denk-, Gewissens-, Rede-, Kult- und Pressefreiheit" und führte ein perfektes innerkirchliches Spitzelsystem ein, eine „reguläre Kurial-Gestapo". (ebenda, S. 170, 173)

Paul VI. (1963-1978) „hat die Welt beschworen, die ‚rechte Freiheit des Gewissens' nicht mit ‚einer falschen Gedankenfreiheit' zu verwechseln." (ebenda, S. 176)

Papst Benedikt XVI. sagte als Joseph Ratzinger, kurz vor seiner Wahl zum Papst, im ARD-Magazin Kontraste am 3.3.2005: „Großinquisitor ist eine historische Einordnung; irgendwo stehen wir in der Kontinuität. Aber wir versuchen heut' das, was nach damaligen Methoden, zum Teil kritisierbar, gemacht worden ist, jetzt aus unserem Rechtsbewusstsein zu machen. Aber man muss doch sagen, dass Inquisition der Fortschritt war, dass nichts mehr verurteilt werden durfte ohne Inquisitio, das heißt, dass Untersuchungen stattfinden mussten."

Fuß NOTEN

1) Vgl. „Der Prophet" Nr. 15, „Tiere klagen – der Prophet klagt an", S. 18 ff., kostenlos zu beziehen über den Verlag DAS WORT
2) Vgl. „Welchen Propheten haben eure Väter nicht verfolgt?", S. 142 ff., Verlag DAS WORT, 2008
3) Vgl. „Wer sitzt auf dem Stuhl Petri?", Band 1, S. 133ff., Verlag DAS WORT
4) Vgl. hierzu: Matthias Holzbauer, „Verfolgte Gottsucher – der Strom des Urchristentums in der Geschichte", Verlag Das Weiße Pferd 2004
5) Vgl. „Reinkarnation – eine Gnadengabe des Lebens. Wohin geht die Reise meiner Seele?", Verlag DAS WORT 2008
6) Ausführlich nachzulesen in dem Buch: „Welchen Propheten haben eure Väter nicht verfolgt? Was macht ihr heute mit der Prophetie der Jetztzeit?", S. 12ff.
7) ebenda, S. 13
8) ebenda, S. 14
9) „Der Innere Weg ..." Verlag DAS WORT; ev. Auch: Der kurze Innere Weg
10) Wie sich die Zeiten wandeln, so ändern sich auch die Bezeichnungen. Heute gibt es wöchentliche Zusammenkünfte, die „Kosmische Lebensschule – Treffen aller Gottsucher" genannt werden.
11) Vgl. „Ursache und Entstehung aller Krankheiten", S. 51ff.
12) Vgl. „Wer sitzt auf dem Stuhl Petri?", Band 3, S. 191 ff.
13) „Der Zeitgenosse Tod – jeder stirbt für sich allein", S. 123 ff.
14) „Das ist Mein Wort", S. 275
15) abgedruckt in „Das ist Mein Wort", hier S. 21ff.
16) „Prophetische Denker", Verlag DAS WORT Rottweil 1986, S. 11f.
17) „Der Schattenwelt neue Kleider", S. 61ff. sowie S. 245ff.
18) ebenda S. 67f. sowie S. 259ff.
19) Vgl. www.spart-euch-die-kirche.de
20) Vollständig abgedruckt in: „Der Schattenwelt neue Kleider", S. 259 ff.
21) Neuner/Roos: „Der Glaube der Kirche in den Urkunden der Lehrverkündigung", Verlag Friedrich Pustet
22) Vgl:: „Wer sitzt auf dem Stuhl Petri?", Band 3, S. 191 ff.

23) Näheres in: Matthias Holzbauer, „Der Steinadler und sein Schwefelgeruch", Verlag Das Weiße Pferd 2003, S. 146 f.
24) ebenda, S. 149
25) Ausführliche Darstellung bzw. Widerlegung: ebenda, S. 149 ff.
26) S. 152 f., S. 209
27) Paul-Parey-Verlag, Berlin 1966
28) Pater Alfred Singer
29) „Der Steinadler und sein Schwefelgeruch", S. 148, siehe auch die * Anmerkung
30) „Der Schattenwelt neue Kleider", S. 94 ff.
31) zit. nach Eberhard Arnold, „Am Anfang war die Liebe", Wiesbaden 1986, S. 162
32) Nr. 4, Juli 1996, S. 3
33) Einkaufsland international – Das Land des Vielen, Schönen, Guten, Marktheidenfeld-Altfeld, an der A3 gelegen.
34) Christian Sailer, „Der Feldzug der Schlange und das Wirken der Taube", Verlag DAS WORT 1998, S. 212 ff.
35) Siehe hierzu: „Der Schattenwelt neue Kleider", Verlag DAS WORT, 2006
36) Vgl. hierzu: „Saat und Ernte – Ursache und Entstehung aller Krankheiten. Die Christus-Offenbarung 1986 im Lichte der Wissenschaft heute", Verlag DAS WORT
37) „Der Prophet", Nr. 15: „Tiere klagen – der Prophet klagt an" und „Der Prophet", Nr. 16, „Der Mord an den Tieren ist der Tod der Menschen", beide kostenfrei zu bestellen beim Verlag DAS WORT
38) „Der Prophet", Nr. 4, „Der Aufbau des göttlichen Werkes und die Tat – die Betriebswirtschaft nach der Bergpredigt –, vom Geiste des Christus Gottes empfangen"
39) Walter Nigg, „Prophetische Denker", Rottweil 1986, S. 126
40) Näheres hierzu: Matthias Holzbauer, „Der Steinadler und sein Schwefelgeruch", S. 213 ff.
41) Fränkisches Volksblatt, 20.12.84
42) Main-Post, 11.1.85
43) „Der Steinadler und sein Schwefelgeruch", S. 229
44) ebenda, S. 104
45) ebenda, S. 96
46) ebenda, S. 100

47) ebenda, S. 101
48) ebenda, S. 292
49) Main-Post, 6.7.85
50) Zu den Einzelheiten dieser Vertreibungsgeschichte siehe: „Der Steinadler und sein Schwefelgeruch", S. 236 ff.
51) ebenda, S. 240
52) Main-Post, 14.12.85
53) „Der Steinadler uns ein Schwefelgeruch", S. 245
54) ebenda, S. 247 f.
55) ebenda, S. 50 ff., 59
56) Vgl. hierzu „Der Steinadler ...", S. 364 ff. („Warum die Urchristen vor Gericht ihre Rechte in Anspruch nehmen") und S. 379 ff. („Staatliche Inquisition gegen Urchristen")
57) TV-Touring, 19.7.89, zit. nach „Der Steinadler", S. 247
58) ebenda, S. 248
59) ebenda, S. 287 f.
60) s.o., S. 23
61) ebenda, S. 289
62) „Der Schattenwelt neue Kleider", S. 94 ff.
63) „Wer sitzt auf dem Stuhl Petri?", Band 1, S. 179 f.
64) „Der Steinadler und sein Schwefelgeruch", S. 253
65) ebenda, S. 242
66) Der Christusstaat, Nr. 9/85, S. 4
67) ebenda, 3/88, S. 3 ff.
68) Ein Satz des Cyprian von Karthago, der durch mehrere Dogmen der katholischen Kirche bestätigt wird. Näheres hierzu: „Wer sitzt auf dem Stuhl Petri?", Band 1, S. 112, 181, Band 3, S. 189 ff., insbes. 211
69) „Wer sitzt auf dem Stuhl Petri?", Band 1, S. 182
70) „Der Hirte und Seine Herde", Verlag DAS WORT, Würzburg 1988, S. 17
71) Gabriele-Brief Nr. 3, S. 95 f.
72) ebenda, S. 96 f.
73) „Der Hirte und Seine Herde", a.a.O., S. 122
74) „Das ist Mein Wort", S. 100 f.
75) ebenda, S. 101
76) „Der Prophet", Nr. 4, S. 9

77) Nr. 2/98. „Das Weiße Pferd" löste im März 1997 die Zeitschrift „Der Christusstaat" ab.
78) S. 275
79) S. 748
80) ein ausführliches Kapitel über die Vorgänge in Michelrieth („Eine Naturklinik unter Beschuss") findet sich in: „Der Steinadler und sein Schwefelgeruch", S. 294 ff.
81) Die genauen Details dieses betrügerischen Gutachtens und weiterer ähnlich skurriler Vorgänge finden sich in dem Kapitel „Die merkwürdigen Arbeitsmethoden des Franz Graf von Magnis" in: „Der Steinadler und sein Schwefelgeruch", S. 276 ff.
82) „Der Steinadler und sein Schwefelgeruch", S. 203 ff.
83) s.o., S. 139
84) „Der Steinadler und sein Schwefelgeruch", S. 299
85) Ausführliches zu Behnk mit allen Zitatenbelegen ist nachzulesen im Kapitel „Ein Falschmünzer im Pfarrertalar" in: „Der Steinadler und sein Schwefelgeruch", S. 310 ff.
86) Oberbayerisches Volksblatt, 16.12.91
87) epd, 22,4,93
88) Nürnberger Nachrichten, 12.2.93
89) Göttinger Tageblatt, 22.4.93
90) Näheres hierzu: Hubertus Mynarek, „Die neue Inquisition", S. 156 ff. sowie „Der Theologe", http://www.theologe.de/theologe1.htm
91) Der Steinadler und sein Schwefelgeruch, S. 330
92) Main-Post, 14.5.93
93) Der Steinadler und sein Schwefelgeruch, S. 316 ff.
94) Saale-Zeitung, 15.10.93
95) Ausführlich werden diese Warnungen dargestellt in dem Buch „Der Schattenwelt neue Kleider. Die Inquisition der Jetztzeit. Klimawandel: Gott hat rechtzeitig gewarnt"
96) „Der Steinadler und sein Schwefelgeruch", S. 293
97) „Der Steinadler uns sein Schwefelgeruch", Kapitel 3.12: „Eine urchristliche Schule? Das darf nicht sein!", S. 347 ff.
98) ebenda, S. 360 f.
99) ebenda, S. 332 ff.
100) „Der Schattenwelt neue Kleider", S. 180

101) Eine Fortsetzung findet sich im Internet unter: www.steinadler-schwefelgeruch.de/buch_fortsetzung/religioes_korrektes_gemuese.html
102) „Der Steinadler und sein Schwefelgeruch", S. 305 ff., 404 ff.
103) Abendpost/Nachtausgabe Frankfurt, 12.1.85
104) Näheres hierzu: „Der Steinadler und sein Schwefelgeruch", S. 304 f.
105) zu Jungen siehe: „Der Steinadler und sein Schwefelgeruch", S. 262 ff.
106) vgl. hierzu die geschichtliche Zusammenfassung in: „Der Steinadler und sein Schwefelgeruch", insb. Kap. 1 und 2 sowie 3.14
107) „Die neue Inquisition", S. 278 f., Verlag Das Weiße Pferd (1999)
108) Tischreden, Band III. S. 175, zit. nach Mynarek, a.a.O., S. 28; vgl. auch „Der Steinadler ...", S. 107 f.
109) Walter Nigg, „Prophetische Denker", S. 87
110) ebenda, S. 94
111) Gerhard Wehr, „Christliche Mystiker", Regensburg 2008, S. 15
112) s.o., S. 191
113) „Der Steinadler ...", S. 394
114) s.o., S. 129
115) vgl. zu diesem Thema: „Der Steinadler und sein Schwefelgeruch", Kap. 1
116) „Der Steinadler und sein Schwefelgeruch", S. 278
117) Main-Post, 3.5.99
118) zum genauen Ablauf: „Der Steinadler und sein Schwefelgeruch", S. 308
119) „Der Steinadler ...", S. 379 ff., hier insbes. 390 ff.
120) „Der Steinadler ...", S. 211 f.
121) 18.10.2007
122) vgl. Christian Sailer, „Luthers totalitäres Regime vor Gericht", Verlag Das Weiße Pferd 2002, S. 22 ff.
123) Main-Echo, 4.3.09
124) „Die Gottes- und Nächstenliebe und das verbogene, entstellte Christentum", kostenlos zu beziehen beim Verlag DAS WORT
125) Vgl. „Die verheimlichte Tierliebe Jesu", kostenlos erhältlich bei: Universelles Leben, Postf. 5643, 97006 Würzburg
126) Vgl. „Die Verfolgung von Vegetariern durch die Kirche", kostenlos erhältlich bei: Verlag Das Brennglas, www.freiheit-fuer-tiere.de

127) Vgl. hierzu: „Der Schattenwelt neue Kleider. Die Inquisition der Jetztzeit. Klimawandel: Gott hat rechtzeitig gewarnt", S. 198 ff.
128) Näheres hierzu in: „Der Schattenwelt neue Kleider. Die Inquisition der Jetztzeit. Klimawandel: Gott hat rechtzeitig gewarnt"
129) s.o., S. 25
130) Vgl. „Silia, das Rehkind", Verlag DAS WORT
131) z.B. auf „Die neue Zeit", „Erde & Mensch", „Neu-Jerusalem"
132) Bayerisches Fernsehen, „Unkraut", 13.1.2003
133) „Der Schattenwelt neue Kleider ...", Kapitel 4.5, „Die unerwünschten Naturschützer", S. 155 ff.
134) ebenda, S. 173 f.
135) ebenda, S. 185 f.
136) ebenda, s. 187 ff.
137) Näheres hierzu in: „Der Steinadler und sein Schwefelgeruch", Kap. 13, S. 364 ff.
138) „Der Schattenwelt neue Kleider", S. 173

Register

Bandemer, Jens von – 116, 121, 129, 237 f.

Bauer, Helmut – 119

Bayer, Ortspfarrer – 184, 191

Behnk, Wolfgang – 57 f., 191, 193 ff., 225, 242, 256 f., 269, 286, 288, 314, 338, 341, 362, 365, 366 f.

Bielmeier, Peter – 223

Böttcher, Hartmut – 215

Deschner, Karlheinz – 23, 321

Döpfner, Julius † – 119

Elze, Martin – 112, 119

Falke, Jutta – 54, 59

Felgenhauer, Erich – 116 f.

Fragner, Michael – 191 f., 207, 219 f., 224 f., 246, 271, 286

Haack, Friedrich-Wilhelm † – 122 ff., 139 ff., 185, 187 ff., 193, 196 f., 208 f., 232, 235 f., 241, 263

Häußner, Werner – 108

Heidenreich, Ulrich – 242, 269 ff.

Heinz, Wilhelm – 108, 113

Hofmann, Walter – 112, 347

Holtzbrinck, Stefan von – 327, 336 f., 359 f.,

Jungen, Walter † – 241 f., 246, 250 f., 260

Lenz, Gerhard – 239 f., 242, 250, 257, 269

Luther, Martin † – 70, 125, 200, 243 f., 289

Lutz, Berthold – 108

Magnis, Franz Graf von † – 111 f., 115, 117 ff., 123, 131 ff., 158, 185 ff., 242, 244 f., 263

Müller, Thomas – 190

Mynarek, Hubertus – 243

Nigg, Walter † – 43, 112, 243, 260, 263

Reinhard, Michael – 318, 336 f., 339, 359, 371

Sahlender, Anton – 318

Scheele, Paul-Werner – 20, 53 f.,

Scherg, Leonhard – 190 f.,

Schrick, Stefan – 224

Silvester, Papst † – 131

Sinner, Eberhard – 244

Spall, Alfred – 245

Toepfer, Tilman – 219, 245, 260 f., 263, 269, 275, 285, 288, 317 f., 335 ff., 368

Tolstoi, Leo † – 145

Zehetmair, Hans – 218

Zeitler, Klaus – 116

Zorn, Waldemar † – 129 ff., 135 ff., 150, 158, 244

JESUS WAR EIN MANN DES VOLKES - NICHT DER KIRCHE

Das ist Mein Wort
A und Ω

Das Evangelium Jesu
Die Christus-Offenbarung, welche inzwischen die wahren Christen in aller Welt kennen

Ein Buch, das Sie um Jesus, den Christus, wissen lässt. Die Wahrheit über Sein Wirken und Leben als Jesus von Nazareth.

Aus dem Inhalt: Kindheit und Jugend Jesu • Die Verfälschung der Lehre des Jesus von Nazareth • Pharisäer gestern und heute • Jesus liebte die Tiere und setzte sich immer für sie ein • Die Bergpredigt • Sinn und Zweck des Erdenlebens • Voraussetzungen für die Heilung des Leibes • Jesus lehrt über die Ehe • Vom Wesen Gottes • Gott zürnt und straft nicht. Das Gesetz von Ursache und Wirkung • Die Lehre der „ewigen Verdammnis" ist eine Verhöhnung Gottes • Über Tod, Wiedergeburt und Leben • Gleichstellung von Mann und Frau • Die kommende Zeit und die Zukunft der Menschheit • Die wahre Bedeutung der Erlösertat Christi u.v.a.m.

Mit Audio-CD der Originalaufzeichnung eines Göttlichen Prophetischen Heilens, gegeben durch Gabriele, die Prophetin und Botschafterin Gottes für diese Zeit; außerdem eine kurze Autobiographie von Gabriele, inklusive Kohlezeichnung.

1128 S., geb., Euro 19,80 (D). Euro 20,40 (A). Fr 34,80
Best.-Nr. S 007. ISBN 978-3-89201-271-9

Gerne übersenden wir Ihnen unser aktuelles Buchverzeichnis.
Verlag DAS WORT GmbH
Max-Braun-Str. 2, 97828 Marktheidenfeld
Tel. 09391/504135. Fax 09391/504133

GEISTIGE DIMENSIONEN DER GOTTESPROPHETIE HEUTE

Das Wirken des CHRISTUS GOTTES und der göttlichen WEISHEIT

Aus der Liebe kam daher die Weisheit und wohnt unter den Menschen, heute in der Zeit der Erlösung

Wer oder was ist die göttliche Weisheit? Warum wurde sie aus der Theologie verdrängt? Wer ist der Tröster, wer die „hohe Frau", von der in der Bibel die Rede ist? Und warum wissen wir so wenig über die Propheten? Dieses Buch zieht einen weiten Bogen über das Wirken des Christus Gottes und der göttlichen Weisheit – vom Urbeginn bis heute.

In verständlicher Form wird aufgezeigt, wer zur Zeit auf der Erde lebt und wirkt: die einverleibte göttliche Weisheit. Und allen Menschen soll die Botschaft von diesem historisch-kosmischen Ereignis nahegebracht werden, damit jeder erfährt, was sich auf Erden Großes vollzieht; wer Gabriele, die Prophetin und Botschafterin Gottes, ihrer geistigen Herkunft nach ist, was sie geleistet hat und was zu erwarten ist: die geistige Wiederkunft Christi, die durch das Wirken der göttlichen Weisheit vorbereitet worden ist.

Mit 2 DVDs: Begleiten Sie die Prophetin Gottes bei einem Spaziergang über das Friedensland. Sehen Sie, was durch sie aus der siebendimensionalen Welt in die drei Dimensionen transformiert wurde und was alles entstanden ist, und hören Sie, was Zeitgenossen, die Gabriele kennen, über sie zu sagen haben.

ca. 300 S., geb., Euro 24,50 (D). Euro 25,20 (A). Fr 42,90
Best.-Nr. S 456. ISBN 978-3-89201-294-8

Online-Shop:
www.das-wort.com

Lesen Sie auch:

DER RICHTER:
Und es ist doch GOTT, der Ewige
Die Wahrheit über Gabriele, die Prophetin Gottes

Der Autor, ein kritischer und skeptischer Jurist, findet die Wahrheit im Wort Gottes durch Prophetenmund und lernt Gabriele, die Prophetin Gottes, näher kennen. „Ich möchte den Menschen aus meiner Sicht von dem großen Geschenk Gottes berichten, der uns in unserer Zeit eine lebende Prophetin mit Seinem lebendigen Wort gesandt hat."
130 S., geb., Euro 12,00 (D). Euro 12,40 (A). Fr 21,90
ISBN 978-3-89201-044-0

Ihr Priester und ihr Priester-Hörigen!
Welchen Propheten haben eure Väter nicht verfolgt?
Was macht ihr heute mit der Prophetie der Jetztzeit?

Die Berufung und Ausbildung Gabrieles zur Gottesprophetin - Über die Gotteserfahrung - Das Fallgeschehen - Der persönliche und der unpersönliche Gott - Die Erlösertat Jesu und der Innere Weg - Die Verfolgung der Gottesprophetin der Jetztzeit und der Urchristen - und vieles andere mehr.
312 S., geb., Euro 18,00 (D). Euro 18,50 (A). Fr 31,90
ISBN 978-3-89201-288-7

Der Steinadler und sein Schwefelgeruch
Das neue Mittelalter
Die Verfolgung religiöser Minderheiten in der Geschichte.
Die Verfolgung der Urchristen im Universellen Leben

Wie bestimmte Kirchenvertreter heute die religiöse Konkurrenz zu vernichten versuchen: Der Staats-Adler soll zum Stein-Adler werden, der sich von den Kirchen dazu abrichten lässt, Steine auf die eigenen Bürger zu werfen, die das „falsche" Gebetbuch haben ...
464 Seiten, geb., Euro 14,90 (D). Euro 15,40 (A). Fr 26,80
Verlag Das Weisse Pferd, ISBN 978-9808322-3-6

Verlag DAS WORT GmbH
Max-Braun-Str. 2, 97828 Marktheidenfeld. Tel. 09391/504135. Fax 09391/504133
online-shop: www.das-wort.com